솔바람 계곡물 소리

금장태

지식과교양

머리말

세상에는 온갖 소리가 있다. 맑은 소리, 탁한 소리, 감미로운 소리, 역겨운 소리, 기뻐서 터져 나오는 환호소리, 슬퍼서 울부짖는 통곡소리, 등등 끝없이 다양한 소리들이 천지에 꽉 차있다. 어쩌면 세상 그 자체가 소리인지도 모르겠다. 소리가 있다는 것은 귀가 있다는 말이다. 인간에게 눈이 없다면 이 세상은 빛이 없는 암흑의 천지가 될 것이요, 귀가 없다면 이 세상은 소리가 없는 적막의 천지가 될 것이다. 그래서 우리의 눈이 고운 빛깔이나 아름다운 경치를 찾기 위해 고개를 들고 사방을 두리번거리듯이, 우리의 귀는 아름다운 음률이나 의미 깊은 말을 들으려 고개를 숙이고 귀를 기울인다. 어떤 의미에서 빛보다 소리가 우리의 영혼에 그 울림이 훨씬 더 크고 깊이 파고드는 것이 아닐까?

『장자』莊子의 제물론齊物論편에서 대지가 내쉬는 기운인 바람에 따라 지상의 모든 사물은 그 모양에 상응하여 제각기 자기 소리를 낸다고 했다. 이를 '지뢰'地籟라 하였다. 우리가 연주하는 여러 가지 악기처럼, 소나무에 솔바람 소리가 일어나고 골짜기에 계곡물소리가 나는 것은 바로 이 '지뢰'이다. 사물들 마다 제각기 제 소리를 내는 '지뢰'가 있는가 하면, 사람도 제각기 생긴 그릇대로 제 소리를 내는 '인뢰'人籟가 있을 것이다. 그러나 모든 소리의 근원은 하늘에서 부는 바람인 '천뢰'天籟임을 돌아보게 한다. '사람의 소리' 인뢰人籟나 '자연의 소리' 지뢰地籟가 천차만별로 다양하더라도 그 근원에서 '하늘의 소리' 천뢰天籟를 들을 수 있으면 온갖 고운 소리나 거친 소리들이 모두 조화롭게 어울리는 대화합의 소리로 들릴 수 있지 않을까? 공자가 60세에 '이순'耳順이 되었다고 한 말도, 모든 소리를 자신의 가슴 속에서 조화롭게 들을 수 있는 귀를 소중하게 여긴 것이었으리라.

    나는 자연의 소리 가운데서는 솔바람 소리와 계곡물 소리를 유독 좋아한다. 그러나 귀를 열고 있으면 비 내리는 소리, 파도치는 소리, 천둥치는 소리, 새들이 우짖는 소리, 눈이 쌓인 겨울밤 깊은 산속에서 나뭇가지 부러지는 소리 등 모든 소리가 다 가슴에 젖어드는 소리들이다. 나는 인간의 소리 가운데서도 고전에서 읽게 되는 옛 성현의 이야기 소리를 유독 좋아한다. 그러나 마음을 열고 있으면 성현의 말씀이 바로 필부필부가 살아가면서 탄식하고 후회하고 감탄하는 소리와 이어져 출렁이는 소리를 들을 수 있게 된다. 그래서 나의 귀를 감각의 신경줄에 매달아두지 말고 가슴의 바닥에 연결시켜두고 싶다는 소망을 가져왔다. 그렇지만 현실에서는 언제나 입과 귀 사이를 왕래하거나 자기 고집에 빠져 벽창호碧昌牛의 처지를 못 벗어나고 있음을 스스로 돌아보면서 서글픈 생각을 떨칠 수 없다.

    이 책의 제목을 『솔바람 계곡물 소리』라 붙인 까닭은 항상 맑은 마음을 열고 세상의 소리를 조금이라도 잘 들어보고 싶다는 평소의 생각을 담은 것이다. 그때그때의 느낌이나 생각들을 적은 글을 여러 해를 두고 여러 지면에 실었던 것을 모은 것이기 때문에 관심이나 내용이 서로 달랐다. 그래서 대강 유형에 따라 분류하여 5부로 나누었다. 제1부 '솔바람 계곡물 소리'는 수필류의 한가로운 생각들을 적은 글이다. 제2부 '고전의 향기와 지혜'는 중국과 우리나라의 고전을 읽다가 느낀 감상을 적은 글들이고, 제3부 '화합으로 가는 길'은 우리의 현실에서 당면한 과제라 생각되는 문제에 대해 나름대로 해결책을 찾아보다가 고전을 읽으면서 얻은 어설픈 소견을 피력해본 글들이다. 그리고 제4부 '유교는 종교인가'는 한국유교를 공부하는 과정에서 흔히 질문을 받게 되는 몇가지 문제들에 대해 단편적인 견해를 서술해본 글들이고, 제5부 '남루한 차림으로 나타나는 부처님'은 『삼국유사』를 읽다가 신라시대의 불교신앙에서 생동하는 힘을 느껴 소감을 서툴게 기록해본 글이다. 이렇게 성격이 서로 다른 글들이지만, 항상 맴돌고 있는 관심의 주제는 나의 귀를 좀 더 크게 열어서 남의 말을 환하게 알아듣고 싶었던 것이다. 그래서 서로 잘 어울리고 소통할 수 있는 길을 찾고 싶은 것이었다.

  생각이 거칠어 제대로 다듬지 못한 글들이라 부끄럽기 그지없지만, 한 책으로 묶어 놓고 나 자신을 돌아보면서 스스로 다듬어가는 거울로 삼고자 한다.

  이 책의 출판을 허락해주신 지식과교양 윤석원 사장님의 따스한 배려에 깊이 감사드리고, 노안으로 돋보기를 쓰고 교정을 도와준 아내 素汀에게 고마운 마음을 전하고 싶다.

2012년 9월 16일 潛研齋에서
금 장 태

목차

머리말 3

제1부 솔바람 계곡물 소리

01 솔바람 계곡물 소리 觀山聽水 13
02 구름 위에 뜬 바다 16
03 늙어간다는 것 20
04 추억으로 먹는 맛 24
05 바람처럼 물처럼 29
06 산을 찾고 물을 찾아 가리라 33
07 가을날 아침 36
08 흐르는 냇물을 베고 자며 39
09 늦박의 썩은 속 43
10 헛제사밥 47
11 내 마음의 친구들과 51
12 담배를 끊어야지 57
13 이웃사촌 61
14 이웃을 배려하는 마음 66
15 부모의 자식사랑 70
16 색즉시공 色卽是空 74
17 봄을 기다리며 79

18 전쟁 그늘에서 철모르고 놀던 소년시절 83
19 심원沈園에서 만난 육유陸游 89
20 도道를 담은 그릇 93

제2부 고전의 향기와 지혜

01 우리 시대에서 듣는 성인의 교훈 103
02 천명을 알고 싶은데 107
03 마음의 귀를 열어야 110
04 자신을 이겨내고 여는 세계 113
05 이름에 걸맞게 살자면 118
06 전통문화에 불을 붙이자 122
07 고전의 살아있는 힘 126
08 고전에서 불어오는 맑은 바람 131
09 고전은 온 몸으로 읽어야 135
10 논어에서 만나는 스승 139
11 무게중심과 복원력으로서의 '도道' 144
12 자신을 찾아가는 공부 148
13 물을 바라보는 방법 152
14 벗은 서로 도와서 덕을 닦아가야 156
15 술의 맛과 멋 160

제3부 화합으로 가는 길

01 화합으로 가는 길   167
02 사생활과 어울림   171
03 풍요로운 물질 빈곤한 정신   175
04 나라의 기개와 나라의 포부   180
05 정치가는 농사꾼에게 배워야   188
06 입을 작게 줄이고 귀를 크게 열자   192
07 교육이 바로 서야   197
08 신뢰의 기초 위에 세워지는 사회   201
09 주합루宙合樓를 바라보며   206
10 과연 인간의 본성은 선한가?   210
11 역사의 역설, 현실의 역설   215
12 골고루 잘 사는 세상   219
13 울타리 나라에서 벗어나려면   223
14 짝퉁과 깜부기   227
15 독선에 빠진 신념의 해독   231
16 넓고 평탄한 왕도, 비좁고 험한 인심   235
17 일본을 보는 눈   240
18 나라의 품격   244

제4부 유교는 종교인가?

01 유교는 종교인가?   251
02 신을 섬기는 길은 인간을 섬기는 길   255
03 인간과 신이 만나는 제사   258
04 조상을 섬김으로써 하늘을 섬기는 제사   261
05 우리 역사에 스며든 공자의 정신   264

06 건강한 사회를 향한 꿈 257
07 불신과 부패라는 사회적 질병 270
08 전통문화와 문화창조 273
09 유교인은 오늘 무엇을 할 수 있는가? 276
10 21세기에 왜 퇴계학인가 281
11 다산 사상의 계승과 다산 정신의 활용 284

제5부 남루한 차림으로 나타나는 부처님

01 전통종교로서 한국불교 291
02 나라를 지키는 호국護國불교 295
03 국토를 우주의 중심에 세우는 '불국토佛國土 신앙' 300
04 남루한 차림으로 나타나는 부처님 304
05 서민들의 신앙 속에 살아있는 부처님 308
06 인간을 사랑하는 부처님 312
07 자비를 간원하는 신앙 318
08 대립을 넘어 통합을 실현하는 '융화'의 정신 321
09 자신을 정화하는 '성찰'의 용기 324

제1부
솔바람 계곡물 소리

솔바람 계곡물 소리松風水
구름 위에 뜬 바다
늙어간다는 것
추억으로 먹는 맛
바람처럼 물처럼
산을 찾고 물을 찾아 가리라
기울날 아침
흐르는 냇물을 베고 자며
늦박의 썩은 속
헛제사밥
내 마음의 친구들과
담배를 끊어야지
이웃사촌
이웃을 배려하는 마음
부모의 자식사랑
색즉시공色卽是空
봄을 기다리며
전쟁 그늘에서 철모르고 놀던 소년시절
심원深源에서 만난 육유陸游
도道를 담은 그릇

01

솔바람 계곡물 소리 觀山聽水

2005년 여름 경남 양산의 통도사通度寺 반야암般若庵에서 열흘동안 한 가롭게 쉬었던 일이 있다. 특별히 허락받은 숙소인 수류정水流亭은 산골 계곡물 소리가 얼마나 맑은지 나의 병들고 쇠잔한 노구와 온갖 번뇌로 지친 마음을 냇가의 조약돌 만큼이나 깨끗하게 씻어주는 듯하였다. 방에서는 통유리창으로 냇물을 내려다 볼 수 있어서 좋았다. 열어둔 창으로 가득 밀려오는 상쾌한 솔바람을 마시며, 종일토록 귀가 시리게 물소리를 들었다. 푸른 숲과 맑은 냇물을 내다보며 하루종일 취한 듯이 꿈꾸는 듯이 지낼 수 있었던 것은 정말 모처럼 얻은 행복한 시간이었다.

주지스님이신 지안志安 스님은 불교계에서 명망이 높은 큰 학승이시며, 법호가 '요산樂山'이다. 산을 좋아하여 산에 사는 것을 즐기시는 분이다. 가끔 법회가 있는 날이면, 법당으로 찾아가서 스님의 『화엄경』華嚴經 강론을 듣기도 하였다. 신도들이야 법당 안에서 책을 펴놓고 스님 얼굴을 바라보며 설법을 듣지만, 나는 법당 문밖에서 기둥에 등을 대고 돌바닥에 퍼지르고 앉아서 산을 바라보며 들었다. 부처님의 가르침 속에는 무량한 진리의 세계가 들어 있겠지만, 그 오묘한 이치를 조금이라도 이해해 보려고 애쓰지 않았다. 그저 편안하게 설법의 바다에 여름 햇살을 받으며 뱃놀이를 하듯 떠가는 기분으로 즐겼을 뿐이다.

하루 세끼 공양을 하고나면 가끔 냇가의 정자에 올라가거나 절마당 가에 놓인 평상에 앉아서 지안스님과 잠시 세상 이야기를 나누는 것만으로도 나의 비좁고 쓸쓸한 마음자리가 넉넉하고 훈훈해지는 것 같아 좋았다. 산사山寺에서 열흘동안 꿈같은 시간을 보내고, 돌아오는 날 지안스님께 인사를 드리러 찾아갔더니, 나를 위해 써놓았던 글씨를 한 폭 내어 주셨다. '관산청수'觀山聽水 네 글자이다. 산을 바라보고, 물소리를 들으며 살아보라는 뜻이라 생각된다. 그리고서 "산에는 소나무가 푸르러서 좋고 시냇물 소리가 맑아서 좋다"고 한마디 덧붙이시면서, 나에게 '송계' 松溪라는 호號까지 지어주셔서 세 번 절하고 감사하게 받았다.

'관산청수'. 이 한 마디 말은 이제 노년의 내 생활 속에서 가장 큰 화두로 자리잡게 되었다. 나의 집은 관악산 북쪽 그늘에 있는 아파트 한 칸인데, 창밖으로 관악산이 활짝 펼쳐 보여서 산을 바라볼 때마다 얼마나 즐거운지 모른다. 다리가 허약하여 산을 오르기 어려우니, 남들처럼 '등산'하며 즐거워할 수는 없지만, 그 대신 '관산'하는 즐거움을 누릴 수 있어서 여간 다행이 아니다.

내가 봉직하는 직장이 관악산 아래에 있는데, 그 한 모퉁이에 자그마한 폭포가 있다. 가물 때는 물이 거의 흐르지 않지만, 비가 오고나면 제법 폭포의 장쾌한 물줄기를 바라볼 수 있고 시원한 물소리를 들을 수 있어서 좋다. 비가 올 때나 비온 뒤에는 일부러 멀리 있는 식당으로 가서 점심을 먹고, 돌아오는 길에 폭포를 찾아가 한동안 하염없이 바라보며 '관폭'觀瀑을 즐기다가 돌아오곤 한다. 폭포에 이름이 없지만, 나 혼자 '백운白雲폭포'라 부르며, 폭포 아래의 맑은 못을 '청운담'靑雲潭이라 이름을 붙여놓았다. 그러고는 보고 싶은 친구를 만나러 가듯이 자주 찾아간다. 폭포는 정다운 친구처럼 언제나 내 마음을 편안하게 해주고 넉넉하게 해주어 고맙기 그지 없다.

이제 눈도 어두워 책을 읽기 어렵고, 기억력도 감퇴할대로 감퇴하여 책에서 무엇을 얻기가 어려워졌다. 그래서 남은 세월동안 할 일이 무엇일까 궁리하다가 두 가지를 찾아내었다. 바둑과 여행이 그것이다. 바둑은 8, 9급밖에 안되는 하수下手라 대국해주려는 친구가 드물지만, 그래도 즐겨 상대해주는 친구를 만나면 바둑이나 두며 마음을 닦아볼까 한다. 그동안 자주 만나지 못했던 친구 주일청和鏡 朱一晴 군과 김영한仙巖 金榮漢 군을 찾아가 바둑을 배워볼 속셈을 가지고 있다. 여행은 말도 잘 안 통하는 외국여행보다 국내의 섬들을 찾아 다니며 즐겨볼 심산이다. 섬에는 산들이 있고, 바닷가에 끝없이 철썩거리는 파도 소리가 좋으니, 바로 또 한가지의 '관산청수'를 할 수 있는 절호의 자리라 생각한 것이다. 그래서 노처老妻와 둘이서 동해의 울릉도와 독도에서 시작하여 서해의 백령도에 이르기까지 우리나라 삼면의 바다에 흩어져 있는 그 많은 섬들을 하나씩 차례로 찾아가 새 친구로 사귀어 볼 계획을 세웠다. 과연 내 남은 생애에 바둑을 몇급으로 올려놓고 몇 개의 섬이나 찾아갈 수 있을까?

구름 위에 뜬 바다

청년 시절 공군에서 군대생활을 했는데, 섬이나 육지의 높은 산마루에 있는 레이다 기지에서 근무했다. 일년 사철 높은 산마루에 있다보면 가끔 구름이 산 중턱에 펼쳐지는 때가 있다. 발 아래 펼쳐진 구름을 보면서 구름 위에 떠있는 기분에 빠지게 된다. 마치 자신이 신선이 되어 구름 위를 나르고 있는 듯한 신기한 느낌에 사로잡히는 것이다. 그래서 구름 위에 떠있는 느낌을 무척 즐거워 했다. 내가 26세이던 1968년 어느날 충청도 서산 바닷가에 있는 망일산 꼭대기에서 근무하였을 때 새로 탄 햇솜을 곱게 펼쳐놓은 듯한 구름이 발아래로 끝없이 펼쳐져 있는데, 멀고 가까운 산봉우리들이 바다 위에 뜬 섬처럼 여기 저기 구름 위로 솟아있는 광경을 보면서, 나도 모르게 내 입에서 "구름바다로구나"라는 말이 튀어나왔다. 그 때 나는 '구름바다' 곧 '운해雲海를 나의 호로 삼아야

겠다는 생각을 하였다.

이렇게 해서 스스로 자신의 호를 '운해'라 지어놓고, 젊은 시절에는 기억 속에 묻어두었다. 그러다가 내가 성균관대학교 유학대학에서 봉직하던 40세 무렵 선배교수이신 남백 최근덕南伯 崔根德 선생이 나의 시골집 이름을 '잠연재'潛研齋로 지어주고 간략한 기문記文을 붓글씨 한 폭으로 써주시면서 나의 호를 물으셔서 옛날 지어두었던 '운해'라는 호가 떠올라 말씀드렸더니, 그 기문 속에 적어넣어 주고 또 그때부터 나를 '운해'라고 호로 불러주셨다. 이제 나이가 드니 가까운 친구들이 불러주는 호가 되었다.

그래서 해외여행을 할 때 비행기를 타고서 구름 속으로 솟아오르다가 구름 위로 떠갈 때면 창밖으로 운해를 바라보면서 한결 정다운 느낌을 갖게 되었다. 꼭 구름 위에서만 아니라 땅에서 머리 위의 푸른 하늘에 떠있는 구름만 보아도 그 희디흰 순결함과 한가롭게 하늘을 떠가는 모습이 좋았고, 노을에 붉게 물들어도 좋았다. 먹구름이 험하게 일어나거나 비를 쏟아부어도 모두가 구름의 가슴 속에 잠시 파도치는 감정으로 생각하며 구름과 나 자신이 은근히 통하는 듯이 느껴져 좋았다. 나이가 들수록 책을 들여다 보는 시간은 줄고 밖에 나가 산책하다가 한가하게 하늘을 쳐다보는 시간은 늘어났다. 구름 한 점 없는 파아란 하늘도 좋지만 구름이 몇 조각 유유하게 떠있는 하늘이 더 좋았다. 마치 티끌 한 점 없이 깨끗이 쓸어놓은 산책길을 걸을 때 마음도 맑아져 좋지만, 낙엽이 몇 개 굴러다니는 산책길에서 더 생각이 깊어지는 것 같아 좋았다.

사람의 태어남과 죽음이란 한 조각 뜬 구름이 일어났다가 흩어지는 것과 같다는 생각을 한다. 『유마경』維摩經, 方便品에서는 "이 몸이야 뜬 구름 같아서 잠깐 사이에 변하여 소멸되네"是身如浮雲, 須臾變滅라 하였다. 인생이란 '풀잎에 맺힌 이슬'草露과 같아서 아침 햇살에 잠시 반짝 빛나다가 언제 없어진지도 모르게 금방 사라져버리고 마는 것이라는 생각이 든다. 이렇게 구름은 인생의 허망함을 표상하는 말로도 잘 쓰이고 있다. 나는 천성이 매우 낙천적이기 때문에 인생을 비관적으로 보기를 좋아하지 않는다. 그래서 나는 구름이 가지고 있는 이런 허망함의 이미지에는 별로 관심을 두지 않고, 구름이 지닌 그 거동의 한가롭고 자유로움이나, 그 변화의 격정적이고 자재로움만을 취하여 사랑하고 있다.

내 친구 화경和鏡 朱一晴은 '운해'라는 나의 호에 대해 문제점을 은근히 들추어내어 나를 놀리려고 한다. 비행기 안에서 운해를 보면서 그 위에 올라 앉거나 드러누워보고 싶다가도 구름 틈 사이에 아득히 천길 만길의 허공 아래로 산이나 바다를 내려다보자 두려운 생각이 들었던 경험을 들면서, 운해가 얼마나 큰 추락의 위태로움을 안고 있는지 조심해야 할 것이라 경고하는 것이다. 하기야 그 육중한 몸으로 구름 위에 올라 앉으면 어찌 추락하지 않을 수 있겠는가? 그러나 도를 닦아 정신이 주인이 되어 육신을 마음대로 부릴 수 있어서 육신이 깃털처럼 가벼워진다면 또한 어찌 추락할 근심이 있겠는가? 물론 나로서도 현재는 체중을 줄여보려고 아무리 노력해도 잘 되지 않지만, 그래도 마음을 평정하게 다스리고 도를 얻는다면 구름을 타고 천지 사방으로 자유롭게 노닐 수 있는 때가 올 것이라는 꿈을 지니고 있노라 말하고 싶다.

말이야 그렇지만 어찌 내 평생에 도를 깨치고 신선이 되어 구름을 타고 다닐 수 있는 일이야 있겠는가? 애초에 불가능한 일임을 인정하지 않을 수 없다. 그래서 바라보는 시선을 바꾸기로 했다. 『관윤자』關尹子의

「삼극」三極 편에서는 사물이 인간보다 비천한 것이 아니라 성인도 스승으로 삼을 수 있는 대상임을 지적하면서, '인간으로서 사물을 보는'以人視物 인간중심적 세계관을 탈피하고 '하늘로서 사물을 보는'以天視物 객관적 세계관을 기준으로 삼도록 요구하고 있다. 조선후기 실학자 홍대용湛軒 洪大容도 바로 이 시각의 전환으로 세계를 바라보는 새로운 눈을 뜨도록 세계관의 전환을 주장하였던 것이다.

그래서 나도 시선을 좀 바꾸어 보려고 한다. 구름 위에서 아래로 내려다보는 '운해'가 아니라 땅에서 머리를 들어 올려다보는 '운해'를 보기로 한 것이다. 머리 위에 구름바다를 올려다본다면 그 넓고 한가로움을 생각할 뿐이지 그 구름 위의 무한한 하늘로 추락할까 걱정하지 않는 것처럼, 하늘에서 운해를 보면서도 구름의 아래에 바다가 있다고 생각하지 말고 구름 위에 바다가 떠 있다고 생각하면 추락할까 두려워할 염려가 없게 될 것이라 말하려는 것이다. 객관적으로 뉴턴의 만유인력설에 따라 지구중심으로 떨어지지 않느냐는 주장은 너무 꽉꽉하니 잠시 접어두고, 한 생각을 바꾸면 구름 위에 뜬 바다가 보이지 않겠느냐고 말한다. 『화엄경』華嚴經, 夜摩宮中偈讚品에서는 "일체만물은 오직 마음이 지어내는 것"一切唯心造이라 하지 않았는가? 땅에서는 구름 위에 뜬 하늘을 즐기고, 하늘에서는 구름 위에 뜬 바다를 즐기면 어떻겠는가? 친구 화경은 받아들이시겠는지.

늙어간다는 것

　1962년 내가 대학 신입생 시절의 기억 한 토막이 떠오른다. 그 무렵 『세계』라는 잡지를 1년동안 구독했던 일이 있었다. 그 잡지의 내용은 너무 고급 교양물이어서 내 수준에 쉽게 읽히지 않았다. 그래서 지금 기억 속에 남아있는 내용이 아무 것도 없다. 다만 그 첫머리에 실렸던 흑백사진 한 컷이 좋아서 언제나 다시 떠올리곤 한다. 어느 호인지 그 사진이 너무 좋아서 오려내어 책상머리에 붙여놓았던 기억이 새롭다. 지금은 그 사진이 어떻게 사라졌는지 기억도 못하고 있지만 그 경관은 아직도 눈앞에 생생하게 떠오른다. 가까이 호숫가 나무 그늘에 놓인 벤치에 머리가 백발인 노부부가 등을 보이고 나란히 앉아서 전면으로 멀리까지 가득 펼쳐져 있는 호수의 수면을 한가롭게 내다보고 있는 광경의 사진이다.

지금도 알 수 없다. 왜 갓 스무 살의 젊은이가 인생을 다 살고난 노년의 모습에 그렇게 깊이 감동을 느꼈을까? 내가 진취성이 없어 미래에 대한 적극적 도전의식을 갖지 못해서 편안하게 쉬는 모습을 좋아했던 것일까? 그렇지 않으면 나도 열심히 살고나서 노년에 이렇게 여유로운 생활을 즐겨보겠다는 것이 내 꿈의 마지막 장면이었기 때문일까? 이상하기는 하지만 스무 살 청년의 눈에 젊고 어여쁜 미인의 사진이 마음을 설래게 한 것이 아니라, 파파노인 부부의 한가로운 뒷 모습이 가슴 깊은 곳에서 찡하고 울리게 하였던 것이 사실이다.

나의 젊은 시절은 내 정신으로 살았던 것이 아니라 무엇에 홀려서 살았던 것 같다. 아내는 젊은 날 결혼 생활이 너무 외로웠다고 가끔 푸념을 하곤 한다. 남편이라는 사람에게 이야기를 하려고 하면 건성대답만 하고 항상 딴 생각에 빠져 있어서 자신이 들어가 앉을 자리가 전혀 없었다고 한다. 가만히 되돌아보며 반성을 하자면 아내의 말이 맞는 것 같다. 그 시절 나에게는 누가 들어와 앉을 공간이 없었을 뿐만 아니라, '나'라는 존재조차 자리를 잡은 곳이 없었다. 그저 오늘도 내일도 일에 매달려 살았으니, '일'이 주인이고 '나'는 일을 떠밀고 가는 수레의 바닥에 붙어 있는 바퀴쯤 되었을 것이다.

젊은이의 생활에서는 서로 마주보고 앉아 서로의 생각을 탐색하며 열정적 토론으로 말을 주고 받는 모습 속에 팽팽한 긴장감도 있고, 서로에 대한 관심과 애정이 드러나서 아름답다. 그러나 늙은이의 생활에서는 마주 앉기보다 나란히 앉는 것이 편하다. 서로 상대편의 말에 신경을 곤두 세우고 귀를 기울일 것도 없고, 자기 주장으로 상대방을 설득시키려고 열을 올릴 필요도 없다. 그저 둘이서 말없이 멀리 한 곳을 바라볼 수 있다면 노년의 아름다운 모습이 아니겠는가?

젊은 날에는 강한 '자의식'이나 남에게 지기 싫어하는 경쟁심이 발동하여, '남'과 부딪치면서 '나'의 존재를 확인하려들기 마련이다. 그러나 이제 늙은이가 되었으니, 자존심이나 자기주장일랑은 다 털어버리고 누구를 만나서도 바위처럼 맞서는 것이 아니라 물처럼 스며드는 것이 좋겠다. 있는듯 없는듯 있고, 사는듯 마는듯 살아가는 것이 늙은이다운 모습이 아닐까? 늙어서도 남을 경계하는 마음을 풀지 못하고 남을 이기려는 마음을 벗어버리지 못하면 부끄러운 일이 아니겠는가? 나를 알아달라고 주장하거나, 나를 몰라준다고 섭섭해 한다면 어리석은 일이 아니겠는가? 늙어서까지 자기를 드러내려고 애를 쓴다면, 뻔뻔한 일이 아니겠는가? 이런 모습들이야 젊은이에게는 당연한 것이겠지만 늙은이에게는 추태가 될 뿐일 것이다.

젊은이는 미래의 꿈을 가득 안고 살고 늙은이는 과거의 추억을 가득 안고 사는 법이다. 그래서 꿈도 가슴 벅찬 일이지만, 추억은 더욱 감미롭고 아름다운 것이 아니겠는가? 나도 이제는 늙었으니 바깥으로 내다보던 눈길을 거두고, 안으로 자기를 돌아보는 눈을 떠야할 때인 것 같다. 안으로 눈을 뜨면 남을 원망하는 마음은 사라지고 자기의 잘못을 뉘우치는 마음이 크게 다가오게 될 것이다.

이제 노년이 되어서 생각하니 내 주위에 내가 만났던 모든 사람들이 고맙기만 하다. 섭섭하거나 분했던 마음은 아득히 사라지고, 나에게 관심을 보여주었다는 사실만으로도 고마울 뿐이다. 이에 비해 내가 남에게 무엇을 했던가 생각하면 부끄럽고 후회스러운 일이 왜 이다지 많은지 모르겠다. 이제 남은 세월 내가 살아가야할 길은 모든 일에 감사하고, 누구에게나 용서를 빌고, 기운이 남아 있는 한 따뜻하게 웃어주고 젊은이를 너그럽게 품어주는 것이 바로 그동안 내 잘못을 조금이라도 씻을 수 있는 길이 아닐까 한다.

추억으로 먹는 맛

　마음보다 몸이 더 빨리 늙어가나 보다. 생각은 아직도 팔딱거리던 철부지 시절을 맴돌고 있는데, 몸만 혼자 늙어버린 것 같다. 엘리베이터를 타고서 무심코 거울 속에서 자신의 얼굴을 들여다보면 눈꺼풀은 처지고 주름져 시들어버린 모습이 무척이나 낯설어 당황스럽게 느껴질 때가 있다. 그래서인지 나이는 자꾸만 많아져 가는데, 마음은 거꾸로 옛날로 되돌아가고 싶어하니 추억을 곱씹고 있는 것이 아닐까?
　나의 어린 시절 향수를 가장 손쉽게 달래주는 것은 입맛이다. 초등학교에 입학하기 전 내가 살던 부산의 수정동 산동네에는 논밭이 많았는데, 가을 추수가 끝난 뒤에 외조부께서 논 한 귀퉁이 물이 아직도 고여 있는 곳을 깊이 파서 미끄덩거리는 미꾸라지를 잡아 통에 담던 광경을 논두렁에 쪼그리고 앉아 신기하게 바라보았던 일이 있었다. 이 미꾸라지로 외조모께서 추어탕을 끓여주셨는데 어찌나 맛있던지 그 기억이 아직도 아련하게 남아있다. 그 때문인가 보다. 언제부터인지 나는 점심이나 저녁에 친구나 동료들과 식사를 하러갈 때면 추어탕집으로 가기를 좋아한다. 지금 추어탕을 먹으면서도 그 옛날 외조모께서 끓여주신 추어탕의 향수를 함께 먹고 있는 나를 발견하곤 한다.

또 하나는 재첩국에 대한 향수다. 초등학교 다닐 무렵 이른 아침이면 재첩국 장수 아주머니가 재첩국을 머리에 이고 동네 골목을 다니며 "재첩국 사이소!" 하고 외치면, 으레 내가 심부름을 나간다. 삶은 재첩조개살 한종지와 뽀오얀 국물 한 그릇을 사들고 어머니께 갖다드리면 어머니가 아침상에 재첩국을 끓여 올려놓는다. 그 국물이 어찌나 향긋하던지 어릴 때 먹던 그 맛을 잊을 수가 없다. 서울에 살면서 수퍼마켓에 재첩이 나왔기에 사다가 집에서 국을 끓여 보았더니 영 제맛이 나지 않아 실망했다. 그러다가 어떤 잡지에서 하동의 유명한 재첩국집을 소개한 기사를 읽고나서는 가족들과 매화꽃 필 때나 벚꽃 필 때 꽃구경 가자고 제안하여 하동으로 여러 번 내려갔던 일이 있다. 고속버스로 하동에 내리면 먼저 재첩국집부터 찾아가 먹었는데, 그 옛날 맛이 살아나 얼마나 좋았는지 모르겠다.

가족들은 재첩국을 먹어보고는 이게 무슨 맛이냐고 불평을 하지만, 나는 혼자서 아침·점심·저녁 세끼를 재첩국만 먹으며, 섬진강을 따라 올라온다. 올라오는 길에 반드시 평사리 '토지'드라마 촬영장부터 들린다. 이 드라마는 나의 존경하는 친구 화경 주일청和鏡 朱一晴 형이 연출을 맡았던 작품의 무대여서 꼭 찾아가, 드라마 촬영셋트로 만들어진 최참판댁까지 올라가 멀리 뻗어나간 들판을 한 번 내려다보고 온다. 그 다음

화개장터에서 저녁을 재첩국으로 먹고 하룻밤 자고 또 아침까지 재첩국을 먹은 다음 십리 벚꽃 길을 따라 쌍계사雙磎寺까지 올라가 한바퀴 둘러보고 내려와 점심도 재첩국을 먹는다. 이어서 구례로 올라와 화엄사華嚴寺를 한바퀴 둘러보고 내려와 저녁과 다음날 아침을 계속 재첩국을 먹는다. 그리고 나서 아쉽지만 서울로 올라온다. 이렇게 가족과 같이 가서도 혼자만의 재첩국 여행을 몇 년 동안 연례행사로 해왔던 일이 있다. 그 맛이야 가족들과 공유되지 않는 나만이 간직한 향수의 맛이다.

 또 하나 나의 향수가 깃든 음식이 있다. 어릴 때 우리 집에서는 추석 제사 때 박의 속살을 깍두기처럼 썰어서 탕을 끓여 젯상에 올렸는데, 그때는 맛이 밍밍하여 좋아하지 않았다. 그런데 나이가 들고나니 그 때의 박나물 탕을 한번 다시 먹어보고 싶은 생각이 문득 문득 일어난다. 옛날에는 가난한 사람들이 박나물을 많이 먹었던지 흥부도 주린 배를 채우기 위해 박나물을 먹겠다고 톱으로 박을 탔다고 하는데, 요즈음 시골에서는 박을 심지 않는지 시장에 박이 통 나오지를 않는다. 그래서 수소문을 했더니 지금 살고 있는 동네에서 그리 멀지 않은 어느 한정식집에서 박나물로 탕을 끓여주는 것을 먹어보았다는 사람이 있었다. 만사 제치고 다음날 저녁 가족들을 데리고 그 한정식집을 찾아가 저녁을 시켜놓고 물었더니 박나물은 이제 요리를 하지 않는다는 대답이다. 그 이유는 사람들이 별로 좋아하지 않아서 꽃호박 요리로 바꾸었다는 것이다. 그래서 혀 끝에 기억이 날듯말듯한 그 향수의 박나물 탕국을 여태 못 먹어보고 아직도 기회를 찾고 있다.

 한가지 더 기억 속에 깊이 남아있는 음식이 있다. 어릴 때 부산에서 어른들을 따라 나갔다가 숯불화로에 고추장양념 구이한 꼼장어(바다장어)를 몇 번 먹어본 일이 있는데 무척 맛이 있었다. 나는 중학생 때 서울로 유학을 와서 6·25후 서울이 수복되면서 먼저 서울로 이사온 외갓집에서 학교를 다녔다. 어머님이 어린 자식을 멀리 보내놓은 것이 안쓰러웠던지 먹고싶은 것을 말하라고 하여 꼼장어구이를 먹고싶다고 말씀드렸던 일이 있었다. 당시는 수송수단이 완행열차 밖에 없었고 냉장시설도 없어서 생선이 쉽게 상하기 때문에 부산에서 전날 꼼장어를 사다가 반쯤 말려서 밤차로 인편에 서울로 보내 주셨다. 그런데 싱싱한 꼼장어가 아니라 솜씨 좋으신 외조모께서 고추장양념으로 제대로 구워주셨지만 영 그 맛이 아니었다. 두어 번 보내주신 것을 먹고나서는 맛이 없다고 그만 보내시라고 말했던 일이 있다.

얼마전에 점심을 먹으면서 노모와 어린시절 부산의 기억들을 이야기하다가 한번 부산에 가시겠다면 모시고 가겠노라고 제안을 하였다. 그랬더니 노모 말씀이 부산에 가면 옛날 살던 집도 돌아보고 싶고 친척들도 만나고 싶다고 말하면서, 부산에 가면 꼼장어구이도 다시 먹어보고 싶고 고래고기도 다시 먹어보고 싶다고 말씀하셨다. 그런데 관절이 안 좋으셔서 걸음을 걸을 수 없어 못가겠다고 아쉬워 하셨다. '꼼장어구이'라는 말에 나는 그동안 잊어버렸던 그 옛날 맛이 다시 기억 속에 살아나 저절로 입가에 웃음이 피어났다. 그렇지만 고래고기는 내 기억 속에 없어서 전혀 먹어보고 싶은 생각이 나지를 않으니, 어머니와 나 사이에 향수의 음식이 같은 부분과 다른 부분이 있음을 새삼스럽게 느끼게 된다.

이렇게 나 자신은 과거의 향수가 있는 음식에 집착하다 보니 새로운 음식에는 선뜻 손이 가지 않는다. 몇 년전 중국여행을 갔을 때 어느 음식점에서 말고기 요리를 식탁에 올려놓았는데, 아내가 맛있게 먹는 것을 보면서도 끝내 한 젓가락도 손대지 못했다. 원래 모험심이 없지만, 이제 나이를 먹고보니 앞을 내다보는 진취성이나 실험정신은 완전히 사라지고 만 것 같다. 그저 과거를 돌아보며 익숙한 것에 안주하고 향수에 빠져들고 있는 것이 아닌가. 지금의 나 자신이 얼마나 보수적이고 소극적인지를 밥상에서도 드러내고 있으니, 입 맛이 씁쓸해진다.

05

바람처럼 물처럼

　아는 처지에 논문을 써서 투고하라는 부탁을 해오면 거절하기도 어렵고 그래서 한번 일에 얽혀들면 며칠이나 몇 달을 끌려다니게 된다. 때로는 스스로도 중요한 과제라 판단을 하면서 자신의 책임이라는 생각에 사로잡혀 스스로를 얽어매고 있다. 남들이 끌어들이거나 자발적으로 끌려들어가는 일에 사로잡혀 오랫동안 책상 앞에 엎드려 있다 보면, 자신도 모르게 가슴이 움추러들어 답답한 기분에 빠지게 된다. 어디 쉬는 날 한번 산을 오르거나 들판에 나가 가슴을 활짝펴고 심호흡을 하며 소리라도 한번 질러보고 싶다. 그렇게 하면 억눌리고 막혔던 기운이 좀 뚫리고 가슴이 시원해지는 기분을 경험할 수 있을 터인데. 하루 하루 쳇바퀴 도는 생활에 빠지다보면 과연 이 인생이라는 것이 자신의 뜻으로 살아가는 것인지, 남의 삶을 위해 끌려다니며 사는 것인지 판단이 잘 안서고, 삶의 임자가 누구인지조차 애매해지는 경우가 있다. 이 사람의 부탁 저 사람의 요구를 받다보면 숨도 자신의 숨을 쉬는지 남의 숨을 쉬는지 모호해지는 것이 사실이다.

돌아보니 내가 30대 초반에서 50대 중반까지는 무슨 정신으로 살았는지 기억조차 잘 나지 않을 만큼 일에 끌려다니며 살았다. 좋게 말해서 도취되어 세상 모르고 살았으니 그만하면 행복한 것이 아니냐고 말하는 사람이 있을지도 모르겠다. 그러나 도취하여 신명이 났던 생활이 아니라, 마치 물에 빠져 허우적거리느라고 걱정 근심도 못하고 아무 고민도 없이 살았던 것이나 아닌가 싶다. 그래서 자식들로부터는 부모로서 얼마나 애정을 가지고 보살펴 주었더냐고 항의하는 볼멘 소리가 들리는 것 같고, 아내로부터는 남편으로서 얼마나 살갑게 자신의 아픔과 어려움을 이해하고 도와준 일이 있느냐고 원망하는 소리가 귓가에 맴돈다. 부모로서는 고생스럽게 키워놓았는데 부모생각 한 번 해본 일이나 있느냐고 나무라는 소리가 들린다. 형제와 친척들 어느 누구에게도 좋은 소리를 들을 리가 없다. 그렇다고 나 자신이나마 행복했었다면 좋겠는데, 나 자신도 무거운 짐을 끌고 가파른 길을 올라가느라고 고생만 했던 기분이니, 어디서 위로와 보상을 받을 수 있을까?

오히려 내가 가장 안타까운 것은 열심히 살았는데 '나 자신을 잃어버렸다는 자기상실감에서 오는 고통에 빠져 있다는 것이다. 공자는 "옛 학자는 자기를 위하고 오늘의 학자는 남을 위한다"古之學者爲己, 今之學者爲人,(『논어』, 憲問)고 말씀하였는데, 바로 나의 병통을 가장 잘 짚어준 진단이라 생각된다. 남이 요청하는 일이 아니라 내가 하고 싶어서 하는 일, 나를 위해 하는 일을 하고 싶다는 마음은 오랫동안 간절하였지만 타성에 젖어

고쳐지지 않았다. 그러다가 나에게 하늘이 주신 기회가 왔던 것 같다. 1996년 연구년을 맞아 미국에 일 년 동안 머물게 되었는데, 그동안 모르고 지내왔던 심각한 신병身病이 발견되어 수술을 받게 되었다. 내 생명의 위기가 나에게 새로운 삶의 기회를 주었던 것이라 생각된다.

이듬해 봄에 귀국하여 누가 부탁해도 거절할 수 있는 이유를 확보하였으니, 원고청탁이나 강연청탁을 거의 다 끊었다. 학회에 나가 사람들을 만나는 일도 끊었다. 그리고 보니 정년이 10년 남짓 밖에 남지 않은 사실을 확인하고서, 내가 하고 싶은 일을 나의 계획대로 하기 시작했다. 얼마간은 신들린 듯이 일했다. 1998에 간행된 『퇴계의 삶과 철학』 이후부터 현재까지만 헤아려 보아도 학술서만 34권을 내었다. 그만하면 나로서는 하고 싶은 일을 다 한 것 같다는 생각도 든다. 아직도 더 하고 싶은 과제는 있지만 기운이 소진되어 몸이 따라가지를 않는다. 그런데 여전히 아쉬운 것은 남에게 끌려 다니지는 않았지만 나 자신의 계획에 얽매어 끌려다녔다는 점에서는 신명나게 공부했던 것이 아니라는 점이다.

이제 내 생애에 세 번째 전환기를 맞았다. 20대까지는 수학기였다면, 30대에서 50대 중반까지는 수동적 면학기라 할 수 있겠고, 50대 후반에서 60대 중반까지 저작활동기라 할 수 있을 것 같다. 금년에 정년퇴직을 하면서 나는 학술서의 저작에 손을 내려놓겠다고 스스로 다짐했다. 아직 끝맺지 못한 것이 있어서 금년 안에 마치면 저술의 압박에서 자신을 해방시켜주겠다는 생각이다. 여행이나 하고 한시漢詩나 감상하거나 수필류의 글이나 쓰면서 노년을 보낼 계획이다.

그래서 나는 60대 후반 이후의 생활을 위한 전환계기를 만들기 위해 금년(2009년) 여름 한달동안 통도사 반야암의 수류정水流亭에 머물기로

하고 이곳에 와 있다. 귀가 시리게 물소리 듣고, 솔바람에 나의 낡고 때묻은 영혼 구석구석까지 씻어볼 생각이다. 이제 남은 내 생애의 살아가는 방법은 바람처럼 가볍고 시원하게 살며, 물처럼 맑게 걸림없이 살자는 것이다. 그래서 내 생애를 스스로 4단위로 나누어 청년시절 수학기修學期, 중년시절 면학기勉學期, 장년시절 저술기著述期, 노년시절 풍수기風水期로 나누어 놓고, 언제 시간이 나면 회고록이나 써 볼까 한다.

06

산을 찾고 물을 찾아 가리라

"산이 좋으냐? 물이 좋으냐? 산과 물 다 좋으냐? 산도 싫고 물도 싫으냐?" 대답하라면 곧바로 산도 좋고 물도 좋다고 분명하게 말할 수 있다. "그런데 어찌하여 산에도 오르지 않고 물도 찾아가지 않으면서, 혼탁한 도시의 건물 속에 갇혀 살고 있느냐?"고 묻는다면 대답이 바로 나오지 않아 말을 더듬을 수밖에 없다.

공자는 "지혜로운 사람은 물을 좋아하고, 어진 사람은 산을 좋아한다" 知者樂水, 仁者樂山.《논어》, 雍也)고 하였는데, 나야 어질지도 못하고 지혜롭지도 못하면서 산을 좋아하고 물을 좋아한다면 그 산과 물이 과연 내 마음을 흔쾌히 받아줄 것인가? 마음 한편으로 걱정스럽기도 하다. 그래도 내 평생 한가롭게 산을 우러러 보고 물을 굽어 볼 때에 가장 행복할 수 있었으며, 아름다운 꿈을 꿀 수 있었다. 그러니 산이 나를 외면해버리고 물이 나를 떠나버린다면 생각만 해도 목마르고 답답하여 견딜 수 없을 것이니, 어이할거나.

나는 35년 세월을 한 지붕 아래서 부부로 함께 살아온 아내를 마주보면서, 그나마 팍팍한 도시에서도 목마름을 잊고 살 수 있었던 것 같다. 아마 아내의 오뚝한 콧날에서도 산의 높음을 찾고, 아내의 맑은 눈동자에서도 물의 깊음을 발견할 수 있었나 보다. 그렇다면 아내 또한 이 자연의 산물임에 틀림없을 것이다. 나도 산이 되어 깊은 침묵의 수행을 하고, 물이 되어 세상의 아름다움을 맑게 노래하고 싶은 마음이 간절하다. 그러나 나의 나태함은 수행의 인고忍苦를 견디지 못하고, 타고난 음치라 노래를 부르지 못하니 안타까울 뿐이다. 다 잊어버리고 그저 한 마리 작은 산짐승이 되어 숲 속을 누비며 산을 끝없이 감돌아 다니다가, 배고프면 떨어진 도토리 열매나 몇 개 주워 먹고, 목마르면 골짜기로 내려가 계곡 맑은 물을 한두 모금 마시며 살아가고 싶을 때가 있다.

사실 아내의 꿈은 내가 퇴직을 하고 나면 서울을 떠나 시골에 묻혀 채마밭이나 가꾸면서 맑은 공기를 마시며 살고 싶다는 소박한 것이다. 그러나 나는 퇴직을 하고나서 아직도 서울을 벗어나지 못하고 있다. 앞으로도 벗어나 초야에 묻혀 지낼 자신이 없다. 그래서 찾아낸 대안이 여행이다. 아내와 둘이서 동해의 울릉도·독도에서 서해의 백령도까지 우리나라 섬들을 발 닿는 대로 모두 찾아다니자고 약속했다. 섬을 찾는 까닭이야 섬에는 아담한 산이 있고, 파도와 바람에 깎인 아스란 벼랑이 있고, 아득히 넓은 바다가 있어서 산과 물을 아울러 만날 수 있기 때문이다. 게다가 신선한 해풍의 맑은 바람이 좋고 신선한 해물의 맛이 얼마나 좋은가.

 아내는 스물여섯에 나를 짝으로 만나, 이제 예순 하나 환갑을 만났다. 35년의 긴 세월을 지내오면서 꿈과 현실의 거리가 얼마나 큰지 두 눈으로 분명하게 보았을 것이고, 희망의 즐거움과 절망의 쓰라림이 얼마나 가슴에 저리는지도 온 몸으로 익숙하게 경험하였을 것이다. 그러니 지금이야 웬만한 일은 달관하였고 체념하였으리라 짐작된다. 그렇지만 나를 돌아보면 젊은 날에는 참는 힘도 컸지만 늙어가면서 참는 힘도 약해져, 한 번 상처받으면 쉽게 떨치고 일어나지를 못한다. 내가 그러한데 아내는 더 심하리라 짐작된다. 그래서 사실 말이나 행동을 많이 조심하고 빨리 사과하며 힘써 위로하려고 노력하고 있다. 늙어가면서 아내가 더욱 크게 의지되고 더욱 가슴에 소중하게 느껴지는 것은 세월이 주는 지혜인가 보다.

 이제 아내와 약속을 지켜 여름 무더위와 겨울 추위만 피하면 열심히 여행을 떠나 섬으로 산으로 찾아가 자연 속에 심신의 피로를 풀어 보아야겠다. 멀리 여행을 못갈 때는 관악산 중턱이라도 함께 오르고 동네 수영장을 함께 다니는 것도 아쉬운대로 산과 물을 찾는 방편이 될 것이다.

 내가 존경하는 어느 스님께서 나에게 '송계'松溪라 호를 지어주셨는데, 산에 올라 솔바람 맞으며 솔향기로 훈습되어 살아보라는 말씀이요, 물소리 들으며 근심 걱정 다 떠내려 보내고 물 흐르듯 편안하게 살아보라는 가르침이라 받아들인다. 산을 찾아가면 어진 벗을 만나듯이 본받고, 물을 찾아가면 지혜로운 벗을 만나듯이 배우는 자리를 만들고자 한다. 아내도 내 생각을 이해하고 즐겨 따라나서 줄 것이라 믿는다.

가을날 아침

아, 가을이다. 오늘 아침 느지막이 집을 나서다가 동네 안의 공원을 지나가는데 문득 소매 속으로 스며드는 선선한 느낌에 발걸음을 멈추고 하늘을 쳐다 보았다. 서울 하늘이 어쩌면 저렇게 티끌 한 점 없이 파랄 수 있을까? 마치 물감을 곱게 풀어서 온통 칠해 놓은 것 같다. 나는 저 쪽빛 가을하늘 속으로 아주 멋진 폼으로 다이빙을 하여 뛰어들고 싶다. 아득하게 끝없는 그 푸르름 속으로 천천히 커다란 곡선을 그리며 빠져들어 가노라면 문득 어릴 때의 어머니 품을 다시 만날 수 있을 것만 같다. 그 행복하던 시절이 나를 반겨 맞아 오색무지개를 그리며 피어 오를 것만 같다. 잠시 백일몽에 취해 꿈길을 헤매고 있는가 보다.

　나뭇가지마다 모든 잎새들이 가을 햇살을 탐닉하고 있는 작은 공원 안에는 한가로운 정적이 감돌고 있었다. 바로 그 고요함 속에서 나는 놀랍게도 아름다운 음률이 흐르는 것을 들을 수 있었다. 악기를 두드리고 불어서 나오는 음률이 아니다. 살아있는 무수한 생명들이 소리없이 속삭이고 있는 기쁨과 슬픔의 몸짓과 빛깔이 노래가 되고 시가 되어 가슴에 밀어닥쳐 오는 것이다. 나의 텅빈 가슴 속에서 한줄기 희열의 꿈틀거림이 솟아올랐다. 발걸음이 점점 가벼워지는 것을 느낀다. 아마 반 뼘쯤 공중으로 떠올라 바람따라 떠가고 있는 것인지도 모르겠다. 발걸음에 리듬이 실리면서 춤을 추는 듯한 흥분이 감돈다. 이 순간에는 가슴 속에 얼키고 설켰던 온갖 후회와 원망이 햇살 아래 안개처럼 사라지는 것 같다. 이 가을 하늘처럼 말갛게 개어 깨끗한 마음이 되니, 모든 생명 있는 것이나 생명 없는 것이나 가리지 않고 흠뻑 사랑할 수 있을 것 같다. 지금 이렇게 숨 쉬고 느낄 수 있다는 사실만으로도 얼마나 큰 축복을 받고 있는지를 겸허하게 받아들이지 않을 수 없다. 잠시 가을하늘과 햇살에 반짝이는 잎새를 바라보며 꿈을 간직하고 싶었는데 공원을 빠져나와 큰길에 나오자 질주하는 자동차들의 소음에 그 꿈은 한 순간 사라지고 말았다.

  집에 돌아와 책상 앞에 앉아 읽던 책을 다시 펼치니 빼곡이 차 있는 활자들이 공연히 모래알처럼 곽곽하게만 느껴진다. 열었던 책을 다시 덮고 공상에 빠진다. 내가 가 보았던 멀리 깊은 산들의 가을 풍경들이 눈 앞에 어른거린다. 용문산의 가을도 아늑하고 좋았지. 오대산의 가을은 웅장하고 깊었지. 설악산, 내장산, 지리산, … 단풍이 화려하게 물든 산줄기와 계곡들을 기억 속에서 더듬으며 생각이 마구 달리고 있다. 관절이 나쁘니 높이 올라가 내려다보는 경치야 즐길 수 없겠지만, 계곡을 따라 걸으면서 맑은 물소리도 듣고 눈이 시리도록 단풍도 즐기면 얼마나 좋을까. 아무래도 만사 젖혀두고 가을 여행길에 나서야 겠다.

  노처와 가을 여행길에 나서볼까? 시집도 안가고 집에 남아 있는 과년한 딸아이를 데리고 나가볼까? 마음 맞는 친구에게 전화를 걸어 옛날처럼 함께 길을 떠나보자고 하면 어떨까? 아니 혼자 하염없이 산 속을 걸으며 가을 산과 이야기 하다가 다리가 아프면 냇가에 앉아 가을 물과 실컷 이야기 해보는 것이 낫지 않을까? 그러고 보니 혼자 여행길에 나섰던 것이 언제인지 아득하여 기억 속에 가물거린다. 더 늦어 걸음걷기도 어려워지기 전에 올 가을에는 혼자 호젓이 가을 산을 만나러 가야겠다. 그 옛날처럼 오대산과 소금강으로 혼자 길을 나서야지. 벌써 마음이 달떠 웃음이 절로 흐른다.

08

흐르는 냇물을 베고 자며

　내가 절과 맺은 인연은 울진 불영사佛影寺와 통도사 반야암般若庵 두 곳이 가장 깊다. 불영사는 비구니 사찰인데, 20대 끝무렵의 청년시절 내 친구 이동삼疏軒 李東三 군이 열어준 인연으로 이 절에서 대학원시절 방학을 네 번 보냈고, 주지이신 일휴一休 스님과의 인연도 깊다. 불영사 니우함월당泥牛含月堂은 강당의 동남쪽 모퉁이 방으로 이제는 방이 없어지고 현판도 사라지고 말았지만 나의 젊은 날 꿈과 방황과 고뇌의 추억을 간직한 곳으로 기억하고 있다. 올 봄에 옛날 친구들과 동해안을 돌다가 잠시 들려 일휴스님의 고운 노안老顔을 뵈었는데 얼마나 반가웠는지 모른다.
　통도사 반야암은 능인선원能仁禪院의 지광智光 스님이 나를 위해 여름에 쉴 장소로 찾아준 곳인데 2005년 여름 열흘간 꿈결 같은 행복한 시간을 보냈다. 반야암의 수류정水流亭은 두 벽이 온통 넓은 통유리 창이라, 창밖으로 반야계般若溪의 맑은 흐름이 방안으로 흘러드는 듯하고, 반야송般若松으로 울창한 솔숲이 방안으로 가지를 뻗어오는 듯하여, 시냇물과 솔숲이 자리 뒤에 둘러쳐 놓은 병풍처럼 방안으로 다가와 있다. 반야송의 그 맑은 솔바람과 반야계의 그 시원한 물소리를 잊을 수가 없어, 금년에는 기림사祇林寺의 호진浩眞 스님까지 모시고 와서 주지이신 지안志安 스님의 허락을 받아내어 한달 동안을 머물 수 있는 행운을 얻었다.

"수류정 물소리가 너무 시끄럽지 않으냐?"라고 부러움인지 걱정인지 염려해주는 사람들이 절 안에도 더러 있었는데, 나는 번번이 "물소리가 가슴까지 시원하게 해주어 너무 좋습니다"라고 응대하였다. 밤에 잘 때 이중의 유리 창문을 닫으면 물소리가 너무 작아지는 것이 아쉬워, 창문을 조금 열어두고 잠을 잤다. 물소리가 내 막히고 억눌리며 시달렸던 가슴을 활짝 열어 툭터지게 해주고 시원하게 풀어줄 뿐만 아니라, 번뇌와 싸우다 상처투성이가 된 내 영혼을 말끔하게 씻어주고 치료해주어 쇄락灑落함을 느끼게 해준다.

진종일 밤과 낮으로 물소리를 듣고 있자면, 때로는 물이 내 몸 속에 가득 차올라서 나 자신이 물을 가득 담은 물동이가 아닌가 하는 생각이 들기도 한다. 때로는 내가 물 밖에서 물소리를 듣고 있는 것이 아니라 물 속에서 물고기처럼 숨쉬고 있는 것이 아닌가 하는 생각이 들기도 하여, 물이 나인지, 내가 물인지, 물과 내가 둘인지 하나인지 모르게 할 때가 있다.

소리는 계곡물이 바위를 넘어 급하게 떨어지고 구르는 물소리가 있을 뿐이요, 경관은 솔이 가득 들어찬 숲이 청정할 뿐이니, 물과 솔과 나 셋이 한 방에서 노는데, 방 안과 방 바깥의 경계도 별로 의미가 없다. 서로 좋아하면서도 말은 그리 많지 않고 또 서로 편하게 해주니, 나는 물소리 듣고 솔향기 맡다가 졸리기만 하면 시도 때도 없이 낮잠을 잔다. 그러면 계곡물이 베개가 되어 귓전까지 감싸주고, 솔바람은 이불이 되어 나의 코 앞까지 덮어준다.

'흐르는 물을 베게로 삼는다'枕流는 것은 옛 사람들이 풍류로 즐겼던 것 같다. 조선후기 서울에는 와룡동 뒷산 창덕궁 후원後園의 뒤쪽 어디쯤인가 골짜기의 냇가에 누대가 하나 있었는데, 이름을 '침류대'枕流臺라 하였다. 시인들이 이 침류대에 자주 모여 들어 시를 읊기를 즐겼으니, 그 모임의 인물들을 '침류대학사'라 일컫기도 한다. 송광사松廣寺에도 '침계루'枕溪樓가 있다고 하는데, '대'臺이거나 '루'樓이거나 실제로 냇물을 베고 잠을 자는 일이야 없겠지만, 냇물소리가 베개 아래에서 들리는 정자의 난간에 한 쪽 팔을 기대고 앉은 모습이 그대로 눈에 선하게 떠오른다.

『세설신어』世說新語에는 남북조 시대의 은사들 이야기 가운데 손자형孫子荊과 왕무자王武子의 재미있는 대화를 하나 전해준다.

손자형이 은둔하려고 하면서 "돌을 베개 삼고 흐르는 물로 양치질 한다"枕石漱流는 것을, 말이 잘못나가 "돌로 양치질하고 흐르는 물로 베개를 삼는다"漱石枕流고 하였다 한다. 왕무자가 "흐르는 물을 베개 삼을 수 있으며, 돌로 양치질 할 수 있다는 말인가?"라고 반문하였던 모양이다. 이에 손자형은 자신이 한번 뱉어놓은 말을 위해 변명하면서, "흐르는 물로 베개를 삼는 까닭은 그 귀를 씻고자 함이요, 돌로 양치질 하는 까닭은 그 이빨을 연마하고자 함이라네"라고 대답했다는 것이다. 엉겁결에 말을 잘 못해놓고 나서 재치있게 둘러대었던 말인지, 상식을 깨고 새로운 의미의 세계를 열어주는 말인지, 듣는 사람의 자유일 것이다. 어떻든 '돌을 베개로 삼는다'枕石는 말보다, '흐르는 물을 베개로 삼는다'枕流는 말이 사람들의 사랑을 받고 있는 것은 사실이다.

 지금 나는 말 그대로 '흐르는 물을 베개로 삼고'枕流 낮에는 낮잠을 자고 밤에는 밤잠을 잔다. 춘원春園은 '돌을 베개로 삼고'枕石 잤는지 『돌베개』라는 소설을 남겼지만, 나는 지금 결코 '돌을 베개로 삼고'枕石 잠을 잘 생각이 없다. 흐르는 물에 편안하게 머리를 맡기고 맑은 물소리 들으며 잠을 자니, 세상의 온갖 번거로운 소리를 듣던 '귀'를 씻어줄 뿐만 아니라, 내 마음이 일으키는 온갖 번뇌 망상으로 가득했던 '영혼'을 씻어주는 것이다. 영혼이 더럽혀진 때를 깨끗이 씻겨내고 깃털처럼 가벼워지니, 세상이 피하고 싶은 더럽고 추악한 것으로 보이는 것이 아니라, 도리어 아름답고 정겨운 것으로 보인다는 사실을 새삼스럽게 알겠다.

09

늦박의 썩은 속

　나는 바둑을 누구 못지 않게 좋아하지만, 바둑두는 사람들이 모인 어느 곳에서나 최하수의 처지라 부끄러울 때가 많다. 그래도 내가 자랑하는 것은 나에게 좋은 바둑판이 두벌이나 있다는 것이다. 둘 다 비자나무 원목의 최고급 바둑판으로 그 중에 하나는 두께가 한뼘 가까이 되고, 나이테를 세어보니 200년이 넘은 것이다. 만나는 사람마다 화제가 바둑으로 돌아가면 곧 바로 바둑판 자랑을 한바탕 늘어놓더니, 어떤 젊은 친구가 수필가 김소운 씨의 『인생의 맛』이라는 바둑판에 관한 수필 한 편을 복사해다 주었다. 그 수필의 내용은 이렇다.
　바둑판의 최상급은 비자나무로 만드는데, 그 위의 최고특급 바둑판은 비자나무로 바둑판을 다듬다가 한 번 터졌던 나무로 만든 것이라 한다. 비자나무가 터지는 경우에 그 터진 나무를 수건으로 싸서 일년쯤 넣어두면 그 터진 곳이 저절로 아물어 붙게 되고, 바둑판을 만들어 놓으면 아물어 붙은 금이 가늘게 보이는 것이란다. 그 설명에 따르면 인생도 이 바둑판 같아서 순탄하고 행복하게 사는 것이 바람직한 최상의 인생이지만, 살다가 큰 상처를 받고나서 이를 극복해낸 인생이라야 깊은 맛이 있는 최고특급의 인생이라는 것이다.

그 이야기의 의미가 깊어서 곰곰이 되새기게 되었다. 그 후로는 나의 바둑판을 자랑할 때마다 200년 넘은 비자나무 바둑판이라는 사실과, 이름 있는 프로 9단의 바둑 사범이 직접 서명해준 것이라는 사실에다, 이와 더불어 김소운 씨의 수필 이야기를 곁들여 해줌으로써, 최고특급은 못되지만 최상급임을 확실하게 알려주고 싶은 속 뜻을 은근히 펼쳐왔다.

올 여름 통도사 반야암에서 한달 동안 쉴 수 있는 기회를 얻었는데, 내가 평소에 마음으로 존경하던 주지이신 지안志安 스님께 또 나의 바둑판 자랑을 한 차례 길게 늘어놓고 말았다. 그런데 스님은 내 의도와는 전혀 다르게 내 바둑판에는 아무런 관심을 보이지 않으면서 김소운 씨의 터진 비자나무 바둑판 이야기에서 한 발 더 나가는 '늦박'이야기를 해주시는 것이 아닌가. 그 이야기는 이렇다.

시골에서 박을 심어 지붕에 박넝쿨을 올려서 가을에 박이 여물 때 일찍 여문 박은 그대로 바가지를 만드는데 문제가 없다. 그런데 늦게 여문 박 곧 '늦박'은 크기는 더 크지만 그대로 바가지를 만들면 쭈구러들어 못쓰게 된다는 것이다. 그래서 이 '늦박'을 벼논 한 모퉁이 진흙바닥 속에다 묻어두면 박속이 다 썩게 되는데, 이 때 썩은 박속을 긁어내고 바가지를 만들면 아주 크고 튼튼한 좋은 바가지가 된다는 것이다.

사람이 살면서 한 번 크게 상처를 받고서 이를 극복하는 수준이 아니라, 그 삶 자체가 애간장이 다 타고 속이 썩어문드러지는 고통 속의 인생이 진짜 인생일 수 있다는 말이다. 세상에는 승승장구 출세하여 남의 위에 우뚝하게 올라서거나, 사업이 나날이 번창하여 큰 재산과 기업을 이루거나, 자식들이 하나 같이 잘 되고 온 가족이 건강하며 화목한 인생, 누구나 이렇게 되기를 간절히 기원하고 이런 사람을 한없이 부러워하기 마련이다. 그런데 그 보다 더 훌륭한 인생도 있으니 눈을 다시 떠 보라는 말씀이다.

직장에서 번번이 승진에 탈락하니 억울해서 속이 터지는데, 능력도 없는 자가 줄을 잘 서서 승진을 거듭하고 있는 꼴을 지켜 보아야 하는 사람, 성실하게 일해도 사업마다 실패하니 답답해서 속이 터지는데 이웃에서 속임수로 번성하게 일어나는 꼴을 내다 보아야 하는 사람, 제 자식은 대학에 떨어지고 취직도 못해 속이 다 타는데 남의 늘어진 자식자랑을 듣고 있어야 하는 사람, 이렇게 속이 다 터지고 다 타고 다 썩으며 살아가는 사람에게도 마지막으로 가장 큰 성취를 이룰 수 있는 기회가 있다는 말이다.

사회생활에 실패하고 가정생활에 실패하여 속을 썩히는 고통을 받은 인생이라고 그대로 최상의 인생이 될 수는 없을 것이다. 실패를 거듭하여 속이 다 썩어버렸지만, 좌절하거나 포기하지 않고, 자신에게 부여된 운명을 극복하면서 최선을 다하며 살아가는 인생이라야 최상의 인생이 될 수 있을 것이다. 이른바 부러움의 대상이 되는 성공한 인생보다 깊이 감동되어 머리가 숙여지고 존경심이 일어나는 인생이 더 값진 것일 수 있다는 말이다.

성공하였다고 자만에 빠지고 좋은 집, 좋은 음식, 좋은 차로 자신을 향유하는데 빠져 있는 사람에 비해, 실패하고서도 남을 위로할 줄 알고 불운한 처지의 남을 배려해줄 줄 아는 인간이 얼마나 값진 인격인가. 사지가 멀쩡하고 건강한 사람도 나태하여 현실에 안주하고 사는데 비해, 장애인으로 고통 속에 살면서 건강한 사람으로서도 어려운 일에 도전하는 모습이 얼마나 당당한가. 인간의 이기적 욕심으로부터 부러움의 대상이 되는 이른바 성공한 인생과 인간의 가슴 깊은 곳으로부터 감동과 존경의 대상이 되는 극심한 고통을 이겨낸 인생은 같은 차원에서 비교하여 말할 수도 없는 것이다.

앞으로 나는 바둑판 자랑을 아주 접어버릴 생각이다. 사실 바둑판이 아무리 좋아도 세상 사람들의 부러움을 사는 성공한 인생에 비하면 애초에 자랑거리도 못되는 것이다. 더구나 나는 이른바 성공한 인생을 따르고 싶은 생각도 별로 없다. 그러니 이제부터 나는 고통 속에서 단련되고 시련을 이겨낸 인생을 알아보는데 눈을 크게 떠 보고 싶다. 그래서 인생의 의미를 다시 음미해 보고 싶다. 지안 큰스님의 깨우쳐주심에 감사한다.

헛제사밥

나의 어머니는 내가 어릴 때 천주교에 입교하여 평생을 한결같이 열심히 기도하고 성당에 나가는 천주교신자이시다. 어머니는 처음 신부를 만났을 때 제사를 드려도 되는지 물어보고, 제사를 드려도 된다는 말을 듣고서야 입교하였다고 한다. 어머니는 퇴계문인인 권우松巢 權宇의 후손으로 유교의 가풍 속에서 자랐으니 조상제사를 지내지 않고는 사람노릇을 할 수 없다는 의식을 견고하게 지녔던 것으로 짐작된다.

조상제사는 천주교에서도 한 때 금지하였는데, 이 때문에 18세기말 이후 조선사회에서 천주교는 엄청난 핍박을 받기도 하였다. 그러나 천주교는 20세기 초에 제사를 금지하던 입장을 바꾸어 다시 허용하는 방향으로 전환하였다. 천주교 교회는 조상제사를 금지할 때야 말할 것도 없지만 조상제사를 허용하더라도 능동적으로 조상제사를 드려야 한다는 입장은 아니다. 그러나 유교사회의 전통은 조상제사를 드리는 것이 후손으로서 지켜야할 가장 근본적 의미요 인간으로서 지켜야할 기본적 도리로 본다. 왜 그럴까?

조상제사의 가장 핵심적 내용은 조상과 후손이 제사를 통해 직접 만난다는 것이다. 조상은 죽은 뒤에 사라져 없어지거나 천당이나 지옥 등 다른 세상으로 가버리는 것이 아니라, 이 세상의 어디엔가 머물다가 후손이 정성스럽게 제사를 드리면 그 정성에 감응하여 내려온다는 믿음이 있기 때문이다. 부모와 조상에 대한 애정과 관심은 인간의 보편적 현상으로 어떤 종교전통에서도 없는 것이 아니지만, 부모나 조상이 죽은 뒤에도 자손이 만날 수 있다는 믿음이 없다면 그것은 돌아가신 부모나 조상을 기억하는 기념식을 할 수는 있어도 제사를 드리는 것은 아니다. 바로 이 점에서 제사를 드린다는 것은 돌아가신 부모나 조상의 혼령과 살아있는 자손의 마음이 한 자리에서 마주하여 만난다는 것이 핵심의 요소이다.

의례절차에 따라 제물을 아무리 융숭하게 차려 올려도 조상과 자손의 정성이 부족하여 조상과 만남이 없다면 그것은 분명히 형식만 제사요 실질적 내용이 결여된 '헛제사'일 것이다. 여행을 하다가 안동의 하회河回 마을에 갔더니 식당에 '헛제사밥'이라는 식단이 눈길을 끌어서 한번 먹어보았던 일이 있다. 음식의 모양은 제사를 지내고 먹게 되는 '제사밥'과 같지만 제사를 지내지 않은 음식이기 때문에 '헛제사밥'일 것이다. 아무리 신주神主를 앞에 모셔놓고 제수祭需를 풍성하게 갖추어 향을 피우고焚香 술잔을 올리며獻爵 엎드려 절을 하더라도 돌아가신 부모나 조상의 혼령과 만남이 없다면 '헛제사'일 수밖에 없다. 오늘날 우리 사회에서 제사를 지내는 인구가 급격히 줄어들고 있는 이유는 바로 더 이상 공허하게 '헛제사'를 지내고만 있을 수 없기 때문이라 짐작된다.

그렇다면 우리의 전통사회에서 그 동안 모든 사람들이 실행해 왔던 제사가 왜 갑자기 '헛제사'가 되어버리고 말았을까? 그 가장 중요한 이유는 조상을 생각하는 지극한 정성이 없이 관습적으로 제사에 참여하기 때문에 조상의 혼령인 조상신祖上神이 감응하지 않기 때문일 것이다. 조상신이 감응하여 제사에 흠향하면 후손이 올린 제수에 복福을 내려준다. 그래서 정성스럽게 제사를 지낸 뒤에 그 제물을 먹는 것은 복을 받아들이는 것 곧 '음복'飮福이라 한다. 그런데 제사를 지내면서도 조상의 혼령과 만남이 없으면 제사를 지내도 그 제사는 '헛제사'가 되고 말며, 그 제사밥을 먹는 것도 복을 받는 '음복'이 아니라 '헛제사밥'을 먹는 것이 아니겠는가? 이미 제사에서 조상의 혼령과 만나겠다는 지극한 정성이 없으니 제사의 본래 의미를 잃게 되었고, 내용이 빠진 공허한 형식적 행동만 하다보면 제사를 지내는 의미를 상실하지 않을 수 없을 것이다.

사람은 누구나 다른 사람의 인격을 존중해야할 도덕적 의무가 있다. 처음 만나거나 모르는 사람도 존중해야 하는데, 하물며 자신에게 생명을 전해준 근원이고, 자신을 길러준 부모와 조상을 어찌 존중하지 않을 수 있겠는가? 옛 사람들은 돌아가신 조상들을 몇 대가 지나도 기억하고 극진하게 존중하였다. 그래서 옛 사람들은 항상 그 많은 조상들을 모두 마음 속에 모시고 살아왔던 것 같다. 어느 자리에나 사람들이 모여 앉게 되면 으레 서로 상대방 집안의 조상들에 관해 묻고, 혹시라도 서로의 조상들 사이에 교류하였던 일이 있었다면 그들 사이는 세교世交가 있는 집안 사이로 확인하여, 후손들도 서로 더욱 친밀하게 생각하였다. 그러니 세상은 산 사람의 공동체일 뿐만 아니라 돌아간 조상들과 산 사람이 함께 어우러져 공동체를 이루고 있는 것이라 할 수 있다.

이렇게 후손들이 조상들의 행적을 낱낱이 기억하고, 그 명예로운 조상의 행적에 강한 자부심을 지니고 있으니, 조상들은 오래 전에 죽었다 하더라도 결코 사라지지 않고 후손들의 가슴 속에 소중하고 자랑스럽게 남아 있는 것이다. 그러니 그 자신도 자기 후손들의 기억 속에 오래도록 남아 있을 것을 생각하면서 함부로 방탕하게 행동할 수 없었을 것이다. 역사 속에 영예로운 행적으로 남아 있는 인물들의 후손은 대대로 그 조상을 자랑스럽게 내세우며 살아가지만, 그 반대로 수치스러운 행적을 남긴 인물들의 후손은 몇 대가 지나도록 그 조상의 멍에를 짊어지고 세상을 살아가야 할 수밖에 없다. 말하자면 법 이전에 심리적으로 이미 연좌법緣坐法에 걸려드는 것과 같이 조상과 후손은 서로 얽혀 있는 것으로 받아들여졌다.

그래서 조상으로부터 자유로운 자신의 독자적 존재를 확보하고자 하는 요구가 일어났고, 서양의 개인주의 문화가 받아들여지면서, 조상은 후손의 기억 속에서 점점 사라지고 말았다. 그래서 제사에서도 조상과 후손의 만남이 사라지면서 조상제사는 형식만 남은 '헛제사'가 되어갔던 것이리라. 그 결과는 마침내 조상제사 자체가 급격히 쇠퇴하여 사라져가는 처지에 놓이게 되었던 것이 아닌가 한다. 그것은 유교사회의 조상제사가 현대사회에서 겪어야 하는 필연적 귀결인지도 모르겠다. 다만 아쉬운 것은 조상과 후손이 함께 어울어진 공동체의식이 지녔던 아름다운 기능조차 상실되는 것이다. 또한 우려스러운 것은 조상으로부터 해방되면서 개인이 자유로움은 누리겠지만 조상으로부터 해방되는 것과 동시에 자손으로부터도 단절되는 깊은 고독의 늪에 빠지지 않을까 하는 점이다.

내 마음의 친구들과

한 세상을 살면서 사귀는 벗이야 여러 유형이 있겠지만, 진실로 자기를 알아주는 벗, '지기지우'知己之友가 가장 소중할 것이리라. 관중管仲과 포숙鮑叔의 사귐이나 백아伯牙와 종자기鍾子期의 사귐처럼 '지기지우'를 한 사람이라도 만날 수 있다면, 그 인생은 그것만으로도 더 이상 부러울 것이 없는 성공한 인생이라 할 수 있지 않겠는가? 그러나 '지기지우'를 만나길 바란다면 그 스스로 먼저 벗을 알아주어야 할 것이요, 또 그 자신의 사람됨이 알아줄 만한 인격의 깊이를 가져야 할 것이다. 그러니 나처럼 용렬하고 편협한 인물이야 언감생심焉敢生心 어찌 벗이 나를 알아주기를 바랄 수 있겠으며 어찌 내가 벗을 알아줄 능력이 있다고 자신할 수 있겠는가?

그래도 나에게는 마음 속 깊이 소중하게 간직하고 있는 벗, 심우心友

가 다섯이 있다. 가나다순으로 이름을 들면 김기돈·노홍규·장호남·전풍일·주일청이다. 나까지 여섯은 고등학교를 함께 다니며 사귀었지만 그저 '고교 동창 친구' 정도가 아니다. 우리 여섯은 항상 함께 어울려 다녔고, 사방으로 함께 여행을 다녔으며, 여러 밤을 한 이불 속에서 잠잤고, 결혼 후에도 부부가 함께 서로 집을 찾아 다니며 모였다. 무엇보다 서로 아껴주었으며 흉금을 터놓고 말 할 수 있는 사이였다. 나이가 들면서 전공분야가 달라지고 직장의 활동무대가 달라지면서 공통의 화제話題가 점점 성글어지는 감이 없지 않았지만, 그래도 마음 속에는 서로 가장 가까운 벗이라는 믿음이 조금도 변치 않았다. 서로의 관심분야가 달라지면서 오히려 세상이 커진 만큼 우정의 무게도 더 두터워지는 것이 아니겠는가. 더구나 늙어가면서 친구의 소중함이 더욱 절실하게 가슴에 새겨지고 있지 않은가. 나이가 들어 소년시절의 그 풋풋하던 모습은 아주 빛깔이 바랬고, 머리에는 하얗게 서리가 내리고 얼굴에는 주름이 가득하니, 서로 바라보면서 자기 모습을 돌아보게 되어 서글픈 마음이 일어난다.

그렇게 자주 만나던 친구들을 어쩌다 십여 년 못 만나고 세월이 흘러갔다. 모두가 내 탓이다. 내 천성이 게으르고 소극적이다보니 아무리 친한 벗이라도 먼저 연락을 취하는 법이 없다. 사람 만나는 것이 정말 부담스러웠다. 한동안 집에 전화를 두지 않았다가, 뒤에 전화를 다시 가설하고 나서도 전화번호를 아무에게도 가르쳐주지 않았다. 솔직하게 말해 세상을 피하여 숨어사는 것이 무척 편안했던 것이 사실이다. 이런 점으로 보면 아마도 나는 '두더쥐 띠'인지 모르겠다. 혼자 땅굴을 파며 먹이를 찾아다니기를 즐기고 누구라도 만나기를 어려워하며, 남들과 만났다가 쉽게 상처받아 괴로워하게 되는 것을 무척이나 두려워했던 것이다. 그렇게 숨어 있었지만 장호남이 몇 번 찾아와 주었고, 주일청이 몇 번 찾아와 나를 위해 바둑 지도대국을 해주었다. 마음으로야 무척이나 고맙고 미안했지만 그러고 나서도 내가 먼저 전화하거나 답방을 하지 않았다. 금년 2월 말에 내가 정년퇴직을 하였는데 마침 옛 친구들이 한번 모이자고 연락이 와서 3월 초에 김기돈이 사는 천안 집으로 찾아가기로 약속을 했다. 십여 년 만에 다시 만나는 모임이라 가슴이 설레는 것을 누를 수 없었다.

 3월 4일 오후 전철을 타고 천안역에 도착해보니 기흥에서 오는 장호남이 일찍 와서 기다리고 있었고, 일산에서 오는 주일청이 뒤따라 내려왔다. 셋이서 택시를 타고 김기돈의 별서別墅를 찾아갔다. 문앞에 '이구원'離垢園이라 새긴 표석標石을 보고, 이 집 주인이 세상을 내다보는 마음 쓰임새를 짐작할 수 있을 것 같다. 잔디가 넓게 깔린 마당을 지나 기돈의 통나무집 앞에 다가가니 댓돌에 노홍규가 먼저 와서 기다리고 있었다. 그동안 큰 병고를 두 번씩이나 치루었고 지난해 8월 충남대 의대를 정년퇴직을 하고나서 어떻게 지내는지 걱정을 많이 했는데, 백발에 수염까지 멋있게 기른 노신사의 모습을 보며 서양노인이 아닌가 착각할 정도로 멋쟁이가 되어 있었다. 병후에 지팡이를 짚고 거동이 다소 불편한 몸이지만 여전하게 밝은 얼굴로 맞아준다. 기돈이는 완전히 백발이었지만 아직도 얼굴은 홍안을 그대로 간직한 모습을 보니 반가웠다. 캔막걸리를 하나씩 마시고나서 석양의 바다를 보겠다고 홍규의 차로 삽교천 방조제를 향했다. 방조제 바깥의 바다는 아득히 넓었지만 호수처럼 잔잔하여 잠시 바닷가를 거닐었다. 일행은 바닷가 횟집에 들어가 바다는 까맣게 잊어버리고 푸짐한 생선회를 배불리 먹었다. 기돈이 멀리서 찾아온 친구들을 위해 마련한 자리이다. 나의 경우라면 친구들을 위해 이렇게 푸짐한 술자리를 마련하지 못했을 것이라 생각하니 고맙기도 하고 부끄러운 생각도 들었다.

 오랜만에 나도 맥주를 여러 잔 하였지만, 다른 친구들은 호남이 가져온 보트카에 소주까지 젊은이처럼 기세좋게 마셨다. 저녁을 마치고나서 온양으로 나왔다. 기돈이 호텔방을 잡아주어 호텔방에서 다시 술판을 벌였다. 홍규와 일청이는 최근에 심장수술까지 하였던 몸이지만 자신의 몸을 잊어버리고 이렇게 호기를 부리며 과음하는 것은 오랜만에 정다운 옛 친구를 만난 반가움 때문일 것이다.

 모두들 70을 눈앞에 바라보는 노인들이지만, 술이 취하니 옛날 청년시절처럼 마구 욕설도 하고 언쟁도 하였다. 호남의 목소리가 커지고 취중에 중언부언하자 홍규의 참지 못하는 성질이 발동하여 질책이 도를 넘었고, 언쟁을 가라앉히기 위해 일청이 나서서 한바탕 홍규를 나무랐다. 술판이 개판으로 갔다가 술판으로 왔다가 하면서 즐겁게 이어갔다. 기돈은 조용한 성미에 시끄러운 것을 못견디고 슬며시 빠져나가 자기 집으로 자러 가버렸고, 나도 잠시 쉬기 위해 목욕을 하고 나왔는데, 새벽 2시반이 되어서야 잠자리에 들 수 있었다. 친구들은 술이 취하니 제각기 자기 성질을 감추거나 억누르지 않고 마구 풀어내 놓았다. 제각기 그동안 쌓였던 스트레스는 모두 풀 수 있지 않았나 짐작된다. 오늘 이 자리에서는 홍규의 직선적이고 공격적 성격, 호남의 열정적이고 호기부리는 성격, 일청의 품어주고 다독거려주는 성격, 기돈의 조용하고 관망적인 성격이 그대로 드러났던 것 같다. 그렇다면 나의 성격은 무엇인가? 곰곰이 생각해보니 평소의 우유부단하고 소심한 성격에서 한 발짝도 벗어나지 못하였음을 알겠다. 서로 생각을 주고받는 차분한 대화의 시간은 너무 짧았고, 혈기 넘치는 주사酒辭가 너무 길었지만, 이런 자리가 우리들에게 또 하나의 아름다운 추억으로 쌓여가는 것인지, 아쉬움을 남기는 것인지 잘 판단이 서지 않는다.

아침에 늦게 일어나니 간밤의 소란은 까맣게 잊어버리고 또 해장국집에서 소주잔을 돌리며 발동을 걸려고 한다. 늦은 아침을 먹고 다시 홍규의 차로 기돈의 집을 찾아갔다. 나는 온양역에서 바로 서울로 올라가고 싶었지만 친구들 뜻을 따랐다. 기돈의 집에 가니 또 댓돌에 앉아 한담을 했다. 끝내 집안으로 들어오라는 말이 없다. 옛날 사람들 예법으로 보면 뜰아래 세워두는 것은 종들에 대한 대접이라 있을 수 없는 일이다. 한참 동안 속으로 되새겨 보았다. 집안이 너무 어지러워 친구들에게 보여줄 수 없는 형편인지, 또 다른 말 못할 사정이 있는지 내 생각의 폭을 넓히려고 애를 썼다.

기돈의 집 뜨락 한 쪽에 아담한 초정草亭이 세워져 있는데, 홍규의 제안으로 초정에 올라 앉았다. 홍규가 이 초정을 '제심초당'齊心草堂이라 이름을 지어놓고서 붓글씨로 편액을 쓰고 있는 중이란다. '제심징려'齊心澄慮 혹은 '제심척려'齊心滌慮에서 나온 말이라는데, 마음을 정갈하게 하고 생각을 맑게 씻어낸다는 뜻이다. 노년에 마음을 닦고자 하는 사람을 위해서는 참으로 좋은 격언이 아닐 수 없다. 더구나 바깥으로 속진俗塵을 멀리 떨어내고[離垢] 안으로 마음을 정갈하게 한다[齊心]고 하니, 안팎이 잘 어울리는 이름이다. 기돈의 초정도 아담하고 풍취가 있지만 이렇게 어울리는 이름을 찾아낸 홍규의 높은 안목에 내심 감탄을 금할 수 없었다.

　날씨가 차가워서 정자에 앉아 있자니 추위를 견디기가 어려웠다. 다행스럽게도 오래지 않아 모두 자리에서 일어나 귀로에 들었다. 홍규는 대전으로 내려가고, 일청과 호남과 나 셋이서 버스를 기다렸다가 천안역에 나왔다. 셋이 역앞에서 점심을 먹고 한담을 하다가 전철을 타고는 정신없이 졸며 올라 왔다. 호남이 수원에서 먼저 내리고, 나는 금정에서 갈아타려 내렸다. 일청은 더 멀리 올라가야 했다.

　집에 돌아와 저녁을 먹고나자 피로감이 심하여 한 잠을 자고나서 밤중에 깨었다. 나는 십여년 만에 모였던 내 마음의 친구들의 이번 모임을 되돌아 보기 시작했다. 아직도 우리들 가슴 속에는 서로에 대한 따스한 정이 넘치지만 서로를 향해 표현하는 방법이 서툰 것은 아닐까? 무엇보다 나 자신이 이 모임에서 혼란한 대목에 적절히 조언을 하거나 방향을 틀어주는 어떤 역할도 못하고, 말없이 뒤따라 다니다가 뒤늦게 되새김질이나 하는 꼴이 스스로 민망스럽기만 하다.

12

담배를 끊어야지

    내가 담배를 처음 피워 본 것은 대학 1학년 때 선배집에 놀러 갔을 때이다. 선배들이 담배피우는 법이라고 연기를 깊이 들여마시는 요령을 가르쳐주었을 때, 한번 빨아보고 심하게 기침을 한 다음 전혀 배울 뜻이 없었다. 그후 장병길 교수를 연구실로 찾아가면 담배를 권하셨다. 선생님이 권하는 것이라 사양 못하고 한번씩 피웠으니, 두세 달에 한 개피 정도 피워보는 것이 전부였다. 그러다보니 어느 땐가는 토요일 오후 교문 앞 다리 난간에 한가롭게 앉아 가을 볕 아래 쉬고 있는데 문득 담배가 피우고 싶다는 생각이 일어나 지나가는 친구에게 한 대 얻어 피웠던 일도 기억이 난다. 그래도 대학을 다니는 동안 여전히 나는 담배를 피우는 사람이 아니었다.

    졸업을 하고 군대에 입대하여 훈련을 받을 때, 화랑담배가 한보루 보급품으로 지급되었다. 훈련을 받던 4개월 동안 훈련이 끝나고 내무반에서 쉬는 여가에 동료들을 따라 가끔 피웠던 일이 있었다. 아직도 담배로부터 자유로웠다. 소위로 임관을 하고 특기교육을 받는 동안에도 담배를 피우지 않았다. 교육이 끝나고 처음 배속된 곳이 황해도 끝 장산곶 앞바다 임당수에 떠있는 백령도白翎島였다. 근무장은 깜깜한 암실이었고 레이다 스코프를 들여다 보며 요격관제 훈련을 받을 때 너무 심하게 긴장하였다. 당시 모두들 담배를 피우는 시절이라 나도 모르는 사이에 담배를 시작하여 이 때부터 본격적으로 담배를 피우기 시작하였다. 한두 달이 지나자 하루 3곽을 피우고 있는 자신을 발견하고, 끊어야겠다는 생각을 하기 시작했지만 잘 되지 않았다. 결국 1966년 가을부터 담배에 빠져들기 시작하였던 것이다.

당시 풍조가 담배에 대한 부정적 의식이 거의 없어서, 초만원을 이룬 버스 안에서도 담배를 피우는 형편이었다. 내가 담배에 한번 중독이 된 다음에 끊어보려고 노력도 무척 했고, 어느 때는 3년 동안 끊기도 하고, 1년 동안 끊기도 했으며, 몇 달이나 며칠씩 끊었던 일은 무수히 많았다. 그래도 마음에 충격을 받아 번민에 빠지면 언제나 담배로 되돌아 와서 쉴새 없이 피워대고 있는 자신이 무척 안타깝고 부끄러웠다. 40대무렵 잠실에서 살때 가까운 석촌호수로 자주 산책을 다녔다. 어느날 호수 가에서 담배를 끊기로 결심을 하면서, 다시 피운다면 이 호수에 뛰어들어 자결하겠다고 맹서를 해놓고서, 그 다음날 또 호수가에 나와 담배를 피우고 있는 나 자신이 얼마나 한심했던지. 스스로 부끄럽기 그지 없었다.

나이가 들었을 때, 담배가 건강에 나쁘다는 인식이 확산되고, 주위에서 많은 사람들이 끊었다. 그래도 나는 아직도 끊지 못하고 있으니, 나의 의지가 얼마나 허약한 것인지 한심스러운 생각이 든다. 60이 넘어서도 담배를 피우면서 끊어야 한다는 생각을 끝없이 하고 있다. 2004년 일본 쿄토에 3개월 남짓 머물 때, 출국하면서 담배를 끊었는데, 한달만에 결국 도로 돌아가 비싼 일본담배를 피우고 말았다. 나의 심한 흡연습관을 보고, 선배교수 한분이 "담배를 끊는다는 것은 자존심이 있어야 되는 법이요"라고 충고한 것이 폐부를 찔렀으나, 나의 악습을 고치게 하지는 못했다. 또 함께 담배를 피우다가 먼저 끊은 동료교수가 "아직도 니코친 신을 모시고 있느냐"고 놀리는데도, 과연 내가 이 마귀의 신을 모시는 노예인가 마음이 아팠지만, 여전히 피우고 있다.

아내 소정素汀이 관악구청의 금연학교까지 나를 끌고가서 고치게 하려고 애썼지만 잠시 뿐이었고, 아내는 혹독한 말로 나를 위협하면서 나의 중독을 깨려고 했지만 여전히 못고치고 있다. 2006년 정월 초하루 결심을 하여, 금연을 하였지만 두 달만인 3월 1일부터 다시 피우기 시작했다. 아내에게 질책당하는 것이 싫어서 학교에 나와 하루에 2곽이나 피우고서도 집에 갈 때는 양치질하고 손을 씻어 안 피우고 있는 것처럼 몇 달씩 속이고 지내기도 하였다. 이렇게 사는 것도 괴로운 일이다. 그래서 나는 담배를 끊은 사람만 보면 존경심과 부러운 마음이 일어난다.

금년 여름에는 절에 들어가 담배를 끊겠다고 결심하고 통도사 반야암에서 34일 동안 담배를 끊고 지냈다. 그런데 내려오는 길에 부산까지 차를 태워준 C교수가 담배를 피우는 것을 보자 한 대 얻어 피우면서 도로 돌아왔다. 나에게 처음으로 담배 피우는 방법을 가르쳐 주었던 선배 Y교수는 오래 전에 담배를 끊고 나에게 담배 끊는 방법을 가르쳐 주었다. '한대 안피기'의 방법이다. 확실한 방법이지만 나에게는 공염불일 뿐이었다.

  나는 임어당林語堂처럼 담배예찬론을 펼치는 견해를 받아들일 생각은 추호도 없다. 끊겠다는 결심은 끝없이 하지만 의지가 약한 자신이 애처롭게 느껴진다. 이렇게 건강을 해치는 길로 몰아가 자신을 자학하고 있는 것도 괴롭고, 자존심이 심하게 상처받는 것도 쓰라리고, 아내를 속이고 있는 것도 민망하다. 진정으로 내 몸을 더 이상 학대하지 말고, 내 자존심을 더 이상 짓밟지 말고, 나 자신을 더 이상 속이면서 변명을 계속하고 싶지 않다. 중독의 노예가 아니라 자유인이 되고 싶다. 그렇다고 더 이상 담배를 끊겠다는 결심을 공허하게 공언하고 다니지도 않겠다. 이제 한곽 이하로 줄였으니, 언젠가 끊어지겠지. 단지 약물의 도움을 빌어서가 아니라, 오직 내 의지로 담배를 끊는 날이 오기를 기다릴 뿐이다.

13 이웃사촌

내가 어릴 때 살던 동네는 부산이라는 큰 도시였지만, 중심가에서 벗어난 산동네였고 주변에는 논밭도 많아 시골 분위기도 있었던 곳이다. 온 동네 사람들이 모두 서로 잘 알고 살았다. 우리 동네에는 내 친구가 사는 소구루마집도 있었고, 석류나무집도 있었고, 청년인데도 바보인 하야시林네 집도 있었고, 무척 심한 개구쟁이인 다께竹네 집도 있었고, 높은 담이 길고 큰 집인 공孔상댁도 있었다. 내가 그들의 마당에 안들어가 본 집이 거의 없었던 것 같다. 초등학교 시절까지만 그 동네에서 살아서 기억이 희미한 대목은 노모께 여쭈어보면 속속들이 환하게 말씀해주셔서 이웃 사이가 웬만한 친척 사이보다 더 가깝고 친하게 지냈음을 알 수 있다.

나의 장인영감은 이미 작고하신 지 여러 해 되었지만, 젊었을 때 이웃

사람들에 대해 항상 마음을 많이 쓰셨던 모양이다. 그래서 평소부터 장모님께 부엌에서 도마소리도 크게 내지 못하게 당부하셨다고 한다. 어려운 이웃들에게 마음에 불편을 끼칠까 배려해서이다. 그러다가 어느 생신날 부엌에서 음식을 장만하느라 도마소리가 나고 좋아하시는 곰국을 끓이느라고 냄새를 제법 풍겼던 모양이다. 노하신 장인영감께서 뛰어나가 밤새 끓였던 국솥을 들어다가 사정없이 엎어버리셨다는 것이다. 장모님은 이 일이 너무 서운하여 가슴에 맺혔다고 한다. 그래도 이웃을 생각하는 마음이야 어찌 이해하지 못하셨겠는가.

중학교 때부터 서울로 올라와 살면서 생활세계가 어느 순간에 확 바뀌어 버리고 말았다. 갑자기 이웃이 사라져버린 것이다. 이웃사람 얼굴도 모르고 반세기를 살았던 셈이다. 얼굴을 알아도 말을 건네는 일이 거의 없었다. 아파트에 살면서 아이들이 어렸을 때 마루에서 뛰며 놀았다고 아래층에서 항의하러 와서 사과했던 일이 있고, 아이들이 이웃집 아이들과 어울리면서 이웃집에 가서 놀다가 그 집 가구에 손상을 입혔다고 항의를 받아 변상해준 일이 있는 정도이다. 후진하는 우리집 차와 중앙선을 넘어 좌회전하던 이웃집 차가 접촉사고를 내었을 때도 너무 거칠게 항의를 받아 따지지도 못하고 변상해준 것들이 이웃과의 왕래로 기억되는 것일 뿐이다.

얼마 전까지만 해도 우리에게는 이웃과 서로 돕고 양보하며 이웃을 배려하고 이웃과 어울리는 문화가 유지되어 왔었던 것이 사실이다. 그러나 이런 문화는 요즈음 사람들이 보면, 자기와 남을 분명하게 구별하지 못하는 것이라 비난받을 수 있다. 이웃과 남을 너무 배려하다 보니 개인적인 세계를 확보하지 못하였다고 비판받기도 한다. 그래도 남을 배려하고 존중해줄 때에 자신이 넉넉하고 당당해질 수 있고, 남과 더불어 갈 때에 자신도 깊어지고 든든해질 수 있는 것이 아닐까? 이웃과 남이 없는 자신의 고립은 자신의 확립이 아니라 자신도 공허하게 하고 붕괴시켜 가는 것이 아닐까?

사방으로 길이 열려 이 집 저 집 사이에 이웃끼리 서로 왕래하고 어울리며 얽혀있던 생활공간이 바뀌고 만 것이다. 제각기 가정이라는 고립된 섬에서 가족들끼리 얼굴을 마주 대하며 밤을 보내고 나서 아침밥을 먹고 나면 보트를 타고 그 섬에서 나와 해안에 나가서 학교와 직장과 시장이라는 세계 속에 어울리다가 잠시 친구들끼리 따로 모이는 경우도 있지만 저녁이 되면 다시 보트를 타고 가정이라는 고립된 섬으로 돌아가는 꼴이 아닌가?

왜 이렇게 고립되어 살게 되었는지 다시 생각하게 된다. 서로 어울려 살면서 알게 모르게 서로 간섭을 하게 되고, 남의 간섭을 받는 것이 귀찮고 피로하니, 따로 떨어져 간섭받지 않고 자유롭게 살고 싶은 생각이 날 수 있다. 간섭이야 이웃 사이에만 일어나는 것은 아니다. 친족이나 가족 사이에도 간섭은 만만찮게 일어나고 있다. 그러다보니 가족도 자꾸만 잘게 쪼개져 핵가족화하고, 사촌만 되어도 한참 멀어지고 형제간도 장성하여 혼인하면 분가하여 자주 만나지 못하는 경우가 허다하다. 부모와 자식 사이도 따로 떨어져 살고 싶어하니, 부모를 모시고 사는 가정이 자꾸만 줄어든다. 부모도 자식의 일에 휘둘리지 않고 따로 살고 싶어 하며, 자식도 부모의 간섭을 받지 않고 따로 살고 싶어한다. 이렇게 생활공간이 작아지고 멀어지는 것이 우리 시대의 대세이고, 어찌보면 자연스러운 현상인지도 모르겠다.

왜 이렇게 서로의 만남과 어울림을 부담스러워하게 되었는지, 서로가 만나는 방법에 문제가 없었던 것은 아닌지 되돌아보게 된다. '이웃사촌'이라는 말처럼 이웃에 가까이 살기만 해도 친족의 사촌처럼 친밀하게 되었다는데, 사촌도 멀어졌으니 이웃이야 그저 남일 뿐이 아니겠는가. 어려운 일이 있을 때 서로 돕고 좋은 일이 있으면 서로 축하해주고 한가로울 때는 서로 모여 즐겁게 담소하거나 놀이를 한다면 서로 멀어질 필요가 없을 터인데, 왜 서로 부담스러워 할까? 서로에 기대를 걸면서 상대방에 요구가 많아지고, 뜻에 맞지 않으면 서로 비난하거나 원망하면서 부담스럽게 되고 멀어지게 되는 것이 아닐까?

사람 사이의 만남이 부담스러워지니, 사람과 동물과 더 친하게 지내는 광경도 자주 볼 수 있다. 개나 고양이 등 애완동물들을 너무 좋아하여, 개에게 옷을 해입히고 꼭 안고 다니며, '개엄마', '개할아버지'라는 말이 나오는 것처럼, 인간의 가족관계가 멀어지니, 동물과 가족관계를 맺고 사는 꼴이 되고만 것 같다. 인간과 인간의 관계가 왜 이렇게 부담스러워지는 것일까? 서로가 남에게 기대와 요구가 많기 때문이 아닐까. 이웃 사이에는 말할 것도 없고, 가족 사이에도 부모와 자식 사이나 형제 사이에 서로 기대하거나 요구하지 말고 따뜻한 눈길로 서로 바라보기만 하고, 원망하거나 비난하지 말고 넉넉한 마음으로 이해하기만 한다면, 우리 시대에 자꾸만 멀어지는 인간관계를 좀더 가깝게 끌어당길 수 있을 것 같기도 하다. 부모, 형제, 친척이 서로 격려하고 도와주면서 서로 요구나 원망이 없다면 만나는 것이 더욱 반가워지고 정다워질 것이요, 개인이 자유로우면서 서로 친밀해질 수 있다면 아득히 멀어졌던 이웃도 '이웃사촌'으로 다시 가까워지는 풍속이 다시 일어날 수 있지 않을까? 그래서 길에서 만나는 낯선 사람과도 반갑게 인사를 나누고, 남에게 친절하게 할 때에 자신이 더욱 넉넉해지고 성숙하게 되는 것을 발견하는 때가 다시 찾아오리라 믿어본다.

14
이웃을 배려하는 마음

    나의 장인은 이미 작고하신 지가 벌써 20년이 되었지만 무척 꼬장꼬장한 노인네이셨다. 젊었을 때는 부인에게 부엌에서 도마소리도 크게 내지 못하도록 엄명을 내렸다고 한다. 혹시라도 이웃에서 무슨 요리를 하느라고 이렇게 요란한지 궁금하게 여기거나, 자신들의 밥상이 초라한 것을 생각하며 속상해 할까봐 염려해서일 것이다. 언제나 자신의 행동이 이웃에게 마음으로라도 불편을 끼칠까봐 세심하게 배려하는 마음 씀씀이를 엿볼 수 있다.
    우리에게는 이렇게 남을 끔찍이도 생각하며 조심하는 문화를 지켜왔던 시대가 있었다. 하기야 증자曾子는 "열 사람의 눈이 지켜보고 있으며, 열 사람의 손가락이 가리키고 있으니 두렵구나"十目所視, 十手所指, 其嚴乎.(『대학』)라고 하였으니, 자신의 일거수 일투족에서 뼛속까지 파고드는 따가운 남의 시선을 의식하여 전전긍긍하며 조심조심하는 자세가 아니랴. 그러나 이런 문화는 요즈음 사람들이 보면, 자기와 남을 분명하게 구별하지 못하고 남의 시선에 휘둘리는 짓이라 비난받을 수도 있다. 이웃이나 남의 시선을 너무 지나치게 염려하다보니 개인의 자주적 세계를 확실하게 지켜내지 못했다고 비판받을 수도 있다.

지금 세상은 오히려 남을 생각해 자신을 숨기고 낮추기 보다는, 남 앞에서 자신을 과시하거나 자랑하여 남의 기를 꺾어놓을 수 있을 때 어떤 성취감을 누릴 수 있는 듯이 보이기도 한다. 자기 자랑, 자식 자랑, 남편 자랑, 아내 자랑이 사석의 어떤 대화에서나 자연스럽게 흘러넘치는 것이 풍조를 이룬 듯하다. 자신을 숨기고 낮추어 겸손하다가는 남들이 알아주지도 않고 존경도 못받으며, 자칫하면 무시당하기 십상이다. 그러니 어찌 남 앞에서 자랑하는데 과감하지 않을 수 있겠는가?

우리가 지금 살고 있는 시대를 '자기 PR시대'라 하면서, 남 앞에서 자기를 자랑하고 뽐내기를 예사롭게 하는데, 자기자랑하는 말을 들으면서 상대방의 면전에서야 감탄하며 칭찬하기도 하고 부러워하는 표정을 짓기도 하지만, 돌아서면 속으로는 비웃거나 원망하는 마음이 일어나기 마련이다. 그렇게 되고서야 어찌 나와 남 사이에 서로 마음을 열어 이해하며 진심으로 사랑하고 존경하는 마음이 생기기 어렵지 않으랴. 자기를 내세우기 시작하면서 나와 남 사이에 담장은 더욱 높아지고 거리는 더욱 멀어지는 것은 필연의 결과일 것이다.

"부유함이 그 집을 화려하게 꾸며주듯이 덕이 그 자신을 아름답게 다듬어주니 마음은 넓어지고 몸은 편안해진다"富潤屋, 德潤身, 心廣體胖,〈『대학』〉고 하였다. 남들 앞에서 자랑하여 바깥으로 자신을 드러내려고 할 것이 아니라, 마음을 넓게 하고 몸을 편안하게 하여 속으로 덕을 닦아 충만하게 하면 저절로 빛나게 된다는 것이다. 자신을 내세울 게 아니라 남을 배려하고 존중해줄 때에 자신이 넉넉해지고 당당하게 드러날 수 있고, 남과 더불어 화합할 수 있을 때라야 자신도 튼튼하고 깊어질 수 있는 것이 아닐까? 이웃과 남의 마음을 잃고서 그 위에 우뚝 서 보려고 하면, 자신을 높이 세워놓는 것이 아니라 오히려 자신을 상실하는 길로 접어드는 것이라 보인다.

그래서 노자는 "존귀함은 비천함을 바탕으로 삼고, 높은 것은 낮은 것을 기초로 한다" 貴以賤爲本, 高以下爲基,《노자》39)고 말했던 것인지도 모르겠다. 자신을 비천하게 하지 않으면 존귀하게 될 수 없고, 낮추지 않으면 높아질 수 없다는 말이다. 아는 척 나서다가는 그 무지함이 더욱 뚜렷하게 드러날 뿐이지만, 모르는 척 할 때에 그 아는 것이 더욱 높이 돋보일 터이다. 주위에 잘난 척 하는 사람 아는 척 하는 사람들이 너무 많아 눈이 현란하여 어지러울 때는 차라리 고요하고 어둑한 구석자리가 사람의 심신을 편히 쉴 수 있게 해준다.

제각기 내가 옳고 진리는 나의 편이라고 확신에 차서 상대방을 성토하고 비난하면서, 머리띠 두르고 주먹을 휘두르며 구호를 외치는 광경이 뉴스에 흘러넘치는 것이 오늘의 풍속도이다. 제각기 자기주장만 할 줄 알 뿐이지 남의 말은 들을 줄 모르는 것 같다. 입만 있고 귀는 없는 기형의 형상으로 비쳐진다. 남의 말에 귀를 기울여주며 조용히 문제를 짚어가면 훨씬 더 쉽게 서로 소통이 가능한 길을 열 수 있지 않을까? 남의 말에 귀를 기울이는 정도에서 한 걸음 더 나가서, 이웃이 아무 말을 하지 않는데도 이웃의 마음을 헤아려 도마소리도 크게 내지 않는 자세를 가질 수 있다면, 말이 없이도 서로 마음이 통하고 서로를 존중할 수 있는 세상이 열릴 수 있을 것이다. 그야말로 『예기』樂記에서 말하는 '말함이 없는데 믿음이 일어나는 것'不言而信이며, 노자가 말하는 '행함이 없는데 감화되는 것'無爲而化이 아니랴.

15

부모의 자식사랑

내가 마음 속 깊이 간직한 친구로 이미 고인이 된 이동삼疏軒 李東三교수는 제자들을 위해 열과 성을 다하였던 인물이다. 그가 세상을 떠나자 제자들이 스승을 추모하는 작은 문집을 만들었는데, '참스승 이동삼 교수'라 제목을 붙였다. 제자들의 가슴에 '참스승'으로 남아 있다는 것은 교편을 잡았던 사람이라면 누구나 한없이 부러워할 이름이다. 이교수의 제자 한 사람이 자기 스승의 친구라고 나를 몇차례 찾아왔던 일이 있다. 나는 그 제자되는 사람에게서 들었던 이야기 한 토막에 깊이 감동을 받아 오래도록 기억 속에 간직하고 있다.

그 제자되는 사람의 증조부 이야기다. 그의 증조부는 경상도 울진사람인데 영남사람으로서 전라도 부안에 가서 간재艮齋 田愚의 문하에서 배웠다고 한다. 그러나 그의 증조부는 일제의 침략으로 나라가 망했는데도 아무런 항거도 하지 않고 글만 읽고 있는 스승 간재의 행동이 부당하다고 생각하여 그 문하에서 뛰쳐나왔다고 한다. 젊어서부터 기개가 있는 분이었던가 보다. 그의 증조부는 한학자로 살았는데, 이 분의 아들(곧 이교수 제자의 조부)이 열아홉 살이었을 때 밖에서 친구들과 어울려 과음을 하고 집에 돌아와서 술때문에 토하고 앓아 누워 있는 상태가 되었다.

그런데 이 한학자가 밤새도록 그 아들 곁에서 찬물에 수건을 적셔서 아들 얼굴을 닦아주고 온 몸을 닦아주며 지극하게 간호를 했다고 한다. 이 모습을 보던 그 부인(곧 이교수 제자의 증조모)은 아들이 어린 나이에 술을 먹고 앓아누워 있는 꼴을 보고 화가 나서, "왜 이런 자식이 고생하도록 내버려 두지 이렇게 밤을 새우며 애를 쓰고 있으시오"라 하며, 오히려 그 남편을 탓했다고 한다. 그러나 그 한학자의 말씀은 "이 자식이 이제 어른이 될려고 이렇게 술을 먹었으니 이 날이 무척 기쁜 날이 아니겠소. 그러니 나는 이 일이 즐겁고 기쁜 일이지, 결코 노여운 일이 아니라 생각하오"라 하며 부인을 달랬다고 한다.

이 한학자의 자식을 사랑하는 마음은 자식의 도리를 들먹이며 나무라고 꾸짖어야 할 일조차도 사랑의 마음으로 너그럽게 받아들이고, 따뜻하게 감싸주는 이해의 태도를 보여주는 것이었다. 그리고 한걸음 더 나가서 정성으로 자식을 보살펴 주는 아버지의 사랑을 실천으로 보여주는 경우라고 생각한다. 부모의 사랑과 이해를 이렇게 받았다면 자식으로서 부모를 어떻게 존경하고 사랑하지 않을 수 있겠는가. 나는 그 한학자의 말과 행동에서 지금 세상을 살아가는 부모의 한 사람으로 자식을 어떻게 기르고 가르치고 또 훈계해야 할 것인지 너무 좋은 귀감을 발견하여

기뻤지만, 다른 한편 도저히 이렇게 자식을 사랑하고 이해할 수 없는 나 자신을 돌아보면서 부끄럽기도 하였다.

그 한학자에 대한 이야기가 또 한 토막 있다. 그는 저술로서 네권의 문집이 있었고, 자신이 애중하여 읽었던 많은 서적들을 소장해 왔다고 한다. 그런데 그는 이 장서들과 자신의 저술이 후세에 없어질까 염려해서, 그 손자(곧 이교수 제자의 부친)가 한학을 전혀 하려들지 않는 것을 보고는 그 손자에게 훈계하기를, "내가 죽은 뒤에 너에게 이 책이 아무리 성가시고 쓸데없는 물건이라 하더라도 부디 잘 간직해 두어라. 네가 못쓰고 네 아들이 못쓰는 한이 있어도 언젠가 우리 집안에 문장이 나올 때는 이 책들이 다 귀중하게 쓰여질 수 있다. 그러니 부디 잘 보관해 다오." 이렇게 신신 당부를 했다는 것이다.

이 얘기를 들으며, 부모로서 나 자신도 자식을 기르고 가르치면서 자식에게서 나의 기대와 욕심을 모두 부과하여 무거운 짐을 짊어지게 하는 것은 잘못이라는 생각을 새삼스레 깨달을 수 있게 해주었다. 자식에게 지나친 기대를 하다가 뜻대로 되지 않으면 자식을 엄하게 나무라거나 실망을 드러내고 노여움을 쉽사리 표출하게 된다. 그러다보면 부모와 자식 사이에도 서로 사랑하는 마음이 쇠퇴하고 서로 원망하는 일이 생기게 되니, 결과적으로 얼마나 어리석은 일인지 되새기게 된다. 이런 생각에서 나는 자식들에게 너무 많은 잘못을 저지르고 말았던 것이 후회스럽기 그지 없다.

자기 자식에게서 기대함을 못얻더라도 먼 훗날 그 자식의 자식이나 손자의 손자 가운데서 자신이 기대하는 큰 인물이 나올 것을 믿고 자식에게 너그럽게 대할 수 있는 것이 지혜로운 일임을 새삼 깨닫게 된다. 자식들은 자기의 그릇만큼만 이루면 그것으로 만족할 줄 알아야 할 것이다. 얼마나 많이 그리고 높이 성취하는가에 목표를 두는 것이 아니라, 어떻게 하면 화합하고 행복하게 살 수 있는가에 목표를 두는 것이 현명한 일이 아니겠는가?

  오늘의 우리사회에서 부모들이 자식들에게 보이는 지나친 관심과 보호나 교육열도 사회적 병폐가 되고 있지만, 자식으로부터 존경받을 수 있는 부모가 되고, 부모와 자식이 진정으로 서로 사랑하는 관계를 이룰 수 있는 것이 진정으로 성공한 인생이요, 자식이 높은 지위에 오르거나 많은 재산을 모은 것이 성공한 인생이라 단정할 수 없음을 되새겨볼 필요가 있다. 이미 작고하셨지만 집안의 어른 한 분은 "자식은 보험이 아니다"라는 말을 여러번 내게 말씀해주셨다. 자식은 부모의 실현수단이 아니니 자식의 독립된 인생을 인정해주라는 말씀으로 들었다. 그래도 자식에 거는 기대를 잊어버릴 수 없는 것을 보면 자식은 진정 자신의 분신이라는 믿음이 뿌리가 깊은가 보다.

16

색즉시공 色卽是空

　30년이 다 되어가는 옛날 이야기가 되고 말았다. 그 무렵 친구 고광직 군과 함께 조선 말기에서 일제 시기에 살았던 유학자들의 유적을 찾아 전국 구석구석을 헤매며 다니고 있었다. 전주에 들렸던 길에 우연히 전주의 민속공예품인 합죽선合竹扇 부채 하나를 샀던 일이 있었다. 여름에 이 부채를 부치고 돌아다닐 생각은 처음부터 없었다. 붓글씨 잘 쓰는 분을 만나면 선면扇面에 글씨를 받아두었다가, 여름날 나의 누실陋室을 찾아주는 손님이 있으면, 한번 펼쳐보이고 서서히 흔들어 바람을 조금 일으켜주면서 더위를 잊고 담소를 즐겨볼 심산이었다.

　그런데 이 부채를 소중하게 보관한다고 상자 속에 깊이 넣어두고서는 까맣게 잊고 지냈다. 몇 년에 한번쯤 한가롭게 상자를 정리하다가 이 부채를 발견하면 한번씩 펼쳐서 종이냄새를 맡아보고는 도로 집어넣어두곤

했다. 글씨를 써 줄 마땅한 분을 찾지 못했기 때문이기도 하지만, 그보다 내 마음 속에 무슨 구절을 쓸지 마음이 정해지지 않았기 때문이었다.

세월이 흐르면 무엇이나 낡아가기 마련이다. 그 부채 하나를 구입하던 무렵에는 나도 40에 막 들어선 한창 시절이었는데 이제 70을 코앞에 바라보는 늙은이가 되고 말았다. 지난 30년간을 돌아보면서 지금의 자신을 바라보니 다 삭아버리고 껍질만 남은 기분이 든다. 촛불은 다 타들어가 가물거리고 촛농만 어지럽게 흩어져 있는 꼴이라고나 할까. 그러니 내 수중에 들어와 30년의 세월을 보내야 했던 그 부채도 어찌 처음처럼 새 부채 그대로 있을 수 없다는 것이야 당연한 일인가 보다. 작년 봄 우연히 상자 속에서 부채를 다시 꺼내보고서 가슴이 뜨끔하여 다시 상자에 넣지를 못하고 책상설합으로 옮겨놓았다. 대나무냄새 종이냄새가 풋풋하게 배어나던 그 새 부채가 아니라, 제대로 한번 부채노릇도 못해본 채 속절없이 낡은 부채가 되어 있는 것이 아닌가. 모두가 내 탓이다. 부채에 대해 한없이 미안한 마음이 들었다.

나는 부채의 이마에 아담하게 써줄 글귀를 찾아서 이 부채에 영혼을 불어넣어주기로 마음을 먹었다. 이렇게 마음먹고서 처음 떠오른 생각이 "색즉시공"色卽是空 네 글자요, 다른 말이 도무지 생각나지 않았다. 책을 뒤적여 글귀를 찾아볼 생각은 처음부터 하지 않았다. 『반야심경』般若心經의 구절을 귀에 익숙하게 들어왔고 입에 익었기 때문이겠지만, 아마 그 무렵 내가 불교와 관련된 문헌을 읽고 있었기 때문에 이 구절이 뚜렷하게 떠올랐던가 보다. 그런데 이 구절이 부채에 써놓기에는 아무리 생각해도 격에 맞지 않는 기분이 들었다. 눈이 펄펄 내리는 겨울풍경이나 시원한 계곡물소리가 귀에 가득 들리는 한시漢詩의 한 구절을 끌어와야 하는데, 어찌 이렇게 턱없이 무거운 말을 바람처럼 가벼워야 하는 부채에 실어놓을 수 있다는 말인가?

며칠을 뒤척이다가 마음을 굳혔다. 『장자』齊物論에서는 "천하에 가을 터럭의 끄트머리보다 더 큰 것은 없고, 태산은 가장 작다"天下莫大於秋毫之末, 而大山爲小고 하였으니, 무겁다거나 가볍다고 판단하는 나의 일상적 감각은 그 근원에서 다시 보면 반대인지도 모른다. 그러니 "색즉시공"이 무거운 말도 아니요, 부채가 가벼운 것도 아닐지 모르겠다. 어쩌면 "색즉시공"이 부채가 일으키는 바람과 같은 것인지도 모르지 않은가. 이런 생각이 들었다.

"색즉시공"이란 "현실이 바로 진리"요 "현상이 바로 본체"라는 뜻으로 이해할 수 있다. 감각으로 잡히는 '색'의 현실세계가 바로 감각으로 잡힐 수 없는 '공'의 진리와 둘이 아니라는 말이다. 인간이 둘로 갈라놓고 대립되는 것으로 알고 있는 것이 사실은 하나라는 것이니, '반대의 일치'가 확인되는 자리이다. 그래서 "색즉시공"이라는 말을 마음 편하게 받아들이기로 했다. 이 풍진세상이 바로 극락세계요, 부채가 일으키는 바람 속에서 무더운 여름날의 괴로움이 바로 시원한 가을 아침의 상쾌함과 둘이 아님을 드러내는 것이라 이해하였다. 그러니 "색즉시공"의 바람에 무더위는 상쾌함으로 변하고 온갖 걱정 근심은 기쁨과 즐거움 속으로 녹아들어간다는 사실을 깨달을 수 있다고 생각했던 것이다.

글씨를 누구에게 부탁할지 생각하면서 나에게 "관산청수"觀山聽水라는 글씨 한 폭을 써주셨던 학덕 높으신 요산樂山 스님께 찾아가기로 했다. 작년 여름 한달동안 통도사 반야암通度寺 般若庵에 가서 머물며 쉬었었는데, 막상 부채를 가져가는 것을 깜빡 잊고 말았다. 서울로 돌아온 후에 괴산에 계신 운정雲井 수녀님께 말씀을 드렸다. 운정 수녀님은 『십자가의 길, 인간회복의 길』을 저술하여 깊은 사색과 신앙체험으로 깨우쳐주셨고, 계성여고 교장선생님으로 계시다 은퇴하신 분으로, 흉금이 툭터진 수도자요, 나에게는 처형妻兄이신 가까운 사이라 허물없이 부탁했다. 불교의 말씀 "색즉시공"을 천주교 수녀님께서 부채에다 써주시니 더욱 걸림이 없는 길道을 열어주고 동서양이 시원하게 통해, 어떤 무더위나 어떤 번뇌도 부채질 한 번에 흔적없이 날려보낼 수 있을 것이라 기대했다.

부채에 "색즉시공"이라 고아한 글씨를 받아놓고 보니 바람도 한결 더 시원한 것 같고, 가끔 펼쳐보면 생각도 멀리까지 달려가는 것 같아 얼마동안은 기분이 아주 좋았다. 그런데 한 가지 예기치 못한 문제가 생겼다. "색즉시공"을 나의 화두로 삼고 생각을 좀 다듬어 보고 싶었는데, "색즉시공"이 자꾸만 부채 속으로 숨어들어, 부채를 펼치지 않으면 "색즉시공"이 마음 속에 떠오르지 않고, 생각할려고 들면 먼저 부채부터 머리 속에 떠올라 장애가 되었다. 그래서 부채를 다시 상자 속에 넣어두고 한동안 잊고 지냈다. 그래도 오다가다 "색즉시공"이란 말을 생각하면 부채가 떠오르는 것을 막을 수가 없었다. 역시 "색즉시공"은 글씨로 써놓아서는 안되는 것이요, 더구나 부채에다 써놓아서는 안되는 것인 줄을 알게 되었다. 마침내 상자에 넣어둘 것이 아니라 누구에게 줄까 하는 생각이 들었다.

며칠 전 문득 이 부채를 선물하고 싶은 사람이 불현듯 머리에 떠 올랐다. 내가 평소에 존경하는 친구요 가끔 사부師傅로 모시고 바둑 지도대국을 받는 선암仙巖 金榮漢 선생에게 지난 번 귀한 양주 한 병을 선물받은 답례로 보잘 것 없지만 내가 애중하던 이 부채를 선물하기로 마음 먹었다. 바둑을 두러 찾아갔던 기회에 부채를 선물하고 나니 어쩐지 짐을 벗은 듯 가슴 한 구석에서 시원한 바람이 일어나는 기분이었다. 이제야 부채에서 벗어나 "색즉시공"을 혼자 자유롭게 곱씹으면서 음미할 수 있을 것 같다.

17

봄을 기다리며

    며칠 전 3월 15일에 어느 젊고 어여쁜 수녀님이 원고청탁 때문에 연락을 하면서 메일을 보내셨다. 그 서두가 이러했다. "봄비를 타고 더 맑게 울려 퍼지는 새소리와 함께, 가고 오는 시간이 마음을 설레게 합니다. 땅 속에서 바쁘게 움직이는 생명의 기운이 간지럼을 태우고, 그 사이 잠자던 나뭇가지에는 새순이 돋아나네요." 글만 읽어도 그 수녀님의 맑고 윤기있는 목소리와 함께 봄이 오는 소리가 들리는 것 같고, 창문만 열면 바람따라 꽃향기가 묻어올 것 같기도 하다.
    그날 내가 보낸 답장에서는 전혀 박자도 장단도 안맞는 엉뚱한 소리를 하고 말았다. "봄눈이 오더니 봄비도 오고, 꽃망울은 부풀어 가는데, 이 몸은 가지 끝에 매달려 아직도 안떨어지고 있는 매마른 잎사귀라 처량한 마음이 드는군요." 그때의 내 심경을 솔직하게 말한 것이기는 하겠지만, 답장을 보내놓고 생각해보니 너무 미안한 마음을 금할 수 없었다. 몸이야 늙었지만 그래도 마음에는 아직 희미하게나마 젊은 날의 정취가 남아있기는 한데, 왜 그런 썰렁한 소리를 하고 말았는지 스스로 한심스럽기만 하다.

어제는 점심 후 잠시 동네 안을 산책하였는데, 어느 집 담장 가에 산수유가 노르스름하게 꽃을 피운 것이 눈에 띄었다. "아, 산수유 꽃이 피었으니 며칠 안있으면 온통 산과 들에 봄꽃이 잇달아 만발하겠구나." 속으로 이렇게 중얼거리며 걸었다. 기억으로만 봄을 생각하는 것이 아니라, 봄을 기다리는 마음이 가슴 한 구석에서 꿈틀거리는 것 같아서 잠시 즐거웠다.

방에 돌아와 커피를 한 잔 마시며 쉬고 있는데, 멀리 대전에 사는 옛 친구 담해 노홍규淡海 盧興圭 군이 전화를 했다. 금년은 궂은 날씨가 많아 꽃이 늦게 핀다고 불평을 잠시 늘어놓고 난 뒤에, 다음 주에 자기 집 뜰에 몇 그루 매화가 꽃이 잘 피었을 터이니, 옛 친구 몇이 모여 화하주花下酒를 한잔 하자고, 대전으로 내려오라는 통지다. 매화꽃 그늘에서 옛 친구들과 술이라. 젊은 시절에는 생각도 못해보았던 운치가 뒤늦게 다 늙어서야 살아나는 것은 웬일인가? 좋은 시절을 다 놓친 감은 있지만 어떻든 봄을 맞는 멋스러운 풍류라 반가운 소식이다. 한 가지 염려스러운 것은 그 매화향에 부끄럽지 않은 아름다운 대화가 될 수 있을지 마음에 걸린다. 매화꽃 아래서 시를 짓고 화답할 재주도 없으며, 문학과 예술을 논할 소양도 없으니, 술만 퍼마시는 주귀酒鬼 꼴이 되지나 않을까 걱정이다.

하기야 젊은 시절은 일에 매달려 너무 경황없이 살았던 것 같다. 봄이 오고 꽃이 피어도 곁눈질로 보기만 했지, 한가롭게 꽃과 마주할 겨

를이 없었다. 나이들어 몸과 마음에 여유가 생기면서 봄이 오면 꽃을 먼저 보고 싶어 사방을 두리번 거리고, 매일같이 꽃가지를 유심히 살피며 꽃피기를 기다렸다. 한동안 봄을 찾아다니는 나그네 길에 나서서 해마다 하동으로 매화꽃이나 벚꽃을 찾아 떠났던 일도 있었다. 지금쯤 하동에는 매화가 한창이겠지. 벚꽃도 서울보다 한 주일은 빨라 지금 막 피어나기 시작하는 것을 볼 수 있을 것이다. 더구나 내가 좋아하는 재첩국을 실컷 먹을 수 있어서 더욱 이 길을 즐겨 다녔다. 하동까지 바로 내려갔다가 섬진강따라 천천히 올라왔다. 평사리에는 나의 옛친구 화경 주일청和鏡 朱一晴 군이 드라마 '토지'를 연출하던 촬영 셋트가 있어서 꼭 들리고, 화개장터에서 하룻밤 자고, 쌍계사 계곡과 화엄사 앞에서도 하룻밤씩 묵는 길이다. 놀며놀며 꽃과 함께 올라오다보면, 서울에 돌아와도 꽃이 어김없이 뒤따라 나를 쫓아와서 좋았다.

그런데 근래 몇 년 동안 봄이 오는데도 맞이하러 나가지를 못했다. 자꾸만 게을러지고 귀찮은 생각에 몸이 말을 듣지 않았던 탓인가 보다. 몸이 늙어가니 얼굴도 굳어져 미소가 잘 피어나지 않고, 마음도 굳어져 '가고 오는 시간'에 설레임도 없어지고 말았다. 하늘에서 부르면 아무 때고 떠나야 하는데, 봄을 기다려 무엇하며, 가을을 준비해서 무엇할 것인가. 그저 마음 편하게 하루 하루를 맞이하고 또 보내면 충분한 것이 아닌가 하는 생각으로 지내고 있다. 친구의 전화를 받고 보니, 어떻든 올 봄에는 매화꽃을 찾아 봄 나들이를 하게 되어 그나마 다행이다.

오는 세월 막고 나서서 오래 살아보겠다고 한들 될 일이 아니며, 가는 세월 붙들어 두고 오래 누리려 한들 될 일이 아니다. 그리고 싶은 마음도 없다. 겨울이 가고 봄이 오거나, 여름이 가고 가을이 오거나, 계절을 찾아 나설 것도 없다. 다만 마음의 대문을 활짝 열어놓고서, '가고 오는 시간' 속에 나를 맡기고 푹 젖어서 한 계절 살아가고, 또 한 계절이 찾아와주면 반갑게 맞아들이고 싶을 뿐이다.

18

전쟁 그늘에서 철모르고 놀던 소년시절

　나의 고향은 부산이다. 6·25전쟁 동안 피난하던 고통스런 경험도 없고, 가족 가운데 사상자도 없었다. 더구나 철부지 어린시절이라 아무 것도 모르고 지냈으니, 회상할 거리도 거의 없다. 그저 초등학교 1학년 때 전쟁이 일어나서 4학년 때 휴전이 되기까지 그 어린시절의 희미한 기억만 남아 있을 뿐이다.

　1950년 4월 초 부산의 수정초등학교 1학년에 입학했다. 의무교육의 혜택으로 정부에서 무상으로 나누어준 국어책 산수책과 공책 두권, 그리고 양철필통에는 연필 두자루와 고무지우개와 칼이 하나씩 들어 있었다. 입고 있는 옷을 제외하면 평생 처음으로 나의 것이 생겨 무척이나 즐거웠다. 나는 수정산 중턱 가난한 서민들이 모여사는 산동네에서 살았으니 란도셀 가방이야 평지의 잘 사는 집 아이들만 매고 다녔고, 산동네 아이들은 책보에 둘둘 말아 허리에 가로 동여매고 매일 또래 아이들과 어울려 신바람이 나서 비탈길을 따라 학교로 뛰어 내려갔다. 학교 운동장에서는 '앞으로 나란히'하고 줄서기와 줄맞춰 걷기를 배웠고, 교실에서 수업을 받았는데 무엇을 배웠는지는 도통 기억이 없다.

그러던 어느날 학교에 갔더니 분위기가 어수선했다. "전쟁이 터졌다"는 말을 담임선생님으로부터 처음 들었을 때 사실 '전쟁'이 무언지 무슨 영문인지도 몰랐다. 며칠 지나지 않아 학교는 국방부가 접수한다는 소문이 돌면서, 나에게 '전쟁'이 조금씩 분명하게 떠오르기 시작했다. 그날 이후로 학교가는 길이 바뀌었다. 나는 산동네에서 비탈길을 따라 학교로 내려가지를 않고, 돌틈 사이의 산길을 따라 산 위로 더 높이 올라가는 길로 학교에 가야 했다. 우리 교실은 산중턱 보다 훨씬 높은 곳에 있는 작은 절 앞 빈터의 흙바닥이었다. 조금 평평한 곳이면 산등성이 어디나 흙바닥이 바로 교실이 되었다. 한두 달 지나자 상급학년들은 돌을 날라다 교실 담을 쌓아서, 사방에 작은 성들이 생겼다. 1학년들이야 힘이 없어 담도 없는 허방에 작은 칠판을 걸어놓는 나무 하나가 자기 교실 위치의 표지였다. 상급학년에 형이 있는 아이들은 판판한 돌을 옮겨다 주어 책상처럼 썼지만, 대부분은 자기 무릎이 그대로 책상이었다. 비가 오면 그 길로 수업이 끝나고 비를 맞으며 산길을 따라 집으로 뛰어 내려오던 생각이 난다.

2학년이 되자 창문도 없고 햇볕이 들어오는 광창光窓 하나만 지붕에 있는 창고에 교실을 차렸다. 쉬는 시간에 아이들이 뛰고 놀면 구름처럼 뽀얗게 일어나는 횟가루 먼지가 햇살에 비쳤다. 숨쉬기도 힘들었다. 그 후로 '가교사'假校舍라 부르던 컴컴한 천막교실을 여기저기 전전했었다. 처음

갔던 가교사는 높은 언덕 위의 배수펌프장 뒤 산비탈에 있었는데, 학교에 가자면 평지까지 내려가서 다시 까마득이 높은 황토 흙계단을 끝없이 올라가야 했다. 비가 오면 황토계단은 진흙탕이 되고 미꾸라지를 쥔 것 만큼이나 미끄러웠다. 조심조심 발을 디디고 엉금엉금 기기도 하지만, 한번 미끄러지기만 하면 한참을 미끄러져 내리기 십상이요, 완전히 진흙탕 목욕을 한 꼴로 학교에 오거나 집에 가는 아이들이 한둘이 아니었다.

그래도 피난을 가야했던 고생도 없었고, 아직 철이 들지 않아 아무 불만도 없었다. 전쟁이 얼마나 위험한 고비를 겪고 있는지, 얼마나 참혹한 희생을 치루고 있는지, 전혀 모르고 지냈다. 단지 학교에서 수업이 시작하고 끝날 때는 대포 탄피를 매달아 놓고 요란하게 두들기는 타종소리를 들어야 했을 뿐이다. 총소리 한 방도 못들었는데, 그래도 멀리 대포소리를 들었다고 주장하는 아이도 있었다.

피난민이 부산으로 밀물처럼 몰려들었다. 산동네 주위에는 논밭들이 많았는데, 아이들과 몰려다니며 물방개 잡고 메뚜기 잡던 그 논밭들이 잠깐 사이에 연기처럼 사라지고, 산비탈이 온통 판자촌으로 뒤덮였다. 촌티를 못벗은 산동네 부산 아이들에게 땟물을 벗은 피난민 아이들이 모두 깍쟁이 같은 서울 아이들로 보였던가 보다. 그 어린놈들이 텃세를 한다고 피난민 아이들을 보면 "서울내기 다마내기(양파) 맛좋은 고래개기('개기'는 고기의 사투리)"라고 합창하며 놀렸다.

전쟁고아가 넘쳐나던 시절이었다. 우리 동네에도 큰 고아원이 하나가 들어 섰다. 학교에 가도 고아원 아이들이 많았는데, 같은 학년이라도 나이가 많고 저희들끼리 결속이 잘 되어 아무도 건드리지 못했다. 모두들 두려워했고 잘 어울리지를 못했다. 고아들이 딱하다는 생각은 전혀 못하고 오히려 구호물자의 좋은 옷을 입고 다니며 깡다구가 센 아이들로 비쳐져서, 물과 기름처럼 서로 겉돌기만 했다.

친구들끼리 놀 때는 동요를 불렀던 기억이 거의 나지 않고 흥만 나면 군가를 불렀다. "전우의 시체를 넘고 넘어, 앞으로 앞으로. 낙동강아 잘 있거라. 우리는 전진한다. …" "무찌르자 오랑캐 몇 백만이냐. 대한 남아 가는데 초개로구나. …" 동네에서나 학교마당에서 여자애들도 군가를 부르며 고무줄 놀이를 하는 것을 쉽게 볼 수 있었다. 뜻도 모르고 신이 나서 노래를 불렀는데, 아이들 의식 속에는 언제나 우리가 이기고 있었다. 반공反共구호에 길이 들여진 어린 마음에 괴뢰군은 인민군모자를 쓴 늑대로 새겨져 사람인지 아닌지 분명치 않았던 것 같다.

내가 사는 수정동 한쪽 언덕바지에 대지공원이라는 공원이 있었는데, 공원에 가면 광장에서는 징집당하거나 길가다 붙들려온 청년들이 어깨에 띠를 두르고 줄지어 서서 구호를 외치며 출정식을 하곤 했다. 앞에서 누군가 연설을 하는 동안 광장 주위 숲에서는 그 할머니거나 어머니거나 아내거나 누나일 여인들이 나무마다 붙들고 울고 있던 광경이 눈에 선하게 떠오른다. 전쟁터에 끌려가면 살아돌아오기 어렵다는 말이 들려 나도 눈물이 났다. 학교마당에서는 때로 군인들이 중학생(지금 고교생) 형들에게 군사훈련을 시켰는데, 불려나가 얻어맞고 코피를 흘리는 모습을 보았을 때도 내가 맞은 것 같아 두렵고 마음이 아팠던 기억이 있다.

어느 날, 밤 사이에 집집마다 한두 명씩 장정들이 숨어들었다. 이승만 대통령이 거제도의 반공포로를 석방하여 숨겨준다는 것이다. 2,3일 지나자 모두 어디론가 사라졌지만, 어른들이 반공포로들을 대접하려 애쓰는 분위기라 좋은 일을 하는 줄은 알았다. 이때가 휴전직전의 전쟁 막바지였었다.

그 시절 기억 속에는 불쑥 떠오르곤 하는 자잘한 토막들도 있다. 내가 살던 산동네에서는 부산 항구가 한눈에 내려다 보였는데, 낮에는 눈에 튀는 하얀 색깔이 이쁘고 밤이면 불빛이 유난히 휘황찬란한 큰 배가 항구에 떠 있었다. 스웨덴 병원선인데 부상병들이 배에 가득하다는 말을 듣고도, 부상병의 고통은 전혀 생각에 떠오르지 않고 밤마다 눈부신 불빛이 아름답다는 생각만 하고 좋아했으니 얼마나 철이 없었던가. 어쩌다가 동네에서 'C레이션'이라는 상자를 집집마다 하나씩 나누어준 일도 있었다. 미군들의 식량인데 원조물자로 가난한 사람들에게 나누어준다는 것이다. 못보던 쇠고기 통조림이랑 비스켓이랑 치즈도 들어 있어서 신기했고, 처음 맛보면서 즐거워했던 생각이 난다. 전쟁 동안의 기억은 이것 뿐이다. 휴전이 되어 4학년 때 가을부터 학교 교실로 돌아왔을 때 참 좋았다는 기억이 있다.

수복 후 서울로 이사간 외갓집에 가느라고 5학년 때(1954) 밤기차를 타고 처음 서울로 올라갔던 일이 있었다. 겨울인데 난방도 안되는 차 안에서 피난 갔다가 뒤늦게 서울로 돌아가는 사람들은 이불을 꺼내 덮고 올라갔다. 김천 근처에서는 객차 안의 등불을 모두 껐었다. 공비共匪들이 출몰하기 때문에 불을 끈다고들 했다. 어둠 속에서 공비들의 기습을 받으면 어쩌나하고 두려워 했던 생각이 난다. 1956년 중학교에 입학하여 서울로 올라와 외갓집에서 학교를 다녔다. 방학 때 집에 내려가려면 제일 무서운 것이 상이군인들이었다. 무조건 요구하는대로 돈을 주거나 물건을 사주어야 했다. 중학교 1학년 겨울방학 때 밤기차를 타고가다가 잠이 들었는데 상이군인이 의수義手 쇠갈퀴로 뺨을 세게 꼬집는 바람에 아파서 잠이 깨었다. 너무 놀라고 겁이나서 물건을 사줬던 일도 있었다. 전쟁의 깊은 상처에 철없던 나도 작은 고통에 참여했던 경험이다. 그러나 피난시절 처절하게 고생했던 친구들의 이야기를 들을 때마다 나 자신 같은 시대의 아픔에서 너무 멀리 벗어나 편안하게 살았던 것이 부끄러운 생각이 들 때가 많다.

심원沈園에서 만난 육유陸游

내가 남송의 시인 육유放翁 陸游, 1125-1210를 처음 만나게 된 것은 1992년 1월 중국 절강성 소흥紹興에 갔다가 노신魯迅의 옛 집을 둘러보고 나서, 남는 시간에 가볼만한 곳을 수소문하다가 가벼운 마음으로 가까운 곳에 있는 남송 때의 정원인 심원沈園을 찾아갔었다. 심원에 들어가서야 그곳이 육유와 평생에 한맺힌 사랑이 얽혀있는 곳이라는 사실을 알았다. 한시漢詩에 문외한이라 육유의 시를 좋아해서 그 인물을 알게 된 것이 아니라, 그의 슬픈 사랑이야기를 듣고서야 그의 시를 찾아보게 되었던 것이다.

육유는 20세 때 외사촌누이인 당완唐琬과 혼인하여 금슬이 좋았는데 모친의 구박이 심해 결국 3년만에 이혼을 하지 않을 수 없었다. 그후 각자 재혼하였지만, 서로 잊지 못했다고 한다. 육유는 30세 때 어느날 우연히 심원沈園에 놀러갔다가 꿈에 그리던 당완과 다시 만났다.

육유는 안타까운 마음을 풀 길이 없어 「차두봉」釵頭鳳이라는 사詞를 한 수 지어 정원 벽에 썼는데, 그 시에는 "… 내 한가슴 원한을 안고/ 외로운 나날로 몇 해를 보냈던고/ 아아, 돌이킬 수 없는 잘못이여! … 사랑의 맹세 변함이 없어도/ 정을 담은 편지 그 누가 전해주랴/ 아아, 어쩔 수 없는 내 신세여!"―懷愁緖, 幾年離索, 錯,錯,錯…山盟雖在, 錦書難托, 莫,莫,莫라는 구절이 있다. 당완의 화답에도 "…내 마음 적고 싶었으나/ 난간에 기대어 혼잣말을 할 뿐이네/ 아아, 어렵고도 어려워라! … 사람들이 물어볼까 두려워/ 눈물 삼키고 즐거운 척 하였네/ 아아, 이 모두가 거짓이로다!"欲箋心事, 獨語斜欄, 難,難,難… 怕人尋問, 咽泪裝歡, 瞞,瞞,瞞라는 구절이 있어 그 심경을 천년이 지나서도 절절하게 느낄 수 있어서 깊은 인상을 받았다.

당완은 끝내 가슴만 앓다가 일찍 죽었지만, 육유는 70세 노인으로 40년만에 다시 심원을 찾아 돌다리 위에서 연못에 고운 모습을 비추며 다가오던 당완의 모습을 회상하였는데, 여전히 가슴 아픈 그리움을 누를 수 없어 시로 읊었다. "꿈 깨지고 향기 사라진 지 어언 40년/ 심원의 버들도 늙어 솜꽃 날리지 않네/ 이 몸도 머지 않아 회계산의 흙이 되련마는/ 아직도 발자취 찾아 한바탕 눈물 흘리네"夢斷香消四十年, 沈園柳老不吹綿, 此身行作稽山土, 猶早遺踪一泫然,〈『沈園』(2)〉

육유는 금金나라에 항전할 것을 주장하다가 많은 시련을 겪었던 애국시인으로 유명하지만, 그 가슴 속에 애절한 첫사랑을 평생토록 변함없이 간직한 사나이여서 나의 가슴도 저리게 했다.

2000년 여름 어느 지인으로부터 귀한 선물을 하나받고 기분이 한껏 좋았던 일이 있었다. 전주에서 만든 합죽선合竹扇 한 벌을 받았는데, 펼쳐

보니 호연湖然이란 분이 한시를 두 구절 써놓은 것이 좋았다. "가벼운 바람에 날리는 꽃잎 서로 따르고/ 깊은 숲 지저귀는 새들 자주 옮겨다니네."風細飛花相逐, 林深啼鳥移時. 처음 보는 모르는 시여서 찾아보니 바로 육유의 시였기에 더욱 반가웠다.

「육언」六言이라는 여러 수의 시 가운데 한 수인데, 이어있는 두 구절은 "객이 찾아오자 바로 새 차를 개봉하고/ 산승이 돌아간 뒤에도 두던 바둑판 거두지 않네"客至旋開新茗, 僧歸未拾殘棊인데, 네 구절 가운데 앞의 두 구절만 써 준 것이다. 첫 구절은 늦은 봄날 꽃잎이 바람에 흩날리는 아름다운 광경이요, 둘째 구절은 숲 속에 새들이 지저귀는 맑은 소리이다. 셋째 구절에서는 숲 속에 한가롭고 고요하게 사는 선비에게 반가운 손님이 찾아와 방안 가득 차향과 담소가 흐르고 있으며, 넷째 구절에서는 가끔씩 찾아와 무료함을 달래주는 선객禪客이 바둑을 두다가 돌아갔지만 다시 단정하게 자리잡고 앉을 뜻이 없어 어지러운 바둑판을 그대로 내버려 두었나 보다.

아마 이 시인은 방문 기둥에 비스듬히 기대어 다시 앞 구절의 풍경으로 돌아간 것이 아닐까? 그래서 뜨락에 꽃잎이 바람에 날리는 광경을 하염없이 바라보고, 담장 너머 숲에서 새가 지저귀는 소리를 무심히 듣고 있는 것이 아닌지 모르겠다. 그러다 손님이 오면 차를 달이고, 산승이 오면 바둑을 두는 생활을 되풀이할 것 같다. 그러다보면 꽃이 피고 꽃이 지듯 계절이 바뀌어 가고, 밤이 가고 낮이 가듯 아무 걱정 근심없이 세월이 흘러간다면 그 또한 행복한 한 세상이 아니겠는가.

청나라의 강희康熙 황제가 뽑은 『어선송금원명사조시』御選宋金元明四朝詩에 이 시가 수록되어 있는데, 뒤의 두 구절이 조금 다르다. "겨울이 이르면 바로 새 차를 개봉하고/ 산승이 왔는데도 두던 바둑판 거두지 않네"
寒至旋開新茗, 僧來未拾殘碁라 하였다. 여기서는 객이 찾아오지는 않지만 바둑 두는 친구는 늘 곁에 있는가 보다. 바둑으로 세월을 보내는 신선같은 생활이 부럽기만 하다. 그러다보니 산승이 찾아와도 바둑판을 치우지 않는다. 굳이 다음 세상에 좋은 인연을 구하겠다는 마음이 없는 줄을 말 안해도 알겠다.

나는 육유의 시집인 『검남시고』劍南詩藁에 수록된 먼저 인용한 시가 더 좋은지, 강희황제가 뽑아놓은 시가 더 좋은지 알 수가 없다. 그러나 내가 가진 합죽선에는 앞의 두 구절만 써놓았으니 시비할 것이 없다. 부채를 펼치고 얼굴에 가볍게 부치면서 눈만 감으면 언제나 늦은 봄날 꽃비가 내리는 광경이 눈 앞에 삼삼하고, 내가 어디에 앉아 있던지 귀에는 산새 소리가 해맑기만 하니 과연 좋은 부채요 좋은 시가 아니라 할 수 있겠는가?

2006년 15년 만에 다시 소흥을 찾아가는 기회가 생겼다. 사실 상해와 그 경치 좋은 소주와 항주를 거쳐서 가는 길이지만, 내 마음은 비행기를 타기 전부터 소흥으로 날아갔고, 소흥의 그 많은 명소들을 다 젖혀두고 심원으로 달려갔다. 나로서는 심원에 가서 육방옹의 시에서 풍기는 향기와 그 가슴의 애절한 사연을 천년이 지난 후에 다시 찾아와 이렇게 생생하게 느낄 수 있었던 것만으로도 한 차례 중국여행의 보람이 넉넉하게 충족되었다.

20

도道를 담은 그릇

『주역』의 '계사전'繫辭傳에는 "형상을 넘어선 것을 '도리'라 하고, 형상 있는 것을 '그릇'이라 한다"形而上者謂之道, 形而下者謂之器는 언급이 있다. 우리가 보고 듣고 감촉할 수 있는 모든 것이 형상形象 있는 것이니, 이것이 모두 '그릇'器이라는 말이다. 그렇다면 우리 머리 위의 푸른 하늘이나 우리가 밟고 서 있는 땅도 그릇이요, 산과 바다와 돌과 나무와 동물과 인간까지 그릇 아닌 것이 없음을 말해준다. 하느님이 엿새 동안 열심히 창조하면서, 날마다 자신이 만든 작품을 돌아보면서 스스로 감탄하여, "보시니 좋았다"라고 했던 천지 만물과 인간이 모두 그릇인 셈이다. 그렇다면 하느님은 '그릇 만드신 분'이라 해야겠다.

천지만물을 '그릇'이라 일컫는 것은 기능과 역할의 쓰임이 있기 때문이다. 어느 그릇이나 존재이유와 목적을 간직하지 않은 것이 없다. 그렇다

면 형상이 있는 온갖 모양의 그릇마다 형상을 넘어선 도리를 그 속에 내
포하고 있음을 알겠다. '도리'道와 '그릇'器은 엄연히 다른 차원이지만 각각
따로 떨어져 있는 것이 아니다. 마치 겉과 속처럼 언제나 함께 일체를 이
루고 있는 사이다. 그래서 주자朱子도 "도리와 그릇은 하나다. 사람에게
그릇을 보여주면 도리는 그 속에 있다"道器一也. 示人以器, 則道在其中.《朱熹集》, 권
72, '蘇黃門老子解'고 하였던 것이다. 불교식으로 표현하면 『반야심경』般若心經
에서는 "현상이 곧 본체요, 본체가 곧 현상이다"色卽是空, 空卽是色라 말하고
있다. 이 세상의 만물, 곧 그릇은 아무리 작고 보잘 것 없는 물건에 불과
하더라도 그 속에는 우주의 근원적 원리인 진리가 간직되어 있다는 말
이다. 달리 말하면 세상의 모든 그릇에는 하느님의 손길이 스며들어 있
다는 말이기도 하다.

  형상있는 모든 것이 '그릇'器인데, 우리말에서 '그릇'은 주로 음식을 담
는데 쓰는 것을 가리키는 말로 쓰이고 있다. 인간은 하느님의 모상을 닮
은 존재Imago Dei이다. 그렇다면 인간도 물건을 만드는 존재homo faber이니,
그릇 만드는 창조행위를 본받고 있지 않을까?

  원시시대에서부터 인간이 가장 먼저 만들어 쓰던 것이 물그릇이나 밥
그릇이었을 터이다. 그래서 모든 쓰이는 도구는 물론이요 사람의 역량
을 말할 때에도 '그릇'이라 말하고 있지만, 그 연원은 음식을 담는 '그릇'
에서 나온 것이 아닐까 짐작해 본다. 처음에야 나무나 돌을 깎아서 만
들었겠지만, 흙을 빚어 만들면서 훨씬 쉽게 그릇을 만들 수 있었을 터이
다. 그래서 토기土器에서 도기陶器로 자기磁器로 그릇을 만드는 기술이 발
전하면서 인간의 심미안審美眼도 높아져 갔을 것이다. 어떻든 흙으로 빚
어 만들어 음식을 담는 그릇이 우리의 삶에서 가장 오래되고 가장 널리

쓰이고 가장 사랑받는 그릇으로 자리 잡게 되었을 것이다.

2010년 10월초 신세계(본점) 갤러리에서 열린 '이영재 도예전'에 갔었다. 나는 예술이라면 어느 분야든지 원래 소양이 거의 없고, 도자기에도 전혀 문외한이다. 그런데 '이영재 도예전'에 가서 도예작품을 한 번 보고 내가 받았던 첫 인상은 고향에 온 듯한 편안함과 친근감이었다. 미술관이나 화랑을 찾아가 미술작품을 만날 때면 늘 나의 안목이 없음에 절망하여 작품과의 거리감을 지울 수 없었는데, '이영재 도예전'의 도자기 작품을 둘러보면서 나의 느낌은 전혀 달랐다. 사발은 손에 집어들고 물이라도 따라서 한번 마셔보고 싶어지고, 항아리는 가슴에 안고 시골집 마당에 나가 뜰이라도 한바퀴 돌며 걸어보고 싶어지는 정다움에 무척 즐거웠다.

도예작가 이영재 씨를 만나 잠시 한담하는 가운데, "한국도자기의 아름다움은 쓰임에 있다"는 그녀의 한마디 말을 듣고 나서야, 왜 나 같은 문외한이 이 도예작품을 돌아보면서 아무런 거리감 없이 친근감에 젖어들 수 있었는지를 비로소 깨달았다. 그릇의 덕은 무엇보다 쓰임에 있다. 바라보며 감상하는 것만이 예술작품이 아니라 생활 속에서 익숙하게 쓰고 있는 도구이면서 예술작품임을 가장 잘 보여주는 것이 그릇이다. 취미의 예술이 아니라, 생활의 예술이 '도예'의 세계요, 그릇이란 말이다.

그렇다면 그릇의 '쓰임'이 아름다운 것은 무슨 까닭일까? 그릇의 쓰임은 우선 '비어있음'虛에서 가능하다. 노자老子도 "진흙을 빚어서 그릇을 만들지만, 그 속이 비어야 그릇의 쓰임이 있다"埏埴以爲器, 當其無, 有器之用고 하였다. 그 스스로 가득 차 있는 덩어리는 그릇이 아니다. 그릇은 스스로 비어 있어서 다른 것을 받아들이는 도구이다. 무엇이든지 탓하지 않고 받아들여 감싸 안는 넉넉한 포용력이 그릇의 덕이요, 그릇의 포용력은 우리 자신의 자만심과 편협함을 돌아보게 하며, 겸허하고 포용하는 인간다운 덕을 일깨워주는 숭고한 아름다움이 아니랴. 그렇다면 딱딱하게 굳은 외피가 그릇의 전부가 아니다. 우리가 마음을 비우듯이 그 속을 허허롭게 비워두고 있으니, 비어있음虛과 차있음實이 어울어져 있는 것이 그릇의 모습이요, 비어 있음으로써 그 모습이 더욱 아름다워지는 것이 그릇의 덕이 아니랴. 바로 비어 있음으로써 쓰이는 그릇의 모습에서 우리 삶의 바람직한 모습을 발견할 수 있다. 그릇을 바라보면서 자신을 되돌아보고 그 비어있는 모습에서 깨우침을 얻는다면 그릇이 우리의 좋은 스승이 됨을 알 것이다.

그릇의 쓰임은 언제나 그 '정결함'淨을 추구한다. 한번 사용하고나면 항상 깨끗하게 씻어두고, 항상 깨끗함으로 새롭게 만난다. 우리의 아낙네들은 장광의 항아리들도 매일 깨끗하게 닦아서 윤기가 나게 하여 바라보면서 그 정갈함의 아름다움을 즐겼던 것이다. 그릇이 정갈해야 그 주인의 마음도 정갈함을 알 수 있고, 그릇이 더러워지면 담는 음식도 더러워질 수밖에 없다. 우리 선조들은 의복이 정결하고 단정해야 그 사람의 인품도 고결하게 지켜질 수 있다는 믿음을 가져 왔다. 화려한 비단옷에 장신구를 주렁주렁 달고 나서면 천박하게 보고, 정결하고 단아한 옷 매무새에 그 사람의 품격도 높게 보았던 것이다. 마찬가지로 우리 옛 선비의 기풍처럼 화려한 색채나 기교 넘치는 장식이 없는 순수한 빛깔의 정갈하고 단아한 모습이 바로 우리 전통의 그릇이라 생각한다.

그릇의 쓰임은 또한 '어울림'和을 소중하게 여긴다. 찻잔과 술잔의 모양이 다르고 밥그릇과 국그릇의 모양이 다른 것은 그 담는 내용과 어울림을 찾아가기 때문이다. 그릇이 쓰임과 어울리지 않으면 쓰는 사람의 마음이 불편해진다. 그릇의 모양이 용도에 맞게 어울릴 뿐만 아니라, 여러 그릇을 배열할 때는 그 앞에 두고 뒤에 두거나 좌우에 벌여두는 그릇들의 모양과 빛깔 사이에 배열의 어울림도 항상 세심하게 배려한다. 같은 그릇의 가지런함과 크고 작고 높고 낮은 그릇의 적절한 배치가 어울릴 때에 그 주인의 품격도 돋보이게 된다. 제삿상에서 제수祭需를 그릇에 담아 배열할 때 '홍동백서'紅東白西니 '어동육서'魚東肉西니 따지는 것도 우주의 질서에 상응하는 조화를 추구하는 것이다. 한걸음 나가보면 그릇의 쓰임에는 언제나 절도와 예법의 어울림이 따라와야 그 쓰임의 아름다움이 완성되는 것이 아닐까?

그릇의 쓰임이 아름다움을 그 '비어 있음'과 '정결함'과 '어울림'에서 찾아볼 수 있다면, 그것은 그릇이 단지 모양과 빛깔을 지닌 물건일 뿐만 아니라 그 속에 도리 곧 우주의 원리를 간직하고 있기 때문이다. 이제 그릇이 단순히 쓰이는 그릇이기만 한 것이 아니라 '도'를 담은 그릇으로 나에게 새삼스럽게 떠올랐다. '이영재 도예전'의 작품을 해설한 이정희 교수(독일 베를린자유대학)의 글에 "추억을 품은 원추형 항아리는/ 평안한 곡선과 탄력 있는 직선의 완벽한 조화 속에/ 중용의 도를 지킨다"라고 지적하였다. 그릇 속에 간직된 '중용의 도'를 잘 드러내어, 더욱 공감이 가는 말이다.

이영재의 원추형 항아리는 우리의 달항아리가 보여주는 둥근 곡선과 달리 두 개의 사발을 하나로 합쳐놓은 모양으로 예리한 모서리의 긴장감이 깃들어 있다. 이영재 씨는 이 원추형 항아리를 하나와 하나가 합쳐져서 하나가 되는(1+1=1) 원리를 담은 것이라 설명해주었다. 이정희 교수는 이 원추형 항아리의 이미지를 괴테의 시「은행나무」에서 은행잎의 모양을 보면서 "본래 하나의 생명체인 것이/ 스스로 둘로 나뉜 것일까?/ 어울리는 두 쪽이 서로 맞대어/ 하나로 인식되는 것일까?"라고 읊은 구절과 다산茶山 丁若鏞의 회혼回婚날을 위해 지은 「회근시」回卺詩에서 표주박의 모양을 끌어들여 "쪼개졌다 다시 합한 것 참으로 우리 모습이네"剖而復合眞吾象라고 읊은 구절을 인용하여 의미 깊게 설명하고 있다.

　나로서는 사발 두 개가 아래 위로 합쳐서 있는 원추형 항아리의 모습을 보면서, 『주역』 '태괘'泰卦의 형상卦象을 떠올리게 된다. '태괘'에서는 "하늘과 땅이 교류하니 만물이 소통하고, 위와 아래가 교류하니 그 뜻이 같아진다"天地交而萬物通也, 上下交而其志同也고 하였다. '태괘'의 형상은 무거운 땅이 위에 있고 가벼운 하늘이 아래에 있다. 그래서 위에 있는 무거운 땅은 아래로 내려오려 하고, 아래에 있는 가벼운 하늘은 위로 올라가려 하여, 서로가 만나고 입맞춤하는 형상을 이룬다. 이렇게 서로가 서로를 향해 가슴을 열고 만나는 형상에서는 서로 소통하고 화합하여 일치함을 읽을 수 있다. '태괘'의 화합된 모습과 상반되는 경우는 『주역』 '비괘'否卦의 형상에서 잘 드러난다. 가벼운 하늘은 위에 있고 무거운 땅은 아래에 있어서, 위에 있는 하늘은 더욱 높이 올라가려 하고 아래에 있는 땅은 더욱 낮게 내려가려 하니, 서로 등지고 분리되어 소통할 수 없어서 단절되어 막히는 처지에 빠지고 마는 것이다. 높은자는 자신을 낮게 낮추고 낮은자는 높여져야 사회도 균형과 화합을 이루고 민족과 국가도 결속하고 통합될 수 있다는 것이 바로 '태괘'의 형상이 지닌 의미요, 원추형 항아리가 제시해주는 메시지라 생각된다.

　우리나라는 분단의 고통을 벗어나지 못하고 있으니 화합과 통일은 온 국민에게 가장 절실한 소망이 아닐 수 없다. 이영재 씨는 분단국가이었지만 통일을 이룬 독일에서 작품활동을 하고 있으니, 아직도 분단으로 고통받는 한국의 현실을 멀리서 생각할 때마다 아마도 더욱 안타깝게 느끼지 않을 수 없으리라. 두 사발이 마주보고 합쳐있는 모양의 원추형 항아리는 '태괘'의 형상이 지닌 화합과 통일의 의미를 간직하고 있는 것이라 느껴진다. 그래서 원만하게 둥근 '달항아리'와 대비시켜 서로 지향하여 결합을 추구하는 원추형 항아리를 '통일항아리'라 이름붙여보면 어떨까 하고 혼자 생각해 보았다.

이영재 작가의 도예작품을 둘러보면서 나로서는 두 가지 기도소리를 들을 수 있었다. 하나는 두 사발이 마주 합하여 하나가 되는 화합과 통일의 염원을 담은 기도소리를 듣게 된다. 이렇게 사방에서 분쟁과 갈등이 끊이지 않는 지구 위에 아픔을 안고 살아가야 하는 모든 인간의 가슴 속에서 터져나오는 기도가 아닐 수 없다. 또 하나는 한 평면 위에 나란히 줄지어 배열된 사발의 모습을 보면서 하늘에 풍요함을 비는 기도소리를 듣게 된다. 한쪽에서는 큰 사발에 넘쳐흐르는 풍요를 구가하는데 다른 쪽에서는 텅빈 작은 사발을 들고 굶주림과 빈곤으로 신음하는 이 세상에 살고 있지만, 모두 골고루 한 사발의 음식을 함께 나눌 수 있기를 기원하는 기도이다. 이런 뜻에서 이영재의 도예작품은 인류애를 따뜻하게 느낄 수 있게 해준다.

도자기의 예술세계를 모르는 사람인 나에게 이렇게 그릇의 아름다움을 편안하고 넉넉하게 만나볼 수 있게 해준 이영재 씨께 고마운 마음을 한 그릇 소복하게 담아 전하고 싶다.

제2부
고전의 향기와 지혜

우리 시대에서 듣는 성인의 교훈
천명을 알고 싶은데
마음의 귀를 열어야
자신을 이겨내고 여는 세계
이름에 걸맞게 살자면
전통문화에 불을 붙이자
고전의 살아있는 힘
고전에서 불어오는 맑은 바람
고전은 온 몸으로 읽어야
논어에서 만나는 스승
무게중심과 복원력으로서 '도'
자신을 찾아가는 공부
물을 바라보는 방법
벗은 서로 도와서 덕을 닦아가야
술의 맛과 멋

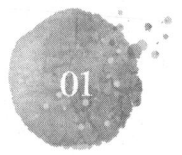

우리 시대에서 듣는 성인의 교훈
— [음력陰曆 8.27.] 공자탄강일에

　현대라는 시대상황은 인류가 일찍이 경험하여 왔던 어느 시대보다 풍요롭지만, 동시에 심하게 많은 불합리와 모순을 내포하고 있다. 따라서 오늘날 뿌리 깊은 갈등·대립과 위기의식이 전세계에 충만되어 있다. 이미 오늘의 세계는 동양과 서양이 각각 자신의 성벽 속에서 고립하여 살 수 있는 세계가 아니다. 동양과 서양은 하나의 지구 위에서 밀접하게 얽히기 시작한 지 수백 년이 지났다. 그렇지만, 여전히 서로의 정신세계를 충분히 이해하지 못하고 대립과 갈등으로 몸살을 앓고 있으며, 협동과 조화가 원만하게 이루어 지지 않는 것이 사실이다.
　또한 오늘날 우리가 처한 현실은 물질문명이 극도로 발달하였으나 인간의 도덕의식은 더욱 쇠퇴한 현실이다. 이에 따라 사회윤리의 기반을 이루고 있는 가치체계가 변동함에 따라 물질주의와 금력숭상이 가득 차고 있다. 곧 실리의 추구가 개인이나 국제사회의 행동기준으로 제시되고 있으며, 감각적 쾌락이 이성적 평정보다 더욱 위세를 떨치고 있다.

사상체계도 여러 갈래로 갈라짐에 따라 한 사회 내에서 권위와 영향력을 잃어가게 되었다. 따라서 도덕의 타락과 풍속의 퇴폐에 대한 비판의 소리가 높아지지 않을 수 없다. 전쟁무기가 고도로 발달하여 인류를 절멸시킬 수 있다는 가능성으로 인한 불안감에서 우리는 서양의 물질문명과는 다른 원천을 갖고 있는 동양의 전통사상을 다시금 돌아보게 된다. 이때에 유교의 정신으로서 공자의 교훈이 현대의 위기와 불안을 극복하는 새로운 빛으로서 길을 밝혀주고 나침반으로서 방향을 제시할 수 있는지 그 가능성을 찾게 되는 것이다.

공자는 춘추시대라는 혼란한 세상을 만나서도 세상을 떠나버리는 은둔적 사유가 아니라 도리어 혼란한 세상 속으로 들어가 인간을 교화하여 세상을 바로잡아 도를 실현하는데 자신의 임무를 두었다. 그러므로 공자는 "내가 이 사람들과 더불어 살지 않으면 누구와 더불어 살겠는가. 이 세상에 도가 행해진다면 내가 구태어 고치려 하지 않을 것이니라."吾非斯人之徒與而誰與, 天下有道, 丘不與易也.〈論語·微子〉 하여, 세상의 도를 바로잡는 것에 자신을 바쳤던 인물이다. 공자의 정신을 이어 맹자도 또한 천하가 다스려지고 멸망하는 것은 인仁의 도를 따르는가 불인不仁의 도를 따르는가에 달려있다고 보았다. 그래서 인의仁義의 도가 막혀버린다면 "짐승을 이끌어다 사람을 잡아먹게 하는 것이요, 사람이 서로 잡아먹게 될 것이다"率獸食人, 人將相食.〈孟子, 滕文公下〉라 하여, 비극적 파국에 이르게 된다고 하였다. 이것이 곧 성인의 '후세를 근심하는'憂患後世 속마음이다. 여기서 어질지 못하고 의롭지 못하여 천하가 무도無道에 빠지면서 발생하는 혼란을 제거하고, 질서와 조화의 도리를 회복하려는 성인의 수고로운 마음씀을 엿볼 수 있는 것이다.

공자가 제시한 치인治人의 도는 권력에 근거하는 형벌과 행정의 패도覇道가 아니라, 도덕과 예법으로 교화하는 덕치德治이며, 치자治者인 군왕은 천명을 두려워하고 공경하는 만큼 백성을 존중하여야 하는 '민본주의'에 근거한 왕도王道를 내세웠던 것이다. 경전에서도 "하늘이 밝히시고 두렵게 하시는 것은 백성들이 밝게 보고 두려워 함에 따르는 것이다"天明畏自我民明威,《書·皐陶謨》라 하였고, "하늘이 보심은 백성이 보는 것을 따르고, 하늘이 들으심은 백성이 듣는 것을 따른다"天視自我民視, 天聽自我民聽,《書·泰誓》라 하여, 백성을 지배하는 것이 아니라 백성 속에 천명을 발견하고 실현하는 것으로서 치도治道를 정립하였다.

여기에 치자治者는 백성의 부모로서 "백성이 좋아하는 것을 좋아하고, 백성이 싫어하는 것을 싫어한다."民之所好好之, 民之所惡惡之,《大學》고 하였으며, 효제孝悌와 충신忠信으로 일관하는 유교적 이상정치가 제시되고 있다. 우리 역사의 한 단계로서 근대화를 추구하는 과정을 돌아보면, 우리는 서구적 물질문명에 휘말려서 전통사상의 근본정신을 쉽게 망각하는 경향이 있었다. 그러나 공자의 정신은 서양의 근대사상이 근거하는 바탕에서도 재확인되고 있다.

크릴H.G. Creel은 미국헌법을 기초한 제퍼슨Thomas Jefferson의 사상이 여러 점에서 공자의 사상과 놀라우리만큼 공통되고 있음을 지적하였고, 제퍼슨이 "정치의 수단은 성실의 수단을 다하는 것이다"라는 언급과 공자가 계강자季康子에게 "정치란 바르게 하는 것이다. 그대가 바름으로 이끌어가면 누가 감히 바르지 않게 하겠는가"政者正也, 子帥以正, 孰敢不正.〈論語, 顔淵〉라 한 말씀과 그 뜻이 서로 일치됨을 대조하여 음미하게 한다.

　이처럼 우리는 현대가 부딪치고 있는 여러 어려운 문제들을 해결해 나가기 위한 방향을 찾아가면서 서구적 문물제도의 모방에만 그치는 것이 아니라, 우리의 전통사상을 주도하여왔던 공자의 정신을 깊이 음미함으로써 문화적 주체성을 확립하고 그 지혜를 되살려 현실의 상황을 타개할 수 있는 힘의 원천을 찾아야 할 것이다.

　해마다 공자의 탄강기념일을 갖는 것이지만 우리가 공자를 높이 받드는 근본이유는 중국문화를 높이는 것이 아니라, 공자의 가르침이 우리의 현실에 무한한 지혜를 내려주고, 우리가 가야 할 길을 인도해주는 밝은 빛으로 삼는데 있을 것이다.

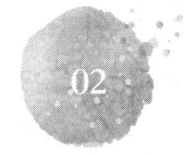

천명을 알고 싶은데

『논어』의 마지막 구절에는 "천명을 알지 못하면 군자가 될 수 없다"^{不知命, 無以爲君子.(『논어』, 堯曰)}는 공자의 말씀이 수록되어 있다. 하늘이 인간에게 내려준 명령 곧 '천명'을 알아야 제대로 품격을 갖춘 인간이 '군자'가 될 수 있다고 하셨다. 그러나 '천명'을 모르고서야 사람답게 살기가 어렵다는 말이 아니냐.

공자는 50세에 '천명'을 알았다고 하였는데, 나는 이제 70을 바라보면서도 아직 '천명'이 무엇인지 찾아 헤매고 있는 자신을 돌아보면서 어찌 답답하고 한심스러운 생각이 들지 않겠는가? 『중용』에서는 "천명을 성품이라 한다"^{天命之謂性}고 하였다. 그렇다면 '성품'^性을 알면 '천명'을 알 수 있을 것이라는 생각을 해본다. 그런데 나의 '성품'이 과연 무엇인지 알기도 쉽지 않다. 그래서 맹자가 "그 마음을 온전하게 발휘하는 자는 그 성품을 알게 되고, 그 성품을 알면 천명을 안다"盡其心者, 知其性也, 知其性, 則知天矣.《『맹자』, 盡心上》고 하였던가. 자기 '성품'을 알려면 먼저 자기 마음을 온전하게 발휘해야 한다는 말이다. 자기 마음을 안다는 것도 역시 쉬운 일은 아니지만, 그래도 '천명'을 알거나 '성품'을 알기보다는 훨씬 구체적이고 현실적인 무엇을 붙잡을 수 있을 것 같다.

마음이 무엇인지 알아보겠노라 캐고 들어가면 벌써 온갖 이론들이 정연한 논리를 펼치며 입에 거품을 물고 목청을 돋우며 서로 논쟁을 벌이고 있으니, 더더욱 어느 것이 옳은지 알 길이 없다. 마음을 붙잡아 보겠노라 방법을 찾아보면 벌써 온갖 수행의 방법들이 제각기 체계적 절차를 갖추어 깊은 산 속에서나 어두운 굴 속에서 제각기 터를 잡고 있다. 그러니 어느 수행의 방법을 따라야 할지 판단할 길이 없다. 그래서 내가 살아가고 있는 현실에서 순간 순간 일어났다가 사라지는 생각과 감정이 소용돌이치는 그 마음을 직접 들여다 보는 방법을 택해보기로 하였다.

둘러보니 맹자가 내 마음을 찾아가는 길을 친절하게 가르쳐 주고 있음을 새삼스럽게 확인하게 된다. 맹자는 어떤 사람에게나 '남에게 차마 못하는 마음'不忍人之心이 있다 하고, 그 마음으로 측은하게 여기는 마음惻隱之心과 악을 부끄러워하고 미워하는 마음羞惡之心과 사양하는 마음辭讓之心과 옳고 그름을 가릴 줄 아는 마음是非之心의 네가지 마음을 들고 있다. 이 네가지 마음이 선한 성품에서 싹터 나오는四端 마음이다. 이 마음을 넓혀가고 채워가면擴充 바로 자기 마음을 온전하게 발휘할 수 있고, 따라서 '성품'을 알 수 있으며 바로 그 자리가 '천명'을 알 수 있는 자리라 하였다.

날씨야 먹구름이 뒤덮기도 하고 폭우가 쏟아지기도 하고 환하게 맑기도 하여 수시로 변하지만, 맑은 하늘을 바라볼 때 기분이 가장 상쾌해진다. 우리 마음에도 슬프고 기쁘고 노엽고 즐거움의 파동이 쉬지 않고 일어나지만, 화평한 상태가 되었을 때 가장 행복해진다. 가을하늘처럼 맑고 봄바람처럼 따스한 마음을 찾아 자기 가슴 속에 중심을 세워서 어지러운 감정들이 일어날 때마다 마음을 다스려 화평하게 한다면 바로 여기에 마음에 충족된 행복함이 있고, 성품의 선함이 생생하게 살아나고, 하늘의 명령이 밝게 비추어지지 않겠는가.

그렇다면 내 마음을 온전하게 발휘한다는 것은 아무 감정도 일어나지 않는 무념무상無念無想의 정적 속이 아니다. 하늘이 365일 언제나 맑게 개이기만 하지 않는 것처럼, 마음이 항상 화평하기만 할 수는 없을 것이다. 흐리고 비오고 천둥치는 날에도 맑은 하늘이 있음을 믿어 잊지 않듯이, 슬프고 노엽고 괴로운 감정이 격동하는 어느 순간에도 내 가슴 속에 '차마 못하는 마음'이 자리잡고 있음을 믿어 잃지 않는다면, 바로 그 자리가 마음의 화평한 중심을 확실하게 세우고 있는 것이 아니랴.

'천명'을 아는 길이 머리를 들어 하늘을 쳐다보고 찾을 수 있는 것이 아니라 고개를 숙여 자신의 마음을 깊이 들여다보는 것이라 생각된다. 세상을 살아가면서 일에 부딪치고 사람과 만나는 과정에서 격류를 이루며 치솟는 온갖 감정들, 분하고 억울하고 속상한 감정이 소용돌이치는 가운데서도 자신의 가슴 속에서 '차마 못하는 마음'의 소리가 들리면, 바로 그 자리가 '천명'의 목소리가 들리는 자리가 아니랴.

마음의 귀를 열어야

『논어』의 맨 마지막 구절은 "말을 알아듣지 못하면 사람을 알 수 없다"不知言, 無以知人也.〈『논어』, 堯曰〉는 공자의 말씀이다. 인간과 인간 사이에 의사소통을 하는 기본방법인 말을 제대로 알아듣지 못한다면 상대방의 사람됨을 올바르게 알 수 없다는 지극히 당연한 말씀이다. 그러나 남의 말을 제대로 잘 알아듣는다는 것이 결코 쉬운 일이 아니다. 그래서 온갖말로 설명을 해보아도 남을 이해시키기가 어려운 것이요, 또 자기 말이 의도하는 대로 전달되지 않아서 뜻밖의 오해를 받아 당황하게 되는 일이 비일비재非一非再한 것이 아니겠는가.

공자는 60세에 '이순'耳順이라 하여 남의 말을 아무 거슬림 없이 부드럽게 알아듣는 귀가 열렸다고 하였다. 그런데 나는 이제 70을 바라보면서도 아직 남의 말을 잘 알아듣고 이해하기는커녕 남을 제대로 알아보지 못하는 일이 허다하다. 심지어 평생을 함께 살아온 반려자인 아내의 말도 제대로 못 알아들어 내가 속 좁게 오해했다고 아내가 서운해할 때가 있으니, 스스로 부끄러운 생각을 지울 수가 없다.

전날 내가 다니던 직장의 한 식당에 누가 썼는지는 몰라도 벽에 걸린 붓글씨 액자 두개가 내 눈길을 끌어, 그 식당에 갈 때마다 그 액자를 유심히 바라보고 음미하는 버릇이 생겼던 일이 있었다. 한 액자에는 '심이'心耳라는 두 글자요, 다른 액자에는 '쾌문'快聞이라는 두 글자였다. 두 액자가 각각 다른 곳에 걸려 있었지만 같은 사람의 글씨였으니 아마 같은 날 연결해서 썼던 것으로 짐작이 된다. 그래서 나는 두 액자의 글을 합쳐 "마음의 귀를 열어야 통쾌하게 들린다"心耳快聞라는 뜻으로 해석하였다.

귀만 열어놓고 듣는다면 남이 무슨 생각으로 무슨 말을 하던지 잠시 스쳐왔다가 스쳐가 버리고 말아, 건성으로 응대를 했더라도 기억에 남지도 않을 터이니, '마이동풍'馬耳東風이나 '우이독경'牛耳讀經과 크게 다를 바가 없을 것이다. 그러나 마음의 귀로 들으면 한 마디 말이라도 여러 뜻으로 곱씹어 보게 되고 그 가운데 가장 의미있는 뜻으로 이해할 수가 있을 것이다. 또한 다른 일이나 다른 말과 연결시켜 생각을 뒤척이다보면 훨씬 깊은 뜻을 발견할 수도 있다. 그래서 나는 이 두 마디 말을 내 좌우명의 하나로 삼아 내가 남의 말을 조금이라도 잘 이해하는 힘을 길러볼 생각을 하였다.

은퇴하여 그 식당에 갈 일이 없어져 그 액자를 바라볼 기회가 없는 것이 아쉬웠다. 그래서 이야기가 나오다가 괴산槐山에 계신 붓글씨 잘 쓰시는 김춘경金春慶수녀님께 부탁하여 '심이'心耳 두 글자를 받았다. 아담한 글씨를 액자에 넣어 나의 서재 객실인 청비실淸閟室에 내 자리 맞은 편 벽에

다 높이 걸어두었다. 별로 찾아오는 사람이 없지만 어쩌다 누가 찾아와 잠시 담소하는 기회가 있으면, 나는 꼭 그 액자의 '심이' 두 글자를 바라 보며, 그때마다 "마음의 귀로 들어야지"하고 속으로 다짐을 한다. 그래서 한 번 더 생각하며 그 말뜻을 음미해 보고 대답을 하려고 노력을 한다.

이렇게 남의 말을 음미하다 보면, 비록 별생각 없이 무심코 하는 말이라도 그 뜻이 얼마나 풍부한지를 깨달으면서 가끔 나 자신이 놀라고 또 즐거워하기도 한다. 간혹 남의 말이 내 귀에 불쾌하게 들릴 때에도 얼른 '마음의 귀로 들어야지'라고 생각하면서 다시 새겨들으면, 나에게 약이 되는 고마운 말로 들리기도 한다. 때로는 객이 떠난 뒤에 그 말을 다시 음미해보다가 왜 내가 그 때 좀 더 깊이 이해하지 못했을까 생각이 들기도 한다. 어떨 때는 다른 사람의 글을 읽다가 어느 날 누가 했던 말의 뜻이 새롭게 느껴져 그 자리에서 나의 이해가 얕았던 것이 뉘우쳐지기도 한다.

여러가지 악기가 저마다 제 소리를 내듯이, 말이란 한 사람의 인격이 내는 음률이라는 생각이 들기도 한다. 백아伯牙가 거문고를 타면 종자기鍾子期가 그 소리의 깊은 뜻을 짚어내듯이, 남의 말을 제대로 알아듣는 사람도 바로 '지음'知音이 아니겠는가. 어쩌면 사람의 말은 어떤 악기의 음률 보다 더 풍부하고 아름다운 영혼의 소리인지도 모르겠다. 이렇게 생각하면 내가 음률에 맞게 노래할 줄 모르는 음치音癡일 뿐만 아니라, 남의 말을 제대로 못알아 듣고 있는 이치耳痴라는 사실에 한없이 부끄러운 생각이 든다. 그래서 생명이 남은 동안 남의 말을 잘 알아듣도록 마음의 귀를 열기 위해 노력해야겠다는 것이 나의 한 가지 큰 소망이다. 어떻게 하면 이 뻣뻣한 귀를 조금이라도 부드러운 귀로 다스려 볼 수 있을까 하는 것이 나의 간절한 바람이다.

자신을 이겨내고 여는 세계

　인간은 자신이 살아가는 현실세계를 발판으로 삼아 디디고 서야 하지만, 동시에 현실세계를 초월한 궁극적 세계에 뿌리를 두고 있는 존재임을 보여주는 것이 종교라 생각한다. 그래서 신앙의 빛이 일으킬 수 있는 가장 큰 힘의 하나는 바로 우리 자신을 일상의 세계에서 깨고 나가서 새로운 세계에 태어나도록 변화시키는 힘이라 할 수 있다. 마치 단단한 알껍질을 깨고 새로운 생명이 태어나듯이, 종교는 인간에게 세속적 일상을 깨뜨리고 다른 차원의 새로운 세계로 끌어올려 주고 새로운 생명을 실현시켜주는 역할을 하는 것이다.

　"회개하시오. 하늘나라가 다가왔습니다"라는 한 마디는 세례자 요한이 앞서 선포한 말이요, 또한 예수가 선포한 최초의 말씀이다. '회개하라!'는 요구는 탐욕과 죄악으로 물든 낡은 껍질을 벗어버리라는 변혁의 요구일 것이다. 그 변혁은 바로 선하고 참된 본래의 생명을 새롭게 실현하는 길이다. '하늘나라가 다가왔다'는 선언은 어둡고 죄악으로 가득찬 세속에 빠져있는 인간에게 밝게 빛나고 더럽혀지지 않은 순수한 세계의 꿈을 하늘나라로 비쳐주는 것이리라.

공자는 가장 사랑하는 제자 안연顔淵이 자신의 핵심 가르침인 '인'仁의 뜻을 묻자, 세 마디 말로 설명하였다. 곧 "자신을 이기고 예법을 회복하는 것이 '인'을 하는 것이다. 하루 아침에 자신을 이기고 예법을 회복하면 천하가 '인'으로 돌아갈 것이다. '인'을 하는 것은 자기로부터 말미암는 것이니 남으로부터 말미암는 것이랴"克己復禮爲仁. 一日克己復禮, 天下歸仁焉. 爲仁由己, 而由人乎哉.〈『논어』, 顔淵〉라고 말한 것이다.

첫째 구절에서 "자신을 이기고 예법을 회복하라"고 말한 것은 자신의 욕심을 극복하고 하늘의 질서를 받아들이라는 것이다. '회개하라'는 말씀이나 '자신을 이기라'는 말씀과 같은 뜻이라 생각된다. '예법을 회복하라'는 것은 바로 욕심에 빠지려는 자신을 깨뜨리고 하늘의 명령에 따라 선한 본래의 자기 모습을 회복하라는 말이기도 하다. 그런데 자신을 이기는 주체는 누구인가. 바로 자기 자신일 수밖에 없다. 그렇다면 자기 자신 속에는 극복(또는 회개)되어야 할 자기와 극복하고 있는 자기라는 두 개의 자기가 끊임없이 갈등을 일으키고 있다. 바로 탐욕에 빠져 죄악을 쌓아가는 자기와 선을 지향하는 자기이다.

우리 마음을 들여다 보면 그 속에는 언제나 양심과 욕심이 갈등하고 있는 사실을 발견할 수 있다. 정약용茶山 丁若鏞은 이러한 인간의 마음을 '도심'道心과 '인심'人心이 마음 안에서 서로 송사訟事를 벌이며 싸우고 있다고 설명하였다. 그는 '도심'을 하늘이 인간에게 명령하는 말씀의 목소리가 들리는 자리라 하고, '인심'을 탐욕에 끌려가는 인간의 마음이라 하였다. 바로 인간의 한 마음 속에서는 하늘나라와 세속이라는 두 세계가 충돌하고 있음을 보여주고 있는 것이다.

그런데 회복해야 할 목표를 왜 '예법'이라 하였을까? 예법이란 인간사회의 번쇄한 행동절차이지 어떻게 하늘의 질서를 의미하는 것이라 할 수 있겠는가? 사실 '번문욕례'繁文縟禮라는 말처럼 유교문화 전통에서는 예법이 번거롭고 형식에 빠져 그 정신을 상실한 경우가 허다하다. 그러나 예법은 원래 인간이 자기 마음대로 만드는 것이 아니라 하늘의 질서를 본받기 위한 장치이다. 그래서 주자는 "예법이란 하늘 이치의 절도와 문체이며, 인간 사무의 범절과 규칙이다"禮者, 天理之節文, 人事之儀則,(『논어집주』, 學而)라 하였다. 그렇다면 '예법을 회복하라'는 말은 '하늘나라를 맞이하라'는 말과 같은 뜻으로 이해할 수 있다.

공자가 염려한 것은 사람이 '하늘의 뜻'을 자기 욕심에 맞게 해석하여 제각기 자기 주장이 옳다고 싸운다면 참된 하늘의 명령은 은폐되거나 왜곡될 위험이 높다는 점이었다. 따라서 모든 사람이 일치할 수 있는 하늘의 명령을 제시하는 방법으로 하늘에 가장 가까이 다가간 성인聖人이 하늘의 뜻에 맞게 제시한 법도를 본받고 따라가야 한다고 가르쳤던 것이다. 이렇게 성인에 의해 제시된 예법은 하늘의 질서가 인간사회 속에서 가장 아름답고 조화롭게 실현될 수 있도록 마련된 것이라 보았다. 이 예법의 회복은 탐욕의 껍질을 깨고 나온 새로운 생명이 결코 고립된 개인이 아니라 새로운 세계 안에서 서로 일치할 수 있도록 질서를 확보하는 것이기도 하다.

둘째 구절에서는 단지 하루 아침에 갑자기 깨달아 이러한 탐욕의 낡은 껍질을 깨고 예법의 올바른 질서를 회복한다면, "천하가 '인'으로 돌아간다"고 선언하고 있다. 이 말은 바로 '인'이 실현된 새로운 세계가 열린다는 말이다. 그것은 "하늘나라가 다가왔다"는 말과 같은 뜻이라 하겠다. 하루 아침에 깨달은 것만 가지고 어떻게 새로운 세계로서 하늘나라가 확보될 수 있다는 것인가? 그러나 탐욕의 어둠 속에 매몰되어 있다가 하늘의 명령이라는 새로운 빛이 한번 비쳐지면, 그것은 새로운 세계로 방향이 바뀌는 것이다. 마치 빛이 한번 내려쪼이면 한 순간에 어둠이 사라지고 밝음이 열리는 것과 같고, 바다를 한번 본 일이 있으면 아무리 산골짜기에 붙잡혀 있다 하더라도 그 마음에는 바다의 아득하게 넓음이 살아있는 것과 같다는 뜻이라 하겠다.

 셋째 구절에서 공자는 '인'을 하는 것이 '자기로부터 말미암는 것'임을 강조하였다. 신앙은 자신의 결단으로 지향하는 것이다. 여기에는 두 가지 뜻이 있다. 하나는 '인'의 실현이 남의 의지가 아니라 오직 자신의 의지로 '인'을 지향하는 데서 열린다는 의지의 주체성을 강조하는 말이다. 공자는 "'인'이 멀리 있는 것이랴. 내가 '인'을 하고자 하면 이에 '인'이 이른다"仁遠乎哉, 我欲仁, 斯仁至矣,《『논어』, 述而》고 하였다. 하늘나라는 하늘의 뜻에 따라 열리거나 닫히는 것이라 말할 수도 있겠지만, 오히려 나의 마음이 지향하는 데 따라 하늘나라가 열리기도 하고 닫히기도 하는 것임을 강조하는 말이다. 다른 하나는 '인'의 실현이 자기로부터 말미암지만 남에게로 나아가야 한다는 것임을 보여주는 말이다. 그만큼 인간존재의 사회성을 강조하는 것이다. 공자는 "'인'이란 자신이 서고 싶으면 남을 세워주고, 자신이 통달하고 싶으면 남을 통달하게 해주는 것이다"夫仁者, 己欲立而立人, 己欲達而達人,《『논어』, 雍也》라 하였다. 나와 남이 어울리고 화합하는 공동체가 바로 하늘나라요 하늘의 명령임을 제시하고 있다. 그렇다면 하늘나라는 남을 버려두고 자기 혼자서는 결코 들어갈 수 있는 곳이 아니다. 오직 이웃과 손잡고서 함께 들어갈 수 있는 곳이 아니겠는가.

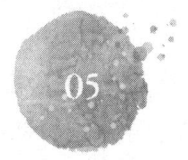

이름에 걸맞게 살자면

『회남자』淮南子의 주술훈主述訓편에는 "이름을 따라서 실지를 구한다"循名責實는 말이 있다. 그것은 명목과 현실을 일치시켜야 한다는 정명론正名論의 한 입장을 보여주는 것이라 하겠다. 이 세상에는 이념이나 의지를 앞세우다가 명목과 실지가 서로 동떨어지는 경우가 너무 많은 것이 사실이다. 그러니 이름과 실지를 일치시켜야 한다는 것은 하나의 당위적인 과제일 뿐이요, 현실에서는 이름과 실지가 좀처럼 일치되지를 않는다.

예를 들어 '민주주의'라는 이름으로 우리 사회를 확인하고 있지만, 그 이름에다 이상을 투여하고, 그 이상으로 현실을 끌어올리려고 하고 있지만, 백성이 주인이라고 느낄 때는 그나마 선거철의 잠시 뿐이다. 선거철이면 거리에서 후보자들이 허리가 꺾어지게 인사를 하고 만나는 사람마다 악수를 청하며, 목청을 돋우어 백성을 위해 봉사하겠다고 하늘에 걸어 맹세까지 하고 있다. 그런데 뒤로는 거액의 금품이 마구 뿌려지고 탈법이 당연시 되고 있으니, 애초부터 그 온갖 공약의 진실성을 잃고 있다. 더구나 선거가 끝나자마자 선량들은 벌써 약속을 까맣게 잊어버리고 권력과 이권을 위해 사방으로 뛰고 있는 모습을 부끄럼없이 보여준다. 이제까지 여러번 속아왔으니, 누구나 정치가의 약속이란 모두가 허황한 거짓으로 알고 있을 게다. 평소에 아무에게도 봉사하여 덕을 쌓은 실적이 없는데 높은 자리를 차지했다고 탐욕적 인물이 갑자기 성인군자로 변할 이치도 없지 않은가. 한결같이 권력욕을 성취하기 위한 몸부림이지 '민주'사회를 실현하겠다는 생각이 없는데 어떻게 이들이 민주사회를 위해 헌신할 수 있겠는가? 그러니 그 이름이 지닌 이상은 별처럼 요원하여 현실에서는 결코 도달되지 않을 것으로 보이기도 한다.

또한 '선생'이라는 말이야 실지에 따라 붙여진 이름이지만, 그러나 실지에서 '선생'이라 일컬어지는 존재는 사람마다 달라 너무 다양하게 나타나니 어떤 것이 바른 선생인지 묻지 않을 수 없다. '선생노릇'이나 '선생다움'이라는 말로 기준의 모습을 찾으려고 한다면, 그 이름에 맞는 선생은 현실에서 찾아보기가 상당히 어려워질 것이다. 어차피 이름과 실지는 최소한의 관계가 있을 뿐이요 최대한의 일치는 현실적으로 지극히 어려운 일인 것 같다.

우리 주변에는 이상을 지향하는 당위적인 이름들이 많이 있고 실지와는 너무 동떨어진 이름들이 떠돌고 있다. 서울 복판을 흐르는 청계천은 원래 물이 맑았다. 그곳에서 서울 장안의 아낙네들이 빨래도 하고 아이들은 멱을 감고 송사리도 잡으며 놀던 맑은 시내였다. 그래서 '청계淸溪'라고 이름이 붙여졌는데, 6·25가 지난 뒤부터 그곳은 우리나라 안에서 가장 오염되어 혼탁하고 악취가 풍기는 개울이 되고 말았다. 그래서 형편없이 더럽혀진 '탁계'濁溪이지만 이름은 여전히 '청계'로 남아 있었던 것이요, 한동안 콩크리트로 복개되어 형적조차 보이지 않은 채 이름만 남아 돌아다녔던 일이 있다. 그러다가 그 복개를 걷어내고 다시 맑은 물을 흘려보내 '청계'로 살아났을 때 서울 시민만 환호하였던 것은 아니다. 이렇게 이름이 실지와 맞다가 실지와 어긋나는 일은 많지만, 한번 실지에 어긋났다가 다시 이름에 맞게 되돌아오는 경우는 참으로 드문 일인가 보다.

그렇다면 우리 생활주변에서 이름이 실지를 잃은 경우를 찾아내어 그 이름에 맞게 되살려내는 작업이 필요하지 않겠는가? 예를 들면 '사회정의'를 구호로 제기했을 때 그 정의는 현실생활 속에서 너무 찾기 어렵다. 오히려 부패와 불의와 불법이 저 높은 꼭대기에서부터 횡행하고 있는 것이 현실인지 모르겠다. 이제 이름이 당위적인 지향의 목표로만 주어지는 것이 아니라, 실지의 제 값을 갖도록 하기 위해서는 어떻게 할 것인지가 중요한 과제이다.

공자는 제齊나라 경공景公이 정치에 대해서 묻자 "임금은 임금답고, 신하는 신하답고, 부모는 부모답고, 자식은 자식다워야 한다"君君, 臣臣, 父父, 子子.(『논어』, 顔淵)고 대답했다. 각자가 그 이름에 걸맞게 행동한다면 그 사회는 바로잡아질 수 있다는 말이다. 그것은 이른바 공자의 명분을 바르게 한다는 '정명'正名사상을 보여주는 것이다. 올바른 교육이 이루어지려면 스승은 어떻게 스승답게 하고, 학생은 어떻게 학생답게 할 것인가의 문제이기도 하다.

이름에 걸맞게 하려면 이상적 표준을 강조하기 보다는 현실의 구체적 문제를 보다 충실하게 이해할 필요가 있다. 우리는 누구나 작고 번거로운 일을 소홀히 하면서 크고 고매한 일을 말하기 좋아하는 병통을 지니고 있다. 간판은 크게 걸면서 세심한 봉사에는 소홀하고, 말은 거창하게 하면서 실천의 결과에 대해 책임지려고 하는 태도는 부족한 것이 사실이다. '민주주의'라고 표방하는 국가의 정부가 시민의 기본권을 보호하는 데는 소홀히 하고 행정의 편의를 위해 권력을 강화하는데만 열중한다면 그 '민주'라는 말은 실지를 잃어버리고 벌써 이름에 어긋나기 시작하는 것이다. '사회정의'를 주장하는 대학생들이 대학의 학칙을 쉽게 어기고 시설을 가볍게 파손하면서 뒤도 돌아보지 않는다면 아마 그 사회정의도 처음부터 빗나간 길로 빠져들 위험이 크지 않겠는가?

공자는 "말이 행동을 돌아보고, 행동이 말을 돌아보아야 한다"言顧行, 行顧言.(『중용』)고 하였다. 이름에 걸맞게 행동하려면 미세하고 구체적인 실천의 과정부터 소홀히 여기지 않는 태도가 중요하다. 어차피 이름에는 도달하기 어려운 이상을 내포하고 있으니, 말한다고 단번에 실현되기는 어려운 일이라 받아들이는 자세가 필요할 것 같다. 차라리 자신이 이름에 얼마나 어긋나고 있는지를 잘 살펴서 작은 일에서부터 실행해가는 것이 이름에 걸맞게 되는데 점점 가까워지는 것이 아닐까? 순도 100%의 순금이 아니면 모두 가짜라고 버려지지는 않을 것이다. 부족한 부분을 잘 살펴서 정련을 거듭해가면 함량이 점점 높아지기 마련이다. 이름에 걸맞게 살기 위해서는 이상적 기준과 현실적 조건을 동시에 살펴야 한다. 이상론과 현실론의 어느 한쪽으로만 빠지지 않고, 현실의 토대 위에서 이상을 향해 향상시켜가는 방향을 잡을 수 있으리라 생각한다.

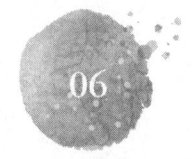

전통문화에 불을 붙이자

'개화'開化와 '계몽'啓蒙을 주창하던 19세기 말부터 '근대화'와 '민주화'를 외치던 20세기 말까지 지난 백년간 우리의 역사는 전통적 가치질서를 파괴하고 서구적 근대문명을 추구하는 격류에 휩쓸려 왔다. 지금 이 시대의 우리사회에서도 '전통'이란 낡고 답답하여 시대조류에 역행하는 걸림돌로 냉대받거나, 누추하고 고리타분하여 무슨 퀴퀴한 곰팡내 나는 것으로 기피당하기도 한다.

아직도 우리 사회에서는 구석구석에서 '수구'와 '개혁'이 부딪치고 '좌'와 '우'가 대립하는 가운데 역사의 물길은 방향을 찾지 못해 소용돌이치고 있는 것이 현실이다. 이제는 더 이상 부딪치며 맴돌다가 세월을 낭비할 수는 없으니, 제대로 방향을 찾아 물길을 터가야 할 시기가 온 것이 아닐까? '전통'과 '현실'은 옛 것舊과 새 것新의 대립으로 인식되는 것이 아니라, 두 다리가 되어 달려 나가고, 두 날개가 되어 날아 오를 때가 되었다고 생각된다. '전통'과 '현실'은 이질적 거부감의 갈등에서 벗어나 뿌리本와 가지末의 관계로 하나의 유기적 생명체임을 확인할 수 있어야 한다. 뿌리가 끊어지면 저 끝의 가지도 말라버리고 열매도 익지 못한 채 썩어버릴 것이다. 열매가 맺히지 않으면 그 뿌리도 사실 소용이 없게 된다. 문제는 어떻게 우리 역사 속에 깊은 뿌리를 이룬 '전통'과 이 시대에 꽃피고 열매맺는 가지로서 '현실'이 대립적 인식을 극복하여 숨이 통하고 피가 도는 소통의 길을 찾을 수 있는가에 있다.

정이천程伊川은 "때를 알아차리고 형세를 인식하는 것이 '역'易을 공부하는 근본방법이다"知時識勢, 學易之大方,《易傳》라 하였다. 『주역』이라는 전통의 경전은 옛 성현이 저술한 문헌 그대로 받들어 지키는 것이 올바른 이해 태도가 아니라, 시대와 대세를 읽어 적응할 수 있어야 『주역』을 제대로 읽어 살려낼 수 있는 것임을 밝혀주는 말이다. 율곡栗谷도 정이천의 이 구절을 인용하면서, '도'道를 시대의 현실 속에서 살려내기 위해 변통變通하고 경장更張할 것을 역설했던 것이 아닌가? 우리가 지금 '전통문화'를 소중히 여기는 이유는 바로 고전에서 이 시대의 도전에 응답을 읽어낼 수 있다고 믿기 때문이요, 이렇게 고전을 읽을 수 있어야 비로소 전통이 현실과 만날 수 있을 것이 아닐까?

밖으로부터 요구되는 변화에 저항하면서 옛 전통을 지키려든다면 전통은 현실에서 유리되어 생명을 잃은 불꺼진 재가 되고 말 것이다. 그러나 안으로부터 전통문화 속에서 찾아낸 불씨를 오늘 우리 시대 현실에 옮겨 붙일 때에 비로소 새로운 불길로 살아날 수 있을 것이다. 공자는 "옛 것을 익혀서 새로운 것을 알아간다"溫故而知新,《논어》, 爲政고 하였다. 그렇지 않으면 '고전'古도 뿌리가 섞어 죽을 것이고, '현실'新도 생명력이 있는 열매를 맺을 수 없을 것이다. 공자의 정신이 '중용'의 원리를 시대 현실 속에 실현해야 한다는 '시중'時中의 도리라면, 현실을 외면하고 고전만 내세우는 전통문화는 공자의 정신에도 어긋나지 않겠는가?

'전통문화'에서 불씨를 살려 우리 시대에 새로운 불길을 일으키려면 방법적으로 몇가지 과제가 있고 몇가지 단계가 있을 것이다.

하나는 전통문화의 원천인 고전을 우리 시대에 다시 읽히고 이해될 수 있도록 하는 '전달'의 과제이다. 그러려면 우선 고전을 우리 시대의 언어로 옮기는 번역작업이 필요하고, 또 고전이 기록된 언어인 한자漢字 교육도 하여야 한다. 그런데 여기에 유의해야할 문제가 제시된다. 고전을 어떤 대상이 읽도록 번역할 것인가, 그리고 한자교육은 어떤 범위를 대상으로 할 것인가의 문제이다. 고전번역은 전문가나 고급 교양인이 읽을 수 있도록 하고, 한자교육은 국민대중을 대상으로 할 것인가? 그렇지 않으면 고전번역은 국민대중이 쉽게 읽을 수 있도록 하고, 한자교육은 전문가를 배양하는데 주력할 것인가? 이 방향의 선택이 잘못되면 마치 평탄한 우회로를 버리고 지름길이라 하여 험준한 산길을 찾아드는 위험에 빠질 수도 있다. 그만큼 이 결정은 시대와 현실에 맞도록 지혜롭게 판단할 것이 요구되는 근본문제이다.

다른 하나는 고전과 전통문화가 우리 시대에 유효하고 의미있는 지혜로서 살아나도록 '해석'하는 과제이다. 고전을 무수히 반복해 읽다보면 이해가 깊어지고 그러면 자연스럽게 우리의 현실에서 의미있는 지혜로 활용될 수 있다고 한다면, 그것은 너무 먼 길을 너무 쉽게 말해버리는 것이 될 수 있다. 고전의 가르침에서 시대의 한계를 넘어서는 보편적 진리寂然不動의 빛을 밝혀내고 그 진리의 빛으로 현실의 구체적 문제에서 절실하게 소통하는感而遂通 길을 찾아가야 한다는 것이 바로 '역'易의 가르침이 아닌가. 그래서 "'역'이란 시대가 변하여 도리가 궁색하게 되면 변혁시켜야 하고, 변혁해야 소통될 수 있으며, 소통할 수 있어야 새로운 질서로 지속될 수 있다"易, 窮則變, 變則通, 通則久,《『주역』, 繫辭下》고 가르치는 것이 아닌가? 해석이 제대로 되어야 신념을 수립하고 행동으로 실천할 수 있는 길이 열릴 것이다.

어쩌면 전통문화를 우리시대에 '전달'하는 것은 수단의 문제라면 '해석'하는 것은 목적의 문제라 할 수 있다. 두 가지 과제가 모두 중요하지만 목적이 분명하게 확인되지 않으면 수단은 제 구실을 할 수 없을 것이다. 전통문화가 더 이상 불꺼진 재가 아니라 새로운 불길로 살아나서 우리시대의 들판에 멀리까지 붙타오르게 하려면 전통문화의 '전달'과 '해석'의 작업을 병행하지 않을 수 없다. 특히 시대에 맞는 해석이 없이 '전달'에만 힘쓰려 한다면, 불길을 일으키는 것이 아니라, 불 꺼진 재를 바람에 날려 보내는 일이 될 수 있음을 유의해야 할 것이다.

고전의 살아있는 힘

 식물에는 고구마처럼 땅바닥을 기거나 칡덩굴처럼 다른 나무를 감고 오르는 덩굴식물이 있는가 하면, 소나무나 잣나무처럼 우뚝하게 솟아오르는 직립식물도 있다. 동물에도 소처럼 풀만 먹는 초식동물이 있는가 하면, 호랑이처럼 다른 짐승을 잡아먹는 육식동물도 있다. 사람들이 사는 모습도 이와 비슷한 점이 있는 것 같다. 뒤에서 모의하기를 좋아하는 모략형 인물이 있는가 하면 정면으로 부딪치기를 좋아하는 돌파형 인물도 있고, 주색잡기에 빠진 향락형 인간이 있는가 하면 자기절제에 엄격한 금욕형 인간도 있다. 그런데 식물이나 동물이야 그 사는 모습이 타고난 성질을 따를 뿐이니 그 성질을 바꿀 수야 없겠지만, 사람은 생각을 바꾸거나 습관을 고치기만 하면 얼마든지 자신이 되고 싶은 이상형으로 바뀔 수 있는 존재이다. 그래서 바보 온달은 평강공주를 만나면서 용맹

한 장수가 되었고, 무식한 나무꾼인 혜능이 『금강경』 읽는 소리를 듣고 발심하여 중국 선종의 6대조사가 되었다고 하지 않는가.

나태함의 바닥에 넘어져 일어날 줄 모르는 인간을 씩씩하게 일으켜 주고, 향락의 늪에 빠져 헤어나올 줄 모르는 인간을 끌어내어 당당하게 세워놓을 수 있는 힘은 어디서 나오는 것일까? 여러 가지 계기가 있겠지만, '고전'이란 바로 이렇게 인간을 일으켜 세우는 힘이 응결되어 있는 것이다. 그러기에 수백년 혹은 수천년 동안 무수한 사람들이 이 '고전'을 읽어오지 않았던가.

'글(고전)을 읽은 힘'讀書之力은 어리석은 사람을 지혜롭게 해주고, 나약한 사람을 굳건하게 해주며, 나태한 사람을 분발하게 해주고, 비겁한 사람을 용감하게 해주며, 탐욕스런 사람을 맑게 해주고 비루한 사람을 고상하게 해주는 빛이요 소금이요 생명력이라 하겠다.

우리 주위에도 해마다 달마다 대중적 인기를 누려 베스트 셀러가 되는 책이 쏟아져 나오고 있지만, 몇 년 지나지 않아 까맣게 잊혀져 아무도 기억조차 못하는 경우가 허다하다. 그러나 고전은 아무리 오랜 세월이 지나도 끊임없이 읽혀지는 글이다. 감각적 흥미나 여린 감성에 호소하는 글이란 한 번은 재미있게 읽을 수 있어도 두세 번 반복해서 읽기가 어렵다. 그렇지만 고전은 반복해서 읽으면 읽을수록 더욱 깊은 맛이 새롭게 솟아나는 글이다. 그것은 고전이 사람으로 하여금 자기 자신의 존재와 인간이 살고 있는 세계에 대해 근원적 의문을 일깨워주고 또 깊은 지혜에서 울려오는 대답을 들려주기 때문이 아니겠는가.

문제는 고전이 누구에게나 쉽게 읽혀지지 않는다는 점에 있다. 고전 가운데 고전이라 할 수 있는 『논어』에 대해서도 읽는 사람마다 반응하는 모습에 뚜렷한 차이가 있다는 것이다. 정이천의 말씀에 "『논어』는 다 읽고 났는데도 전혀 아무 일이 없는 사람도 있고, 읽고 난 뒤에 그 가운데 한두 구절을 얻어 기뻐하는 사람도 있으며, 읽고 난 뒤에 좋아할 줄 아는 사람도 있고, 읽고 난 뒤에 자기도 모르게 손이 춤추고 발이 춤추는 사람이 있다"(「二程遺書」, 권19)고 하였다. 아무런 감흥도 못 느끼고 반응할 것도 없는 사람은 아무 것도 모르는 '무지'無知의 단계라면, 한두 구절에 감명을 받는 사람은 조금 맛보기 시작하는 '앎'知之의 단계요, 그 전체를 좋아하는 사람은 『논어』와 교감이 이루어지는 '좋아함'好之의 단계요, 절로 춤이 추어지는 사람은 『논어』에 도취하여 하나가 되는 '즐거워함'樂之의 단계라 할 수 있을 것이다.

고전을 읽고 고전과 만나는 사람들이 보여주는 이해와 반응의 수준은 이렇게 천차만별로 다양한 것이 사실이다. '하늘'이야 어디에서나 우리의 머리 위에서 내려다보고 있으며, '천명'이야 언제나 우리의 가슴 속에 내려와 있다. 그렇지만 이를 얼마나 진실하게 각성하고 절실하게 체득할 수 있는지는 사람에 따라 천양지차의 차이가 벌어지는 것은 어쩔 수 없는 현실이다.

그렇다면 어떻게 해야 고전을 읽는 사람들이 그 고전에서 그 빛과 지혜를 더 쉽게 이해하고 그 맛과 향기를 더 생생하게 경험할 수 있게 할 것인가? 이것이 우리에게 주어진 하나의 큰 숙제이다. 고전을 억지로 읽게 하는 것은 학생들에게 과제를 주거나 시험문제로 압박하는 방법에서나 가능하다. 이러한 강압적 방법은 일시적 효과에 그치기가 쉽다. 자발적으로 읽히지 않으면 그 고전은 이미 고전이 아니라 생명을 잃은 사문서死文書가 되고 마는 것이다. 이 문제에 대한 대답을 고전에서 찾아볼 수 있을 것 같다. 공자는 "옛 것을 익혀서 새로운 것을 알아내면 스승이 될 수 있다"溫故而知新, 可以爲師矣.(『논어』, 爲政)라 하였으니, 고전을 풀어서 우리 시대의 새로운 지식을 끌어내주는 스승이 필요한 것이다. 고전의 가르침이 지닌 깊은 의미를 역사적 사실 속에서 풍부하게 증명해내고 우리의 현실문제에서 절실하게 해명해내는 안목을 지닌 스승이 있다면, 고전은 결코 과거의 유물로 멀어져 가는 것이 아니라, 언제든지 '지금 이곳'으로 우리에게 다가올 수 있지 않겠는가.

며칠 전 50년전 고교시절 친구들 일행과 함께 여행을 하다가 강릉 오죽헌烏竹軒에 들어섰는데, 경내에 율곡의 동상이 서있고, 그 받침돌에 '견득사의'見得思義(이득을 보게 되면 의로움을 생각하라)라는 네 글자가 새겨져 있었다. 어느 친구가 율곡의 말씀이냐고 묻기에 공자의 말씀이라 대답했더니, 또 한 친구가 "우리나라는 대통령 이하 정치인들이 『논어』를 좀 읽어야겠구먼"하고 한 마디 하자, 모두들 이구동성으로 동의하였다. 이 순간에 나는 고전이 무슨 힘을 가졌는지, 그리고 우리 현실에서 어떻게 각성되어야 하는지 명쾌하게 보여주는 자리에 서있음을 느낄 수 있었다. 우리 생활 속에서 부딪치는 대목마다 일반 시민의 입에 오르내리고 가슴을 뜨겁게 달구어 주는 고전이라야 살아있는 고전이 아니겠는가.

고전이란 우리의 시대현실 속에서 살아 숨쉬고, 나의 가슴 속에서 활발하게 뛸 수 있도록 읽어져야 할 것이다. 정현鄭玄은 고전을 그의 시대에서 해석하여 '한학'漢學을 이루었고, 주자도 고전을 그의 시대에서 해석하여 '송학'宋學을 이루었다. 역사는 급격한 변화를 겪어 상전벽해桑田碧海가 되었는데, 아직도 주자의 해석만을 표준으로 삼고 있을 뿐, 우리 시대의 절실한 해석이 아무데서도 들리지 않고 있다면, 그것은 이 시대에 스승이 없다는 말이고, 고전도 생명이 위태로운 처지에 놓여 있다는 말이 아닐까? 또한 오늘의 우리 사회가 방향을 찾지 못한 채 분열과 혼란에 허덕이고 있는 것도 바로 고전에서 살아 숨쉬는 힘을 읽어내어 우리시대의 가치기준을 세우지 못하였기 때문이 아닐까?

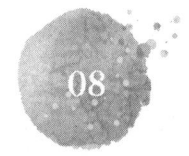

고전에서 불어오는 맑은 바람

지난 9월초 다산학 학술회의에 참석하느라고 일본 센다이仙臺에서 며칠 머물었던 일이 있었다. 학회가 끝나고 참석했던 한국학자들끼리 멀지 않은 곳에 있는 중존사中尊寺라는 고찰古刹을 구경하러 갔었다. 주변의 얕은 산에는 쭉쭉 뻗은 아름드리 삼杉나무가 빽빽하게 늘어서 있어서 참으로 보기 좋았다. 사람들은 너나 없이 삼나무 숲이 부럽다고 했다. 우리도 이제는 산림녹화가 제법 되었지만 좋은 수종의 아름다운 숲은 주위에서 쉽게 찾아보기는 어렵다. 그런데 나는 삼나무 숲도 부럽지만 길거리가 깨끗한 것이 더 부럽다고 했다.

역사 속에서 우리는 일본 때문에 심한 고난을 겪었고, 아직도 그 상처를 잊지 못하는 사람들도 있다는 사실을 누구나 알고 있다. 운동경기나 무슨 일에서 우리나라가 일본을 이기면 다른 나라를 이기는 것보다 더 기뻐하게 되는 것은 나만이 아닐 것이다. 그런데 일본에 올 때마다 어떤 패배감 같은 것을 느끼게 되어 씁쓸해지는 경우가 많았다. 우리가 언필칭 '동방예의지국'인데, 무례하게 굴고 불친절한 사람들을 만나기는 어렵지 않다. 많이 좋아진 것도 사실이지만 아직도 관청이나 병원에 가면 다시 오고싶지 않을 때가 심심치 않게 있다. 일본에 오니 그들의 속마음이야 어떨지 모르겠지만 어찌 이다지 친절하고 남을 세심하게 배려하는지 모르겠다. 엘리베이터를 타도 바깥에 오고 있는 사람이 없는지 한번 내다보고야 문을 닫는 버튼을 누른다. 어찌 이렇게 피곤하게 마음을 쓰는지 안쓰러운 생각이 들 지경이다.

내가 다녀본 범위에서는 일본의 어디를 가나 뒷골목까지 깨끗하여 산중 절간마당처럼 정갈했다. 자주 청소한다고 이렇게 깨끗하게 유지할 길은 없다. 어린아이부터 노인까지 아무도 길거리에 쓰레기를 버리는 사람이 없다는 이야기다. 그렇게 하려면 법으로 엄중하게 금지한다고 되지를 않는다. 내가 사는 동네에도 무슨 쓰레기 버리면 벌금이 얼마라고 써놓은 팻말이 버젓이 담벽에 붙어 있는데도 근처에 쓰레기가 사방으로 굴러다니는 것을 자주 보아왔다. 이 사회는 도대체 어떻게 교육시키고 어떤 덕목들이 몸에 배어 있는 것일까? 참으로 궁금했다. 일본말을 못하니 물어 볼 길도 없어 답답할 뿐이다.

우리 사회는 너무 소란하다. 그러니 재미있어 심심치 않다는 사람도 있기는 하지만, 좀 조용한 세상에서 살고 싶다. 정치인들이 하도 추악한 꼴을 자주 보이니 우울해질 때가 많다. 언젠가 정치학과의 동료교수와 학교식당에서 점심을 먹으며 한담을 하다가, "우리나라 정치인들은 왜 이 모양이야?"하고, 마치 정치학을 전공하는 학자에게도 책임이 있다는 듯 항의 투로 불쑥 말을 던졌다. 그 친구는 나를 뻔히 쳐다보더니 "그래 우리나라 종교인들은 잘 해가고 있는 거야?" 하고 내게 되물었다. 내가 종교학과에 재직하고 있으니 어디 종교인들에 대해 당당한지 말 좀 해 보라는 것이다. 서로 바라보며 웃고 말았지만, 입안이 씁쓸했다. 돌아보면 우리 사회의 전반에 어디 성한 곳이 있는가? 나야 우국지사도 애국열사도 아닌 그저 물정모르는 백면서생에 지나지 않지만 그래도 걱정이 되는 것을 어찌하랴.

어디서 맑은 물줄기가 흘러 들어와 이 혼탁한 늪을 맑게 바꾸어 놓을 수는 없을까? 옛 사람들은 한 고을에 반듯한 선비가 한 사람 있으면 바람이 부는 방향으로 풀이 일제히 눕듯이 그 고을의 풍속이 아름답게 변한다 했는데, 이렇게 맑은 바람을 불러 올 지도자가 어디서 나올까? 원래 눈이 나빠서인지 잘 보이지를 않는다. 내로라 하고 사람들 앞에 나서서 큰 소리치는 사람이 있다면 아마 십중팔구 가짜이거나 모리배일게 뻔하다. 그동안 이런 부류의 군상을 너무 많이 보아 식상할 정도이다. 그렇다면 진짜는 남의 눈에 잘 띄지 않는 곳에서 소리없이 남몰래 일하는 사람이나 작은 단체에서 찾을 수 있지 않을까?

나는 '전통문화연구회'와 그 속에서 헌신적으로 일하는 사람들을 유심히 보게 된다. 한 알의 밀알로 땅에 떨어져 썩으려는 마음이 있는 사람이나 작은 단체라야 우리 모두에게 한 줄기 맑은 바람이 되고 단비가 될 수 있지 않을까? '전통문화연구회'가 여러해 동안 한자교육운동을 벌이고 있는 줄 아는데, 그 성과가 얼마나 되는지는 잘 모르겠지만, 그 취지야 한자교육을 통해 우리의 고전과 전통문화를 깊이 만날 수 있는 길을 열어주겠다는 것이니, 그 속에 큰 뜻이 있다고 하겠다.

우리 시대의 이 혼탁한 사회 속에서는 우리가 바른 길을 찾아가도록 이끌어주는 사람을 만나기란 참으로 쉽지 않은 일이다. 그러나 고전을 통해 만날 수 있는 옛 사람들 속에서는 우리의 깊은 가슴 속에 숨어 있는 착한 마음을 감동시켜 일깨워주고 친절하게 이끌어주는 사람을 만나기가 오히려 쉬울 수 있을 것 같다. 고전 속에서 옛 성현을 만나 그 말씀을 듣고, 더러 질문도 해보고, 그 발자취를 따라 걸어보기도 하면서, 그 맑은 정신과 밝은 지혜 속에 푹 젖어볼 수 있다면, 우리도 보고 배울 수 있는 참스승을 만나게 되는 것이 아니랴.

고전을 읽는 것이 바로 '독서'하는 것이요, 고전을 읽는 '독서인'의 삶이라야 진실한 삶을 살아가고 건강한 사회를 이끌어가는 동력을 얻을 수 있다. 이 동력이 바로 '독서의 힘'讀書之力이라 할 수 있을 것이다. '한자교육운동'이 바로 고전의 독서를 위한 섬돌이 되고, 고전의 독서가 바로 자신을 선하게 변화시키고 사회를 아름답게 변화시키는 탄탄한 길이 될 수 있을 것이다.

태풍의 영향으로 어제도 오늘도 계속 비가 내리고 있다. 그러나 머지않아 태풍이 지나가고나면 청명한 가을하늘이 다시 열릴 것이다. 우리 사회도 고전에서 불어오는 맑은 바람으로 순화되어 아름답게 열리는 날이 쉬 오기를 목을 늘여 기다려 본다.

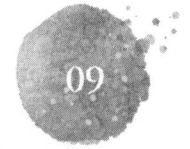

고전은 온 몸으로 읽어야

고전을 읽는다는 것은 눈으로 읽어내려가며 즐기는 독서가 아니다. 신기한 이야기나 재미있는 책을 찾아 무료함을 달래고 즐기기 위한 독서라면 다 읽고나서 책장을 덮자마자 다 잊어버려도 그만이다. 그러나 고전을 읽는 독서는 눈으로 읽기 보다 마음으로 읽어가야 하며, 내 마음이 옛 성현의 뜻을 찾아가서 옛 성현의 마음과 만나는 길이다. 남송南宋시대 진백陳柏, 호 南塘이 지은 「숙흥야매잠」夙興夜寐箴에서는 고전을 읽는 법도를 진지하게 제시해주고 있다.

"이에 책을 펼치어 성현을 마주대하니,
　공자께서 앉아 계시고 안자顔子와 증자曾子는 앞뒤로 자리 잡았도다.
　성사聖師: 공자의 친근하고 절실한 말씀을 공경하여 들으며,

제자들이 묻고 변론함을 반복하여 참고해 바로잡노라."
乃啓方册, 對越聖賢, 夫子在坐, 顔曾後先,
聖師所言, 親切敬聽, 弟子問辨, 反覆參訂.

  고전을 읽는다는 것은 바로 '옛 성현과 내가 마주대하는'對越聖賢 인격적 만남의 자리임을 말해주고 있다. 성현이란 어느 먼 옛날에 살다가 사라져버린 사람들이 아니라, 고전을 열기만 하면 언제나 우리 앞에 나타나 마주할 수 있고, 그 목소리 뿐만 아니라 숨소리나 기침소리까지 들을 수 있는 사람이라는 말이다. 그런데 성현을 마주 대하는 만남은 친구나 이웃사람을 만나는 경우처럼 편안하고 반가운 마음으로 만나는 것과는 다르다. 우선 나 자신의 마음 자세가 달라질 수밖에 없다. 온갖 잡다한 상념이나 이기적 욕심을 버리고 빈 마음이 되어야 하며, 집중되고 긴장된 마음이 되어야 한다. 고전을 펼치면서 진실로 성현의 앞에 앉았다고 각성이 된다면 아마 자기도 모르게 옷깃을 여미고 무릎을 꿇게 되는 경건한 마음과 몸가짐을 가지게 되지 않겠는가?
  고전의 독서는 눈으로 글자를 읽어가는 것이라기 보다는 차라리 성현의 말씀을 귀로 듣는 것에 가깝고, 귀로 듣는 것이라기 보다는 떨리는 마음으로 받아들이는 것에 가까울 것이다. 마음으로 받아들인다기 보다 오히려 온 몸으로 체득하는 것이라 해야 할 것 같다. 친절하게 타일러주는 성현의 말씀을 듣고 있노라면 어느 대목에서 갑자기 천둥 벼락이 내리쳐 나의 가슴을 찌르면서 파고들거나, 온 몸이 감전된 듯 전율하게 되기도 한다. 한 걸음 더 나가면 자신의 인생을 통째로 뒤흔들어 놓기도 하고 자신이 살아가고 있는 세계를 완전히 뒤바꾸어 놓을 수도 있는 것이 바로 고전이다.

그렇다면 고전을 읽는 자세는 한가할 때 한 번 읽어두어 교양이나 좀 넓혀서 담소하는 자리에 유식한 척 해보겠다는 안이한 생각으로 시작해서는 안 될 것이다. 성현과 마주 대하겠다는 진지한 자세가 요구된다. 그것은 성현을 마주 대해 서 있는 자기각성과 자기확립이 전제되어야 하는 것이다. 고전의 구절을 귀로 듣고 입으로 옮기기만 하는 '구이지학'口耳之學에 빠져 있다는 것은 자신의 주체가 수립되지 못하고 있는 상태이다. 그래서 고전을 읽는 방법에서는 무엇보다 먼저 성현의 말씀을 듣고 배우는學 자리에서 스스로 생각하여思 그 배운 것을 주체적으로 체득할 것이 요구되고 있다.

그래서 공자는 "배우기만 하고 생각하지 않으면 속임을 당하고, 생각하기만 하고 배우지 않으면 위태롭다"學而不思則罔, 思而不學則殆.〈『논어』, 爲政〉고 타일러 주신다. 책을 읽어 배우는 것과 마음으로 궁구하여 생각하는 것이 병행되어야 함을 강조하였다. 퇴계는 공자의 이 말씀을 해석하면서, '배움'이란 단지 구절의 뜻을 알아가는 수준을 넘어 '그 일을 익혀서 진실하게 실천하는 것'習其事而眞踐履이라 정의하였다. 나아가 "마음에서 찾지 않으면 어두워 얻음이 없으므로 반드시 생각하여 그 깊은 뜻에 통달해야 한다. 그 일을 익히지 않으면 위태로워 불안하므로 반드시 배워서 그 실지를 밟아가야 한다"不求諸心, 則昏而無得, 故必思以通其微, 不習其事, 則危而不安, 故必學以踐其實.〈進聖學十圖箚〉고 하여, 배움과 생각함이 서로 발명하고 서로 돕게 해야 할 것을 강조하고 있다.

주자朱子도 『대학』을 읽는 독서법을 말하면서, "이제 『대학』이라는 한 책이 어찌 그 언어를 보는데 있겠는가. 바로 이 마음에 어떠한지 징험하고자 해야 한다. … 하나라도 지극하지 못함이 있으면 용맹하게 분발하기를 그치지 않아야 반드시 크게 진보함이 있을 것이다. 이제 이렇게 할 줄을 모른다면, 책은 책대로 있고 나는 나대로 있는 것이니, 무슨 유익함이 있으리오"如今大學一書, 豈在看他言語, 正欲驗之於心如何, … 一有不至, 則勇猛奮躍不已, 必有長進處. 今不知爲此, 則書自書, 我自我, 何益之有.〈『朱子語類』, 권16〉라고 하였다. 곧 마음에 절실하게 체험되는 독서를 강조하면서, 마음에 깊은 체험이 없는 독서의 병통을 한마디로 '책은 책대로 있고 나는 나대로 있다'書自書, 我自我고 경계하였던 것이다. 고전을 읽는다는 것은 책과 나 사이에 30센티 이상 일정한 거리를 두고서 나는 눈동자를 굴리며 넘어다 보는 일이 아니다. 내가 책 속에 뛰어들어 책과 내가 하나가 되어야 하는 일체화의 경험이다. 이것이 바로 성인과 직접 마주대하여 내 마음과 성인의 마음이 불꽃 튀는 대화를 통해 하나가 되는 체험이다.

  마음으로 체득하고 행동으로 실천한다면 고전을 읽는 것은 바로 마음과 몸으로 읽는 것이요, 온 몸으로 읽는 것이 아니랴. 고전에서 성현의 마음을 만나고 일체가 된다면 그것은 성현의 '도道를 내 속에 체득하게 되는 것이다. 겸양의 덕을 지녔지만 '배우기 좋아함'好學이라는 한가지만은 자부했던 공자가 "아침에 '도'를 들으면 저녁에 죽어도 좋다"朝聞道, 夕死可矣朝聞道, 夕死可矣.〈『논어』, 里仁〉고 말씀한 것은 '도'를 체득하는 배움이 이루어진다면 생사를 넘어서게 된다는 말이다. 그 배움은 온 몸으로 부딪치는 것이요 전인격적으로 '도'와 만나는 것이다. 고전을 읽는 사람 곧 옛사람들이 말하는 '독서인'讀書人이란 성현의 마음에서 드러나는 '도'를 온 몸으로 체득한 인격이니, 육신의 생사를 이미 멀리 벗어나고 있는 새로운 차원의 인격임을 알 수 있지 않겠는가.

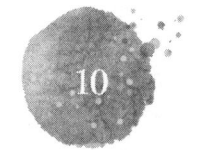

논어에서 만나는 스승

맹자는 세 가지 즐거움 가운데 하나로 '천하의 영재를 얻어 가르치는 것'得天下英才而敎育之을 꼽고 있다. 뛰어난 제자들의 스승 노릇하는 즐거움과 보람이 얼마나 큰지를 말해주는 것이다. 플라톤은 세상에서 태어나 누렸던 세 가지 행운 가운데 하나로 '소크라테스를 스승으로 모셨던 일'을 꼽았다고 한다. 훌륭한 스승의 제자가 되어 가르침을 받으면서 얻는 성취와 충족이 얼마나 큰지를 말해주는 것이다. 스승 노릇한다는 것은 뛰어난 제자를 만나기 전에 먼저 자신의 학문적 역량과 모범이 될만한 인격을 갖추어야 하니 쉬운 일이 아니다. 그러니 훌륭한 스승을 만나기는 결코 쉬운 일이 아니다.

세상에는 재주가 뛰어난 사람들이 많아 곳곳에서 그 재능을 빛나게 발휘하고 있다. 이런 재능 있는 젊은 이들을 가르쳤던 선생은 자랑스럽고 즐거웠을 것이다. 그러나 훌륭한 스승의 모습은 쉽게 찾아지지 않는다. 주변을 둘러보아도 그 재능이 눈부신 인물들은 쉽게 눈에 띄는데, 훌륭한 스승을 만난 행운을 자랑하고 스승을 존경하며 그리워하는 사람들을 찾아보기가 쉽지 않다. 그만큼 훌륭한 스승이 드물다는 것인가?

유교전통에서는 공자를 '영원히 받들어야할 스승'萬世宗師이라 하는데, 과연 스승으로서 공자의 모습이 어떠한 것인지 궁금하다. 『논어』의 어느 구절이나 공자의 가르침이 절실하지 않음이 없겠지만, 그 몇 구절에서 누구나 찾고 싶은 스승의 모습을 발견할 수 있을 것 같다. 공자는 '배우기를 좋아한다'好學고 자부하였지만, 어느 때 어느 자리에서나 배우는 자세를 보여주었다. "세 사람이 길을 가면 그 속에 반드시 나의 스승이 있다. 그 선한 자를 가려서 따르고 그 선하지 못한 자를 가려서 나를 고친다"三人行, 必有我師焉, 擇其善者而從之, 其不善者而改之,〈述而〉고 하였으니, 누구에게서나 선한 점을 보고 배우며 선하지 못한 점은 보고 자신을 성찰하는 자세를 보여주는 것이다. 이렇게 배우기를 좋아하여 끊임없이 향상해가는 자세가 배우는 사람이 지켜야할 태도이겠지만, 동시에 본받고 싶은 스승의 모습이 아니겠는가.

공자는 "묵묵히 마음 속에 간직하고 배우기를 싫어하지 않으며 사람을 가르치는데 게을리 하지 않는 것이 어찌 나에게 있겠는가"黙而識之, 學而不厭, 誨人不倦, 何有於我哉,〈述而〉라고 말한 적이 있다. 이 세 가지는 공자가 자신에게 결여되었다거나 부족하다고 반성하는 말이 아니라, 자신이 추구하는 일이 무엇인지 밝히면서 겸손하게 말한 것이라 하겠다. '배우기를 싫어하지 않고 가르치기를 게을리 하지 않는 것'이야 말로 스승으로서 갖추어야할 기본조건이라 할 수 있다. 교단에 선 사람이 새로운 것을 배우려 노력하지 않고 가르치는 일에 태만하다면 직업적 교사노릇도 제대로 못하는 것인데 하물며 진정한 스승이 될 수는 없다. 그러나 스스로 끊임없이 새로운 지식을 탐구해가고 학생들을 친절하게 깨우쳐주기 위해 노심초사勞心焦思하며 노력하는 스승을 만나기란 그리 쉬운 일이 아니다.

　제자 안연(顔淵)은 스승 공자의 가르치는 방법을 말하면서 "선생께서는 차근차근하게 사람을 잘 이끌어주신다"夫子循循然善誘人,〈子罕〉고 하였다. 가르침에 순서와 단계가 있어서 한 계단씩 점점 높게 이끌어준다는 말이다. 의사는 환자를 치료하면서 병의 증세만 보고 약을 처방하는 것이 아니라, 체질과 조건을 면밀히 살펴서 먼저 원기를 북돋우고 다음에 점차적으로 병을 다스려 가야 제대로 치료할 수 있다고 한다. 이처럼 스승은 제자의 역량과 이해의 수준에 맞추어 가르침을 베풀어야 제자의 학문적 역량이 온전하게 성장할 수 있다는 것이다. 그래서 제자들이 '효'가 무엇인지 묻거나 '인'仁이 무엇인지 물었을 때, 가르쳐주는 대답이 제자에 따라 달라졌다. 고정된 정답이 있는 것이 아니라, 그 인물의 처지와 조건에 따라 그에 알맞은 대답을 해주었다는 말이다. 그것은 바로 인격과 인격의 만남 속에서 가르침과 배움이 이루어질 수 있음을 보여주는 것이다.

　제자 자공子貢이 "가난하지만 아첨함이 없고, 부유하지만 교만함이 없다면 어떻겠습니까?"貧而無諂, 富而無驕, 何如라고 묻자, 공자는 "좋구나. 그러나 가난하면서도 즐거워하고, 부유하면서도 예법을 좋아하는 것만은 못하다"可也, 未若貧而樂, 富而好禮者也,〈學而〉라고 대답하였다. 제자가 자신이 추구하고자 하는 인격의 모범을 제시했을 때, 공자는 우선 그 인격의 모범이

제2부 고전의 향기와 지혜　141

바람직함을 기꺼이 인정해주었다. 그런 다음에 아첨하거나 교만하다는 허물이 없는 소극적 단계에서 한 걸음 나아가 도리를 즐거워하고 예법을 좋아하는 더 높은 가치를 실현하는 적극적 단계로 올라오도록 한 단계 더 높은 인격의 모범을 제시하였다. 이것이 바로 차근차근하게 이끌어주는 가르침의 모습을 보여주는 것이 아니랴. 마치 어린 아이의 손을 붙들고 한 계단씩 조심스럽게 올라가면서 다정하게 칭찬하며 한 계단 위로 더 끌어올려주는 부모처럼 이끌어주는 모습을 보여준다. 이 말씀을 듣고서 자공은 한 단계 더 높이 이끌어주며 가르치는 스승의 말씀이 바로 『시경』衛風·淇奧에서 노래한 "끊는 듯 다듬는 듯하고, 쪼으는 듯 가는 듯한다"如切如磋, 如琢如磨는 뜻인지를 물었다. 이에 공자는 "사賜(子貢의 이름)야, 비로소 더불어 시를 말할 수 있겠구나. 지나 간 것을 말해주니 올 것을 아는 구나"賜也, 始可與言詩已矣, 告諸往而知來者.〈學而〉라고 아낌없이 칭찬을 해주었다.

옥공이 옥을 다듬을 때, 조각하려는 형상의 윤곽에 따라 먼저 크게 끊어내고, 다음에 좀더 모습이 드러나게 다듬고, 그 다음에 세밀하게 쪼아가고, 끝으로 윤이 나도록 잘 갈아서 완성해가는 것처럼, 가르침과 배움의 단계는 이렇게 완성을 향하여 한 단계씩 성장해가는 것임을 보여준다. 스승이 한 단계에서 다음 단계로 가는 길을 일깨워주었는데, 제자가 그 다음 단계를 거쳐 완성으로 향하는 과정까지 알아차리니, 스승의 가르치는 기쁨이 얼마나 컸겠는가.

그러나 공자는 배움에 관심 없는 제자에게 억지로라도 지식을 주입시키려는 스승이 아니다. 제자가 배우려는 의지가 있을 때 이에 맞추어 가르쳤던 것이다. "알려고 분발하지 않으면 열어주지 않고, 말해보려고 애

태우지 않으면 터뜨려주지 않으며, 한 모서리를 들어내 주었는데도 나머지 세 모서리로 응대하지 않으면 되풀이 하지 않았다"不憤不啓, 不悱不發. 擧一隅, 不以三隅反, 則不復也.〈述而〉고 하였으니, 가르치는 사람과 배우는 사람이 서로 호응하는 가운데에서만 가르침과 배움이 이루어 질 수 있는 것임을 중시하였다. 먹을 생각이 없는 아이에게 억지로 입을 벌여 떠먹여보아도 제대로 소화시키지 못하기 마련이다. 하물며 진리를 가르치는 자리에서 배우려는 열정과 의지가 없는 사람을 가르친다는 것은 아무 효과가 없을 것임을 강조하는 말이다. 병아리가 알에서 깨고 나올 때 알 속에서 단단한 알껍질을 뚫기 위해 소리를 내며 안에서 쪼으면 그 소리를 듣고 어미 닭이 밖에서 알껍질을 깨뜨려주는 '줄탁동시'啐啄同時의 일이 바로 스승과 제자가 만나는 진정한 모습임을 말해준다.

  스승으로서 공자는 가르침과 배움이 인격과 인격의 만남에서 이루어지는 것임을 중시하고 있다. 한 생명이 세상의 빛 속으로 나오게 도와주고, 한 단계 더 높이 올라가도록 이끌어주는 진정한 스승의 모습을 보여준다. 세상에서 스승의 자리에 나간 사람이 어떻게 해야 할지, 또 제자로서 스승을 만나서 배우는 자세가 어떠해야 할지를 공자의 말씀에서 분명하게 읽을 수 있지 않을까 생각한다.

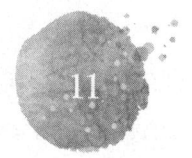

무게중심과 복원력으로서의 '도'道

집안에서 작은 화분의 꽃나무를 하나 키우려 해도 줄기를 화분의 한가운데 똑바로 세워주고, 제때 적절하게 물을 주며, 적당히 햇볕 쪼이고 바람 쏘여주며, 가지치기도 적당히 해주어야 꽃이 아름답게 피어나는 것을 볼 수 있다. 진리道란 굵은 글씨로 찍혀있는 매마른 관념의 열매가 아니요, 고상한 언어로 펼쳐놓은 정교한 논리의 짜임새도 아니다. 인간의 호흡과 맥박 속에 스며들어 함께 숨쉬고 함께 두근거리며 살아있는 것이 진리가 아닐까.

『중용』에서는 "성품을 따르는 것을 '도'라고 한다"率性之謂道 하였으니, '도'는 인간의 성품을 한 순간도 떠날 수 없으며, 인간을 떠나서는 '진리'(도)가 있을 수 없다는 말이다. 별을 보고 싶으면 밤하늘을 처다봐야 하듯이, '도'를 알고 싶으면 무엇보다 먼저 자신의 가슴 속 성품을 깊이 들여다보라는 말이 아니랴. 그래서 "'도'는 사람에서 멀리 있지 않다"道不遠人고 말하기도 했다. 나 자신과 내 주위의 사람들, 울고 웃고 고민하고 후회하며 살아가는 이 사람들을 떠나서 '도'를 찾는 것은 마치 물을 떠나서 산으로 들어가 나무에서 물고기를 찾고 있는 것緣木求魚과 다르지 않다는 말이다.

이렇게 말하고 보면 '도'란 자기 양복 안주머니에서 수첩을 꺼내어 펼쳐보듯이 아주 분명하고 쉽게 보일 것 같은데, 사실은 그리 만만하지가 않다. 그 오랜 세월동안 무수한 사람들이 '도'를 찾아 구도求道의 길에 나서서 평생을 고행했고, '도'를 닦는 수도修道의 길에서 온갖 유혹과 고통에 맞서 싸우며 정진精進했지만, 막상 제대로 '도'를 얻었다는 사람은 별로 없다. 어쩌다가 성인聖人이 나셨다고 소문이 요란하다가도 얼마 지나지 않아서 까맣게 잊혀져버리거나, 철인哲人이 출현했다고 구름같이 추종자가 몰려다니다가도 한 세대가 지나면 잘못된 '도'를 내걸었다고 사방에서 비판을 받는 일도 흔하다.

그래도 이렇게 우리에게 가까이 있다는 '도'를 좀 쉽게 찾아볼 수는 없을까 두리번거려 본다. 『중용』에서는 "'중심中'이란 천하의 '큰 근본'이요, '화합和'이란 천하에 '통달한 도리'中也者, 天下之大本也, 和也者, 天下之達道也라 하였으니, '중심中'과 '화합和'이라는 두 말에서 진리가 드러나는 모습을 좀 더 분명하고 쉽게 찾아볼 수 있지 않을까.

'중심中'이란 감정이 일어나기 전의 마음이니 어느 한 쪽에 끌려들어 치우치지 않으며 자기 성품의 본래 자리를 확실하게 유지하고 있는 상태라 하겠다. 마치 바다를 항해하는 큰 배가 항구에 고요하게 정지하고 있을 때 무게중심이 안정되어 반듯하게 떠 있는 모습과 같다. 배는 정지하고 있을 때도 무게중심이 균형을 잡고 있어야 제대로 떠 있을 수 있지, 무게중심의 균형이 잡히지 않으면, 곧바로 한쪽으로 기울어져 물 속으로 빠져버리고 말 것이다. 인간 마음 속에 간직된 하늘로 부터 부여받았다는 '성품'이란 바로 이 무게중심이 아니냐. '중심'이 서있지 않으면 배는 물 위에 떠우는 순간 한쪽으로 넘어져 버릴 것이요, 사람은 세상에 나오는 순간 좌파나 우파나 어느 쪽으로 기울어져 남들에게 끌려다니고 말 것이다. 사람처럼 직립하거나 동물처럼 옆으로 기어다니거나 식물처럼 거꾸로 서있거나 각각 제 모습대로 자립할 수 있다는 것은 모두 자신의 '중심'을 지키고 있다는 말이다.

'화합'和이란 감정이 발동하여 절도에 맞는 것이니, 감정이 소용돌이치고 파도가 밀어닥치는 현장 한 가운데서 자신의 중심을 잃지 않고 자신의 목표를 향해 나가는 모습이라 하겠다. 태풍이 몰아치는 바다를 항해할 때에도 배는 좌우로 기울어지고 앞뒤로 요동치면서도 그 무게중심을 찾아 돌아오는 복원력復原力이 있어서 그 배는 넘어지거나 뒤집히지 않고 항해할 수 있다. 인간의 마음은 바로 바람 잘 날 없이 파도치는 바다와 같아서 항상 감정의 물결이 출렁거린다. 때로는 격렬한 감정이 태풍이나 해일처럼 밀어닥쳐 감당하기 어려울 때도 있다. 무게중심이 안정된 배도 너무 큰 파도에는 복원력을 잃고 난파하는 일이 있다. 사람도 감정의 격동에 휘말려 이성을 잃고 자신을 파탄에 빠뜨리는 경우가 있다. '화합'은 바로 이렇게 어려운 상황에서도 튼튼한 '중심'을 잘 간직하여 강력한 복원력을 유지함으로써 거친 세상을 헤쳐나갈 수 있는 자기절제력이 아니겠는가.

배에서 무게중심은 항해할 때나 항구에 떠 있을 때나 항상 그 속에 간직되어 있다. 좋은 배는 그 무게중심의 안정도가 높아서 큰 파도에도 넘어지지 않고 복원력을 발휘할 수 있는 배이다. 그러니 배를 만들고 유지하면서 언제나 무게중심을 잘 유지해야지, 과도한 욕심으로 화물을 너무 많이 실었거나 태만하여 너무 가볍게 배를 비워도 무게중심이 약해져서 복원력이 잘 발휘되지 못하기 쉽다.

사람이 세상을 살자면 세속의 온갖 풍파를 겪지 않을 수 없다. 세상을 등지고 깊은 산 속에서 오랜 세월 사색하여 깨닫는 것만이 '도'가 아니다. 오히려 자신의 본마음인 '중심'中을 잃지 않으면서, 만나는 온갖 사람과 어울리고 들리는 온갖 소리에 화답하며, 보이는 온갖 형상에 대응하고, 겪어가는 온갖 시련을 견뎌내는 '화합'和으로 이 풍진 세상을 살아가는 바로 그 속에 '도'의 진실한 모습이 드러나는 것이리라. 그렇다면 진리道란 무게중심中과 복원력和 속에서 어디서나 누구의 삶에서나 아름답게 피어날 수 있는 꽃이 아니랴.

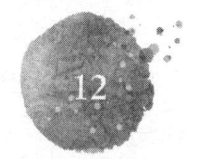

자신을 찾아가는 공부

　사람이 살아가면서 매순간 보고 듣거나 부딪치는 온갖 일들에서 끊임없이 경험을 쌓아가게 되고, 독서를 통해 여러 가지 지식을 얻게 된다. 이렇게 얻는 경험과 지식이 모두 배우는 일이다. "아는 것이 힘이다"라는 격언처럼, 우리는 알기 위해 배움으로써 우리의 삶을 더욱 풍요롭고 충만하게 이루어갈 수 있다. 이렇게 배워가야 하는 경험과 지식은 바다처럼 한량없이 넓은데, 그 속에 뛰어들어 헤엄치고 있다보면 자주 무엇을 위해 배우고 있는지 잊어버릴 때가 있다.
　초등학교에 입학하여 대학을 졸업할 때까지 학교와 학원에서 온갖 지식과 기예를 배우기 위해 인생에서 가장 활발하고 생기 넘치는 젊은 날들을 다 소모하고 있다. 그런데 무엇을 배우고 있는지는 알겠는데, 왜 배우는지, 무엇을 위해 배우는지를 확실히 알지 못하고 그저 따라다녔다는 생각이 들기도 한다. 학교를 졸업한 뒤 사회에 나와서도 하루하루를 아침마다 눈을 뜨면서부터 열심히 살아가노라 한 평생을 다 보냈는데도, 정작 내가 왜 사는지 묻는다면 어떻게 대답해야 할지 스스로 막연해지기만 한 것이 사실이다.

왜 배우는지, 왜 사는지를 묻는 질문에 고전에서 만나는 옛 성현들의 지혜에서 깊은 통찰을 발견할 수 있을 것 같다. "옛날의 배우는 자는 자기를 위해서 배우고, 오늘의 배우는 자는 남을 위해서 배운다"古之學者爲己, 今之學者爲人.《『논어』, 憲問》는 공자의 말씀은 배움의 목적이 무엇인지를 다시 생각해보게 한다. '자기를 위한'爲己 공부란 자기를 찾아가고 자기를 이루어가는 공부이니, 이를 힘쓰다보면 자기 존재의 진정한 의미를 발견하고 정립할 수 있게 될 것이다. 이와 달리 '남을 위한'爲人 공부란 남에게 드러내고 남에게 채택되기 위한 공부이니, 이를 힘쓰다보면 자기를 도구화하여 자기 자신을 상실하게 되고 만다는 것이다. 아마 공자의 시대에도 사람들이 남에게 보이기 위한 공부를 하는 풍조가 퍼져 있어서 깊이 염려하여 이 말씀을 했던 것 같다.

자기를 발견하고 자기를 확립하는 공부가 중요함은 공자만의 말씀이 아니다. 희랍의 소크라테스는 "네 자신을 알라"는 격언으로 밖을 향해 두리번거리기만 하는 시선을 자신의 안으로 돌려놓으려고 했다. 유태의 예수도 "사람이 온 세상을 얻는다 해도 제 목숨(영혼)을 잃으면 무슨 소용이 있겠느냐"(마태복음 16:26)라 하였다. 바깥의 물질적 세계보다 안의 자기 생명(영혼)이 더 소중한 것임을 말해주고 있다. 고전정신이 하나로 통하는 대목은 바로 밖으로 치달리던 우리의 관심과 시야를 되돌려서 안으로 자기 자신을 깊이 돌아보게 하는 것이라 할 수 있겠다.

사람들은 모두가 남들을 본따거나 유행을 좇아 행동하며, 시대와 대세를 따라가면서 한발짝이라도 뒤처지지 않으려고 안간힘을 쓰고 있다. 이렇게 살아가는 세상에서 자신의 중심을 확실하게 정립한다는 것은 결코 말처럼 쉬운 일이 아니다. 황하의 황토물이 용문龍門: 陝西省 韓城市 東北의 좁은 협곡을 만나 들끓고 포효하면서 쏟아져 내리는데, 용龍이 아니고서야 감히 거슬러 올라갈 수 없다고 한다. 자기중심을 정립한다는 것은 용문 아래의 거센 물살에 모든 것이 떠내려가기가 급할 뿐인데, 그 물살 한가운데 바위 하나가 숫돌처럼 우뚝 서서 버티고 있다는 '중류지주中流砥柱'의 기상이 아닐까? 이처럼 자기를 찾아내고 자기를 확립한다는 것은 참으로 어렵고도 어려운 일이 아닐 수 없다.

자기중심이 확립된 사람이라면 남들의 칭찬 한마디에 기뻐하거나 비난 한마디에 노여워하여, 일희일비一喜一悲하는 마음의 동요를 일으키지 않을 것이다. 공자가 "남들이 알아주지 않아도 노여워하지 않으면 또한 군자가 아니겠는가"人不知而不慍, 不亦君子乎,《논어》, 學而라고 말씀한 그 '군자'가 바로 자신의 중심을 세운 '위기爲己'의 공부를 제대로 하고 있는 사람의 모습이 아닐까 생각해본다. 마치 밖에서 천둥이 치거나 폭우가 쏟아지거나 아랑곳하지 않고 오직 하나의 돌을 다듬으며 지극한 아름다움을 찾아가는 조각가의 모습인지도 모르겠다.

그렇다고 자기중심을 확립한 군자가 자기 속에 갇혀 이기적 자기중심주의에 사로잡혀 있는 것은 결코 아니다. 중심이 확립되었다는 것은 구심력求心力이 확고하기 때문에 오히려 더욱 멀리 원심력遠心力으로 뻗어나갈 수 있다. 지구의 구심력은 하늘 높이 걸린 달을 따라돌게 하고, 태양의 구심력은 지구를 포함한 여러 행성들을 따라돌게 하지 않는가? 그래서 공자는 "남이 자기를 알아주지 않음을 근심하지 않고, 내가 남을 알아주지 못함을 근심한다"不患人之不己知, 患不知人也.〈『논어』, 學而〉고 말씀한 것으로 생각된다.

진실로 자기를 발견하고 수립한 사람이라면 가슴이 넓어져 세상의 무엇이나 다 포용할 수 있을 것이다. "세 사람이 함께 걸어가면 반드시 나의 스승이 있다. 그 선함을 택하여 따르고 그 선하지 않음으로 나의 허물을 고친다"三人行, 必有我師焉, 擇其善者而從之, 其不善者而改之.〈『논어』, 述而〉라 하였다. 세상의 누구를 만나서도 남을 비난하거나 거부하는 일이 없다. 남녀노소 어떤 사람이라도 나의 스승으로 삼아 끊임없이 자신을 돌아보고 자신을 다듬어가는 포용의 자세를 보여준다. 사람을 만나는 경우만이 아니라, 어떤 역경을 만나서도 불평하고 원망하거나 한탄하는 것이 아니라, 그 속에서 자신을 더욱 강인하게 단련해가는 모습을 보여줄 것이다.

한걸음 나가보면 자기를 발견하고 수립한 사람만이 남도 그 자신을 수립하도록 이끌어줄 수 있고, 자신을 온전하게 이루어낸 사람만이 세상의 모든 인간과 자연의 사물까지 온전하게 이루어지도록 도울 수 있다는 말이다. 젊은이는 직장을 찾아야 하고, 어른은 자식을 가르쳐야 한다. 또한 누구나 보고 싶은 것 먹고 싶은 것도 찾아다니고, 좋아하는 사람도 만나야 한다. 그렇지만 잠시 눈을 돌려 내가 나를 잃어버리고 사는 것이나 아닌지, 나 자신을 어떻게 찾아서 제자리에 당당하게 세워놓을 수 있는지 새삼스럽게 다시 한 번 생각해보는 것이 소중한 일이 아닐까.

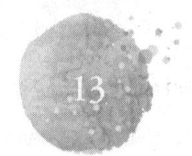

물을 바라보는 방법

아름다운 경치를 보려면 산이 높거나 물이 맑은 곳을 찾아가게 된다. 공자는 "지혜로운 사람은 물을 좋아하고 어진 사람은 산을 좋아한다"知者樂水, 仁者樂山,《논어》, 雍也)고 하였다. 우뚝 솟은 산을 바라보면 마음에 고요함과 안정함을 얻을 수 있으니 인자한 사람이 산을 좋아할 것이요, 맑고 깊은 물을 바라보면 생각도 맑고 깊어짐을 얻을 수 있으니 지혜로운 사람이 물을 좋아한다는 말로 이해된다. 우리 주위에도 산을 오르는 사람들이 많고 강과 바다를 찾아 노니는 사람들도 많은데, 과연 우리가 산을 바라보며 무엇을 얻는지 물을 바라보며 무엇을 배우는지 다시 생각하게 된다.

공자는 시냇물을 바라보며, "가는 것은 이와 같도다! 밤이나 낮이나 그치지 않는구나"逝者如斯夫, 不舍晝夜,《논어》, 子罕)라 하였다. 쉬지 않고 흘러

가는 물을 바라보며, 인생에서 배움의 길은 잠시도 중단됨이 없어야 함을 배워야 한다는 말로 이해된다. 그렇지 않으면 무궁하게 변화하며 전개되는 이 우주에서 그 변화를 일으키는 불변의 이치를 깨달아야 한다고 말하려는 것인지도 모르겠다. 어떻던 흘러가는 물에서 쉬지 않고 나아감의 의미를 깊이 음미해보라는 가르침인 듯하다.

노자는 "최상의 선은 물과 같다"上善若水고 했다. 물은 만물을 적셔주어 숨 쉬고 살아가도록 잘 도와주지만 만물의 위에 올라서려고 누구와도 다투지 않는다. 올라서려는 것이 아니라 오히려 많은 사람들이 싫어하는 낮은 곳으로 흘러내려가서 머물고 있는 사실을 눈여겨 보라고 한다. 이렇게 물이 낮은 곳으로 내려가는 것은 모든 생명을 살아가도록 도와주면서도 결코 자기를 내세우지 않고 낮추기만 하는 겸허한 미덕을 물에서 배워야 한다는 것이다.

같은 물을 보면서 물이 쉬지 않고 흘러가는 것을 보는 공자의 눈길과 낮은 곳으로 내려가는 것을 보는 노자의 눈길은 다르다. 그러나 중단함이 없이 노력하여 배움의 길을 가는 것도 중요하고, 모든 생명을 살아가도록 도우면서 자신을 낮출 줄 아는 겸허함의 덕도 소중하니, 양쪽 다 우리가 물을 바라보며 배워야할 좋은 덕목임에는 틀림없다.

물은 인간이 살아가는 생활 속에 이미 깊이 침투되어 있다. 정치의 '치'治도 물을 다스림治水에서 나온 말이다. 물을 다스린 전설적 영웅은 우禹임금이다. 우임금은 인간의 욕심에 따라 제방을 쌓아 물이 넘치지 못하도록 막아갔던 것이 아니라, 아래로 내려가려 하는 물의 성질을 실현시켜 물길을 터주어 바다로 잘 흘러가게 하여 치수에 성공했다고 한다. 그래서 정치도 통치자의 뜻대로 백성을 지배하는 것이 아니라, 백성의 뜻을 따라 모두가 고르고 편안하게 살게 해주는 것이 올바른 정치라는 것이다. '법法'이라는 글자에도 물의 뜻이 있으니, 법을 맡은 사람들은 물처럼 투명하여 사심이 없고 물처럼 평평하여 치우침이 없게 시행하라는 가르침을 찾아낼 만하다.

맹자는 "물을 구경하는 데는 방법이 있으니 반드시 그 여울져 흐르는 물결을 보아야 한다"觀水有術, 必觀其瀾.〈『맹자』, 盡心上〉고 하였다. 물가에 나가 '물을 구경하는 것'觀水은 누구나 즐거워하는 일이다. 그래서 '관수'觀水라는 말이 많은 사람들에게 애용되었다. 경상도 상주의 낙동강 강가에 '관수루'觀水樓가 있고, 삼가三嘉의 심천深川 냇가에도 '관수루'가 있어서 예로부터 시인묵객들이 찾아들어 물을 바라보며 시를 지은 것이 많이 전한다. 충청도 청풍淸風의 관아 동헌東軒도 이름을 '관수헌'觀水軒이라 하였고, 서울의 청계천 곁에 '관수동'觀水洞이라는 동네도 있다. 그 뿐 아니라 자신의 호號를 '관수헌'이나 '관수재'觀水齋로 지었던 인물도 여럿이다.

이렇게 물 구경을 좋아하는데 '관수'의 방법으로 '여울져 흐르는 물결'을 보라는 것은 무슨 뜻인가. 잔잔한 물보다 세차게 포말지어 흐르는 물을 보면, 물이 흐른다는 사실을 가장 선명하게 확인할 수 있다. 물이 흐른다면 어디서 흘러와서 어디로 흘러가는 것인지가 궁금해진다. 근원을 돌아보기도 하고 종착지를 내다보기도 한다면 눈 앞에 여울져 흐르는 물결을 보면서도 시야를 무한히 넓힐 수 있다. 우리가 당면한 현실에서 시시각각으로 일어나는 사건이나 사태를 바라보면서도 눈앞의 현상에 사로잡히지 말고, 그 현상의 원인이 무엇이며 그 결과는 어떻게 귀결될 것인지 폭넓게 사유하는 시야를 가져야 한다는 말이 아닐까. 우리가 사는 세상의 모든 일은 근원이 있고 결국이 있기 마련이니, 세상 살아가는 이치가 바로 흐르는 물에서 읽힐 수 있다는 것이다.

맹자는 또 "근원의 샘물이 솟구쳐 흘러나와 밤낮으로 그치지 않으면, 웅덩이를 가득 채우고나서 흘러나가 사해에 이른다"原泉混混, 不舍晝夜, 盈科而後進, 放乎四海.(『맹자』, 離婁下)고 하였다. 배움의 길도 자신의 가슴 속에서 샘솟아나는 배움을 향한 의지가 소중하다는 말이요, 쉬지 않고 노력하면서 차근차근 단계를 충실하게 실행해가야 마침내 학문의 넓은 바다에 이르는 성취를 이룰 수 있음을 일러주는 말이다.

물가에 나가 물을 바라보면서도 상쾌한 기분만 즐길 것이 아니라, 내 마음의 바탕도 물처럼 맑은지 되돌아보고 내가 살아가고 배워가는 길도 성급하게 건너뛰는 것이 아니라 쉬지 않고 차근차근 나아가고 있는지 되짚어볼만 하지 않은가.

벗은 서로 도와서 덕을 닦아가야

사람이 사는 것은 다른 사람과 만나며 꾸려져가는 것이니, 인간의 도리人倫나 인간의 사업人事이 모두 사람과 사람의 만남 속에 있다. 사람과 사람의 만남의 도리를 다섯 가지 기본유형으로 제시한 '오륜'五倫에서는 그 마지막에 벗과 만남의 도리로 '붕우유신'朋友有信을 들고 있다. 서양에서도 벗과의 사귐을 소중히 여겼던 것 같다. 1600년 전후하여 중국에서 활동하던 천주교 서양선교사 마테오 리치는 서양인의 벗을 사귀는 도리를 제시한 『교우론』交友論을 저술하였는데, 여기서 그는 "나의 벗은 남이 아니라 바로 나의 반쪽이니, 바로 '두 번째 나'第二我이다"라 하고, "벗과 나는 비록 두 몸이지만, 두 몸 안에 그 마음은 하나다"라고 말하기도 하였다.

누구에게나 친한 친구들이 있고, 누구나 친구들과 만남을 즐거워하며 살아가고 있다. 그러나 우리는 우정의 친밀함만 중시하고 친구와 만남의 도리는 소홀하게 여기는 경향이 있는 것이 사실이다. 그러다보니 친한 친구들이 만나면 아무 거리낌 없이 서로 조롱하거나 욕설을 주고받기도 한다. 벗과 사귀는 도리를 다시 돌아볼 필요가 있지 않겠는가.

공자의 문하에서는 벗의 소중함과 벗을 사귀는 도리에 매우 깊은 관심을 기울였던 것으로 보인다. 제자 자로子路가 선비답게 사는 방법을 묻자, 공자는 "벗들과 사이에는 간절하고 자상하게 타일러 주며, 형제 사이에는 화락하여야 한다"朋友切切偲偲, 兄弟怡怡.(『논어』, 子路)고 대답했다. 친구들과는 어울려 즐거워하는 인정의 관계보다는 서로 권장하고 충고하여 향상해 갈 것을 강조하고, 형제와는 향상하도록 책망하기보다는 서로 즐겁게 어울려 화합함을 소중히 여기라는 것이다. 친구란 인정으로 친밀함 보다도 의리로 충고하며 인격을 연마해가는 관계임을 말해주는 것이다. 벗이란 부모나 형제와 달리 운명으로 주어진 관계가 아니라 자신의 판단으로 선택해야 하는 관계라는 차이가 있다.

또한 제자 자공子貢이 벗과 사귀는 도리를 묻자, 공자는 "충심으로 말해주고 잘 이끌어주되 받아들이지 않으면 그만두어서 자신을 욕되게 함이 없어야 한다"忠告而善道之, 不可則止, 毋自辱焉.(『논어』, 顔淵)고 대답했다. 벗이란 신의로 맺어져야 하는 관계이니 바른 도리로 책망해야 마땅하지만, 자주 충고하다보면 서로 거리가 멀어지기 쉽고 심지어 자신이 모욕을 당할 수도 있음을 경계하는 말이다. 그래서 공자는 벗을 가려 사귐을 중시하면서, 도움되는 벗益友으로 정직한直 벗, 지조 있는諒 벗, 견문이 많은多聞 벗의 세 경우를 들고, 방해되는 벗損友으로 편벽된便辟 벗, 아첨하는善柔 벗, 말이 번지르르 한便佞 벗의 세 경우를 들기도 하였다.(『논어』, 季氏) 도움 되는 벗을 소중히 할 것을 강조하고, 자기보다 못한 벗과 어울리기를 좋아하는 것을 경계하게 되는 것이다.

벗의 사귐은 신의를 바탕으로 서로 향상을 도모하는 것을 소중하게 여긴다. 그래서 증자曾子가 "군자는 학문으로 벗을 만나고, 벗으로 어진 덕을 돕는다"君子以文會友, 以友輔仁,(『논어』, 顔淵)고 하였다. 벗이 모여 함께 학문을 강론하고, 벗과 어울리면서 덕을 닦아 인격을 연마한다는 말이다. 친구와의 사귐이 학문을 통해서만 이루어지는 것은 아니지만, 벗과 만남은 바로 지식과 안목을 넓힐 수 있는 자리요, 벗과 사귐은 지식의 교류만이 아니라 덕을 닦고 인격을 연마하는 자리임을 강조한 것이다.

학교에서 책상을 맞대고 학우들이 함께 공부하거나 사회에서 친우들과 만나 세상사의 옳고 그름을 토론하는 자리는 바로 벗을 사귀며 자신의 식견을 넓히고 덕을 닦는 기회이다. 이러한 벗의 사귐을 『주역』에서는 태괘兌卦의 형상으로 설명하여 "붙어있는 못이 '태'兌이니, 군자는 이로써 벗들과 강론하고 학습한다"麗澤, 兌, 君子以朋友講習고 하였다. 두 못이 서로 붙어서 물길이 이어져 있으면 서로 적셔주고 서로 유익하게 해주는 모습이 마치 벗들이 함께 배우고 토론하며 서로 이롭게 해서 함께 향상하는 것과 같다는 말이다. 옛 사람들은 붙어 있는 못을 뜻하는 '이택'麗澤이라는 말을 학우들이 함께 공부하는 자리나 스승과 제자가 함께 학문을 강론하는 자리에서 즐겨 사용하였다. 그래서 강학하는 서재나 학당에 '이택재'麗澤齋 · '이택당'麗澤堂 · '이택서원'麗澤書院 등으로 이름붙인 경우가 많았다.

『논어』의 첫머리에서 공자가 "배우고 때에 맞추어 익히면 또한 기쁘지 아니한가? 벗이 있어서 멀리서 찾아오니 또한 즐겁지 아니한가?"學而時習之,

不亦說乎, 有朋自遠方來, 不亦樂乎.〈『논어』, 學而〉라 하였다. 스스로 배우고 익힌 기쁨에서 나아가 벗들과 만나 함께 토론하고 연마하는 향상의 즐거움을 토로한 것이리라. 진정한 벗의 사귐은 벗을 함께 어울려 즐겁게 노는 상대로 삼거나, 서로 결속하여 이익과 세력을 나누어 갖는 패거리가 아니다. 벗이란 선을 향하여 나아가는데 뜻을 같이하고 생각이 합치하는 동반자이니, 못이 이어져 서로 적셔주듯 서로를 돕고 서로의 덕을 닦아 인격을 향상시켜주는 동지임을 확인할 수 있어야겠다. 진정한 벗이란 언제나 자신의 인격을 다듬고 성숙시켜주는 스승이 되기도 하니, 벗이 얼마나 소중하고 고마운 존재인지 알 수 있을 것이다. 그렇다면 멀리서 서로 찾는 벗들이 함께 만나고 어울리는 자리 有朋自遠方來가 바로 자신의 덕을 닦고 향상시켜가는 크나큰 즐거움을 누릴 수 있는 더없이 중요한 자리이니 어찌 소홀히 하고 함부로 할 수 있겠는가.

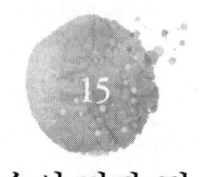

술의 맛과 멋

　자식을 사랑하는 부모라면 누구나 자식 걱정을 많이 하게 되고, 나라를 사랑하는 백성이라면 누구나 나라 걱정을 많이 하는 것은 지극히 자연스러운 현상이다. 그러니 어느 시대나 부모들은 자식 걱정을 해왔고, 백성들은 나라 걱정을 해왔던 것이다.
　최근 어느 언론사에서 신문지면과 방송을 통해 우리 사회의 병폐를 제기하고 이를 치료하는 방법을 찾는데 관심을 보여주고 있다. 우리 사회의 여러가지 병폐가 얼마나 뿌리깊이 파고들어 고질화된 것인지를 보면서, 한편으로 새삼스럽게 걱정스러웠지만, 다른 한편으로 이렇게 나라를 걱정하고 사회의 건강을 생각하는 방향으로 국민의 시선을 선명하게 모아주고 있는 사실이 반가웠다. 무엇보다 우리 자신이 그동안 무시하거나 가볍게 여겨왔던 우리 사회의 말단적 병통이 어디에 있는지를 구체적으로 짚어줌으로써 우리 자신과 우리 사회가 스스로 반성할 수 있는 기회를 제공해주는 매우 소중한 관심이라 생각한다.

여기서 제기된 우리 사회의 심각한 병폐 가운데 우선 과도하고 난폭한 음주의 풍속이 낳은 '주폭'酒暴 문제를 보면서, 나 자신 젊은 시절 이미 치광이 짓에 빠졌던 것이 너무 부끄러워 무심하게 외면할 수가 없었다. 그동안 우리가 혼돈스럽고 격변하는 시대를 경황없이 살아오면서 우리 자신의 의식과 우리 사회의 풍속이 난폭한 음주 풍속의 경우처럼, 얼마나 거칠고 무절제한 것이었는지 되돌아보게 된다. 그러나 이러한 사회적 병폐는 지금 우리 시대에만 일어난 현상이 아니다. 예전부터 언제 어디서나 일어날 수 있었던 현상이다. 그렇다면 우리는 이러한 병폐를 각성시켜주는 지혜와 치료해주는 처방을 고전 속에서 아주 쉽게 발견할 수 있을 것이다.

술은 처음 만들어지면서부터 그 맛이 아주 좋은 것이라는 사실을 단박에 알아차리게 되었다. 『전국책』戰國策의 기록에 따르면, 의적儀狄이 최초로 술을 만들어 올리니 우禹임금이 마셔보고 그 맛이 너무 좋은 것을 알고는 의적을 멀리하고 술을 끊어버렸다 한다. 그리고 나서 "뒷세상에는 반드시 술로 그 나라를 망칠 사람이 있을 것이다"라 하여, 깊이 염려하고 경계하였다는 것이다. 음주의 풍속이 잘못되면 한 나라를 망칠 수 있다는 말이다.

술의 폐단을 걱정했던 것은 우임금만이 아니다. 불교는 물론이요, 우리나라의 개신교에서도 술을 금하는 계율이 있다. 그런데 술은 유교전통에서 매우 중요시 되어 왔던 것이 사실이다. 무엇보다 제사를 지내자면 신에게 올리는 가장 중요한 제물이 바로 술祭酒이다. 그 뿐만 아니다.

혼례를 비롯한 온갖 의례나 잔치에서도 술은 필수적인 것으로 자리를 잡고 있다. 심지어 학교에서 빈객을 모셔놓고 술을 마시는 의례를 행하는 '향음주례'鄕飮酒禮도 옛 선비들의 중요한 의례였다.

문제는 술이 나쁜 것이 아니라 술을 마시는 사람이 절제할 줄 모른다는데 있는 것이다. 『논어』鄕黨에서는 공자께서 보여준 술 마시는 절도의 모범을 보여준다. "술은 일정한 양이 없으셨는데, 어지러운 지경에 이르지 않게 하셨다"唯酒無量, 不及亂고 언급한 것이다. 이 구절에 대해 주자朱子는 "술이란 사람을 기쁘게 하므로 일정한 양을 정하지 않고, 다만 취하는 것으로 절도를 삼아 어지러운 지경에 이르지 않게 하신 것이다"〈『論語集注』〉라 설명하고 있다.

그런데 '일정한 양이 없으셨다'라는 대목이 마음에 좀 걸린다. 일정한 양이 없다면, 취하여 어지러운 지경에 이르지 않는 한, 한량없이 마셔도 된다는 말로 이해될 수 있기 때문이다. 실제로 이 구절을 그렇게 해석한 사람들도 많았던 것 같다. 그러다보니 유교전통의 음주문화는 술을 많이 마실수록 호기롭게 여기고, 술에 몹시 취해도 난동을 부리지 않는다면 받아들여주는 한없이 너그러운 것이었던 것 같다.

이 구절에 대해 다산茶山 丁若鏞은 "공자께서는 술잔의 크기로 한도를 삼지 않고 어지러운 지경에 이르지 않는 것으로 절도를 삼았다"〈『論語古今註』〉고 해석하였다. 여기서 다산은 '일정한 양이 없으셨다'는 뜻이 아니라, "(술잔 크기로) 한도를 삼지 않으셨다"는 뜻이라 해석하여, '한량이 없다'는 뜻이 아님을 분명하게 밝히고 있다. 따라서 다산은 공자를 주량이 무한히 큰 사람으로 여겨서, 고래처럼 마시면서도 어지러운 지경에 이르지 않았던 인물로 높이려 드는 것은 『논어』를 잘못 읽은 것임을 지적하였다. 다산에 의하면 술에는 진한 술과 묽은 술의 차이가 있고, 술잔에는 큰 술잔과 작은 술잔의 차이가 있음을 들어서, 한 잔이나 두 잔이라는 숫자로 양의 한도를 정하는 것이 아니라는 것이다. 단지 '혈기가 화평해지고 맥락이 조화로워지는 것'으로 한도를 삼아 그쳐야 하는 것임을 강조하였다. 그 말은 '취기가 약간 일어나 기분이 좋아지는 것'을 한도로 한다는 말로 이해된다. 여기서 그는 혹시 조금이라도 이 한도를 넘으면 이미 크게 취한 것으로 규정하였다.

특히 다산은 나라를 망치고 가정을 파탄시키는 온갖 흉폭하고 패악스러운 행동이 모두 술에 말미암는 것임을 역설하면서, 자기 자식들에게 술을 끊고 마시지 말도록 간곡히 타일렀다. 이때 그는 자식들에게 술 마시는 법도를 구체적으로 제시해주고 있다.

"술의 맛이란 입술을 적시는 데 있다. 소가 물마시듯 하는 저 사람들은 술이 입술이나 혀는 적시지도 않고 곧바로 목구멍으로 넘어가니 무슨 맛이 있겠느냐? 술의 정취란 살짝 취하는 데 있다. 저 얼굴빛이 귀신처럼 붉어지며, 구토를 해대거나 잠에 골아떨어지는 자들이야 무슨 정취가 있겠느냐?"〈「寄游兒」〉

술의 '맛'은 입술에 적시며 음미할 때 품위 있게 즐길 수 있는 것이지 목구멍에 쏟아붓는 폭음은 술맛도 모르는 무지하고 어리석은 짓임을 지적한 것이다. 또한 술의 '멋'은 살짝 취기가 도는 정도에서 누릴 수 있는 것이지, 인사불성이 되도록 대취하는 것은 아무 멋도 모르는 미치광이의 추악하고 무취미한 행태에 불과한 것임을 말해주고 있다.

오늘 우리의 음주 풍속이 왜 이렇게 거칠고 난폭하게 되고 말았을까? 혹시 백년전 나라가 멸망하여 식민지 지배를 받는 동안 지식인에서부터 서민대중에 이르기까지 깊은 좌절감에 빠지면서 자포자기하여 절재를 잃기 시작했던 것이 아닐까? 해방 후에도 참혹한 전쟁과 격심한 사회변화를 겪으면서 안정감을 잃어버렸기 때문이 아닐까? 그러나 이제는 우리나라도 선진국을 바라보며 세계 속에 고개를 들고 나섰으니, 품격도 없고 절제도 없는 난폭하고 퇴폐적인 음주풍속에서 벗어나야 할 시기도 되었다. 이제는 밤거리에 술의 노예가 되어 자기를 상실하고 광기를 부리는 주귀酒鬼들이 사라진 새로운 풍속이 자리 잡혀야 할 때도 되었다.

고전에서는 항상 우리가 자신의 마음과 육신을 조화롭고 화락하게 간직하며, 마음이 육신의 주인이 되어 자신을 절제하는 길을 제시해주고 있다. 우리 자신의 마음 속에서 하루 아침에 술에 취해 저지르는 온갖 난폭하고 미친 짓을 부끄러워하고 미워하는 마음이 각성된다면, 온 나라가 건강하고 아름다운 풍속으로 돌아갈 것이다. 우리는 자신이 주인이 되어 자신을 절제할 수 있는 인간적 품격을 확보할 수 있을 때, 술의 깊은 맛을 제대로 맛볼 수 있고, 술의 멋진 정취를 제대로 누릴 수 있는 품격 있는 음주문화를 일구어내게 될 것은 지극히 당연한 일이다.

제3부
화합으로 가는 길

화합으로 가는 길
사생활과 어울림
풍요로운 물질 빈곤한 정신
나라의 기개와 나라의 포부
정치가는 농사꾼에게 배워야
입을 작게 줄이고 귀를 크게 열자
교육이 바로서야
신뢰의 기초 위에 세워지는 사회
주합루를 바라보며
과연 인간의 본성은 선한가?
역사의 역설, 현실의 역설
골고루 잘 사는 세상
울타리 나라에서 벗어나려면
짝퉁과 깜부기
독선에 빠진 신념이 세상을 망친다
넓고 평탄한 왕도王道, 비좁고 험한 인심人心
일본을 보는 눈
나라의 품격

01

화합으로 가는 길

　서양사학자 주경철 교수의 『문명과 바다』(2002, 산처럼)에는 유럽의 주도로 바다에서 근대세계가 형성되어가는 과정을 모험과 폭력으로 엮어지는 한 편의 드라마로 펼쳐 보여주고 있다. 에스파니아인들이 아메리카 대륙을 정복해가는 과정의 폭력은 참혹함의 극치를 이루었던가 보다. 쿠바의 어느 추장은 도망 다니다가 붙잡혀 사형을 당하게 되었는데, 말뚝에 묶인 그 추장에게 프란체스코회 수사가 다가가서 처형되기 전에 기독교 교리를 강론하였다 한다. 이 때 "기독교 신앙을 갖지 않고 죽으면 지옥에 가서 영원한 고통을 당하게 된다"는 수사의 말을 듣고서, 추장은 "기독교도들은 모두 천국으로 가느냐"고 물었다 한다. 수사가 "그렇다"고 대답하자, 추장은 "그렇다면 나는 차라리 지옥으로 가겠다"고 말했다는 것이다. 이 대목을 읽다가, 가슴에 충격이 와서 책을 내려놓고 눈을 감은 채 한동안 멍하게 있었던 일이 있다.

 신의 이름을 내걸고 신의 축복과 의로움에 대한 확신 속에서 얼마나 혹독한 파괴와 잔학한 살육이 이루어져 왔는지, 가해자에게는 아무런 기억도 남아 있지 않는가 보다. 피해자로서 이 추장은 기독교도들의 공격을 받는 고통 보다는 기독교도들이 없는 세상이라면 차라리 지옥의 어떤 고통이라도 달게 받겠다는 선언이다. 이런 갈등은 16세기에만 있었던 일이 아니라, 21세기에도 지속되고 있는 것 같다. 빈 라덴이 9·11 테러를 저지른 만행을 가슴 아프게 새겨두지만 그동안 이슬람인들이 어떤 고통을 받았던지는 기독교 사회에서는 전혀 기억조차 없다면 어떻게 그 테러와 저항이 그치기를 바랄 수 있겠는가. 빈 라덴을 죽였다고 워싱턴 광장에 모여 환호하는 군중들을 보면서, 예수의 사형판결을 듣고 환호하던 빌라도 법정의 유태인 군중들을 떠올리며, 이들 사이에 무엇이 다른지 묻지 않을 수 없었다.

 인간은 누구나 자기중심적으로 생각하기 마련이다. 그러나 자기중심적 본능을 극복할 수 있을 때에 비로소 인간다운 품격을 확보할 수 있다. 우리는 일상생활 속에서 "입장을 바꿔놓고 생각해보라"易地思之는 격언을 흔히 끌어다 쓴다. 자기 입장에만 사로잡혀 있는 것이 아니라, 자신이 상대방의 처지에 서서 생각해보는 발상의 전환을 요구하는 것이다. 이렇게 서로의 입장을 이해할 수 있다면 나와 네가 대립하고 갈등을 일으킬 일이 거의 대부분 해소될 수 있게 될 터이다. 나만 옳다는 독선은 상대방을 무시하고 해치는 악의 원천이다. 이러한 독선이 가장 심한 경우가 바로 종교일 것이다. 나는 진리고 정의고 선이라 확신하는 순간 상대방은 거짓이고 불의고 악이라 판단하여 증오하고 배척하기 십상이다.

조선시대 유학자들이 독선에 빠져 불교를 배척하였던 사실이나, 근래에 한국의 기독교도들이 독선에 빠져 다른 종교들을 배척하였던 태도는 모두 자신만이 옳다는 확신의 굳은 껍질에 갇혀 서로 소통하고 화합할 수 있는 길을 잃은 소아병적 행태일 뿐이다. 독선의 껍질에 갇히면 자기가 전체를 지배해야 한다는 공격성만 키우게 되어, 남과 어울리고 화합하려는 포용성을 상실하고 만다. 그 결과는 대립과 갈등이 일으키는 온갖 폭력과 비극만 초래할 뿐이다.

그런데 금년 봄에 불어오는 봄바람은 한결 따스하고 향기로운 바람인 것 같아 반갑다. 5월10일(4월초파일)을 앞두고 서울 성북동성당과 대전 선화동 빈들감리교회 등 몇 곳에서 부처님 오신 날을 축하하는 플래카드를 내걸었다 한다. 지난 4월19일 조계종 총무원이 조계사 대웅전에서 김수환 추기경의 추모영화 '바보야'를 상영하였고, 5월9일 천주교 서울대교구는 명동성당 문화관에서 법정스님의 추모 다큐영화 '법정스님의 의자' 시사회를 연다고 한다. 부디 바라노니 일회적 행사로 끝내지 말고 이렇게 열린 마음을 더욱 넓게 열어가기를 간절히 기원한다.

마음을 닫고 서로 상대방을 미워하는 곳에서 지옥이 열리고, 마음을 열어 서로 상대방을 받아들이는 곳에서 천국이 열리는 것이 아니겠는가. 온 국민을 복음화하고 온 세계를 복음화 하겠다는 팽창의 논리는 제국주의적 사고방법과 다를 것이 없다. 서로 다른 종교들 사이에 서로 이해하고 화합하는 열린 세상이 실현된다면, 그것이 바로 진정한 복음의 세상이 아니랴. 공자는 "자기가 원하지 않는 것은 남에게 베풀지 말라"고 所不欲, 勿施於人고 충고했던 일이 있다. 다른 종교가 나의 신도들을 빼앗아가는 것은 원하지 않으면서 나는 다른 종교의 신도들을 빼앗아와야 한다는 것으로 사명감을 갖는 것은 열린 마음에 상반되고 화합의 정신에 어긋나는 것이다.

  이제 한국의 종교도 교세확장의 경쟁에서 벗어나 서로 화합하는 성숙한 모습을 보여야 할 시기에 이르른 것으로 보인다. 봄이 왔으면 겨우내 추위를 막기 위해 입고 있었던 갑옷같은 두꺼운 외투를 벗어버리고 경쾌한 차림을 하며 얼굴도 환한 웃음으로 활짝 펴야 할 때가 왔다는 말이다. 마음을 한 번 열면 세상이 새롭게 보일 것이다. 그렇다면 남북문제도 끝없는 의심과 대결을 넘어서 좀 더 넓게 열린 마음으로 대화와 화합의 길을 찾을 수는 없을까. 역사적으로 가장 폐쇄적이고 독선적 사유집단인 종교도 이제 철이 조금 들어 서로 문을 조금씩 연다는데 세상에 서로 대화할 수 없는 집단이 어디에 있다는 말인가. 북한체제도 종교보다 더 독선적이고 폐쇄적이지는 않을 것이라 생각한다.

02

사생활과 어울림

 요즈음은 진주에서 서울로 혼자 올라오는 사람이 있다면 자가용차가 없는 사람도 고속버스를 타거나 비행기를 타고 짧은 시간 안에 올라 올 수 있다. 옆자리에 앉아 있는 사람과도 말 한마디 없이 창밖을 가끔 내다보다가 신문을 읽거나 꾸벅꾸벅 졸다보면 어느 틈에 서울에 닿는다. 오는 동안은 무료한 공백의 시간이 될 수도 있지만, 공연히 옆자리의 사람과 말문을 열었다가는 신경만 쓰게 되고 편히 쉬지도 못할까 염려하기 때문일 것이다.
 그러나 옛 사람들은 천리 길을 여러 날 걸어서 올라와야 하고, 길을 가다보면 중간 중간에 길동무를 사귀기 마련이다. 지나가는 마을마다 사람들과 말을 주고받으며 그 지방의 인심과 풍속을 경험하게 된다. 때로는 모르는 사람의 집을 찾아들어 과객이 되어 하룻밤 묵고 가는 일도 드물지 않다. 주인도 낯선 객을 받아들여 밤늦도록 이야기를 주고 받으면서 먼 지방의 사람 사는 사정이나 세상 돌아가는 형편도 알고 과객의 인품과 교양도 살폈을 것이다.

예전에는 길을 나서면 길에서 만나는 낯선 사람들과 쉽게 인사를 나누고 말동무가 되었다. 기차를 타고가면서도 싸온 먹을거리를 혼자 먹는 법이 없다. 옆 사람과 서로 나누어 먹으며 이야기를 나누다 보면 친밀한 이웃처럼 사귀게 되었다. 그만큼 자기와 남 사이에 담을 높게 쌓지 않았다. 요즈음도 공원의 벤치에 앉아 쉬다보면 간혹 스스럼 없이 말을 건네는 사람들을 만나게 될 때는 반갑기도 하고, 또 내가 먼저 말을 건네지 못한 것이 부끄럽게 생각이 들기도 한다. 그동안 너무 개인의 사생활을 중시하다가 인간관계가 나와 남 사이에 갈라지고 벽이 생겨서 유리구슬처럼 뿔뿔이 굴러다니고 있는 것이 아닌가 하는 생각이 든다.

시골에서야 들판에 나가 자기 전답에서 종일 뙤약볕 아래 힘겹게 일하다가도 저녁을 먹고 나면 으레 이웃으로 마실을 다닌다. 이웃이 모여 담소하다보면 소문도 많아 사생활이 침해되는 어려움을 겪는 경우도 있겠지만, 인정과 웃음이 넘치는 속에 고달픔도 잊고 외로움도 파고들 틈이 없다. 그러나 사람들이 밀집해 사는 도시생활을 하다보면 사생활을 지키기 위해 더욱 견고한 담장을 치게 된다. 아파트에서 벽 하나를 사이에 두고 몇 년을 이웃하여 살면서도 부득이 마주쳤을 때 목례나 하고 서로 말을 나누려 들지 않는 경우가 허다하다. 이것이 사람 사는 모습이니 꼭 어느 한 쪽이 잘못되었다고 할 수는 없을 것이다. 그러나 사람 사이에 개인의 사생활도 존중되어야 하지만 이웃과의 교류도 소중하니, 이 두 가지 사이에 균형을 이루어 주는 것이 필요하지 않을까 한다.

요즈음에는 사생활이 이웃 사이에서만이 아니라 한 가족 사이에서도 요구된다. 자식이 성장하면 부모도 자식의 사생활을 존중해주어야 하는 것을 당연시 한다. 자식에게 온 편지를 먼저 열어보아서도 안되고, 자식의 일기장도 몰래 읽어서는 안되는 것으로 여긴다. 그렇다고 부모와 자식 사이에 거리가 멀어지는 것은 아니다. 공통의 화제를 찾아내어 자주 대화를 하면서 서로의 이해를 얼마던지 깊이 할 수 있다. 바로 대화의 기술이 사생활과 교류의 어울림을 조화롭게 균형잡아 줄 수 있는 방법이 아닐까 한다.

아파트나 사무실 빌딩의 엘리베이터 안에서 모르는 사람을 만나서도 가볍게 인사말을 건네는 풍속, 한적한 길에서나 공원에서 낯선 사람에게도 인사말 한마디 쯤은 주고 받을 수 있는 문화가 우리에게는 너무 부족한 것이 아닐까? 친한 사이가 아니면 모두 남이요, 남이면 모두 외면해야 하는 것은 아니다. 불교에서는 옷깃만 스쳐도 속세의 인연이 있다고 하여, 모르는 사람이라고 외면할 수 없음을 타일러 주고 있다. 공자는 "대문을 나서면 큰 손님 만나듯이 하라"出門如見大賓,『논어』, 顏淵고 하여, 대문 밖에서 만나는 모든 낯선 사람을 큰 손님 만나듯이 공경하라고 가르쳤다. 낯선 사람, 모르는 사람과 교류하는 것은 남을 향해 자신을 여는 열린 마음을 보여주는 것이다. 인간이 인간에 대한 호의와 존중의 자세는 인간의 사회를 품위있고 아름답게 다듬어주는 기본조건이다.

나의 사생활을 지키고 남의 사생활을 존중하면서, 나와 남이 교류하고 어울리는 방법은 간단한 인사말의 작은 대화에서 시작할 수 있다. 또한 나와 남이 교류하고 어울림에서는 언제나 내가 남을 평가하고 끌고가거나 지배하려는 마음이 없어야 하고, 남을 경계하고 불신하는 마음이 없어야 한다. 그러나 현실에서는 그렇게 하기가 결코 쉽지만은 않다. 세상이 흉흉하다보니 어린 자식에게도 낯선 사람과는 말하거나 따라가지 말도록 주의를 주어서 남을 경계하는 법부터 가르치니, 어떻게 남을 신뢰하고 존중하는 마음이 쉽게 일어나겠는가?

옛날에는 나이든 사람을 만나면 부모처럼 조부모처럼 존중하는 마음이 일어났는데, 오늘 날에는 '경로'敬老를 구호로 내걸어도 어른을 보면서 존경하는 마음이 일어나지 않는다. 이 점은 바로 어른들의 책임이다. 나이든 사람들이 노인대접을 요구하기 전에 존경심이 일어나도록 모범을 보여야 하는데, 우리 사회의 노인들은 대접을 받는 것이 당연한 줄 알지만 대접받을 수 있는 자격과 책임에 대해서는 아무런 대답이 없다. 우리가 이웃이나 거리에서 만나는 낯선 사람에 대해 서로 친애하고 존경하는 마음으로 만나고 어울리기 위해서는 인사말을 주고 받는 대화의 방법과 더불어 어른이 모범을 보이는 사회운동이라도 일어나야 하지 않을까 하는 생각이 든다.

03

풍요로운 물질 빈곤한 정신

기독교의 『성서』(마테복음)에는 "사람이 빵만으로만 사는 것이 아니라, 하느님의 입에서 나오는 모든 말씀으로 살리라"라는 구절이 있다. 빵(음식)만으로 살 수 없고 말씀(도리)을 따라야 진정한 생명을 얻을 수 있다는 말이라 이해된다. 물론 빵이 있어야 살 수 있다는 것을 부정하지는 않는다. 그러나 빵으로 얻어지는 생명은 육신의 생명이라면, 말씀으로 얻어지는 생명은 영혼의 생명이라는 말이 아닌가 한다.

우리의 옛 선조들은 말씀(도덕)을 극진하게 존숭하다가 빵(욕망)을 잊어버렸던 것 같다. 그러다보니 그 영혼은 고결하였지만 그 생활은 빈곤으로 찌들어 버렸나 보다. 우리의 과거는 지나친 빈곤으로 인간답게 살아갈 수 있는 발판을 제대로 갖추지 못했다면, 우리의 현재는 지나친 욕망의 팽창과 풍요한 소비 속에 영혼이 시들고 매말라 인간다운 품격의 인간성을 잃어가고 있는 것이 아닌가 걱정이 된다.

빵은 우리의 입을 즐겁게 하고 배를 든든하게 해주지만, 말씀은 우리의 마음을 긴장하게 하고 신체를 수고롭게 하기 마련이다. 그렇다면 하나(빵)는 즐겁고 하나(말씀)는 괴로운 것이 사실이다. 욕망은 더욱 달고 안락함을 찾아서 달린다. 누가 달고 향기로운 열매를 버려둔채 거칠고 쓴 뿌리를 먹으려 하겠으며, 쾌적하고 안락한 승용차를 버려둔채 붐비고 땀내나는 버스와 지하철을 타려고 하겠는가. 그러나 우리가 향기롭고 쾌적함을 즐기는 동안 우리의 뼈대는 삭아내리고 정신은 혼탁하게 풀어지기 마련이다. 긴장하고 수고로운 가운데 우리의 뼈대가 강해지고 정신은 맑게 응결될 수 있기 때문이다. 그런데도 우리의 욕망은 채울수록 목말라하고 갈수록 이기적이 되어가고 있는 것이 아닐까?

요즈음 우리가 사는 세상에서는 어디에나 결과를 얻기만 하면 수단과 방법을 가리지 않는 풍조가 구석구석 침투되어 있다. 부모가 자녀교육을 위해서라는 명분으로 선생을 돈으로 매수하여 입학시험에 부정으로 통과하려드는 일이 있고, 자녀를 고생시키지 않겠다는 사랑의 표현으로 뇌물을 써서 징집을 면제받는 경우도 신문에서 보게 된다. 그렇지만 어떤 부모도 자녀도 선생도 공무원도 그 행실을 부끄러워 못견디겠다는 사람은 보이지 않는다. 불법행위가 발각되면 그저 재수없다는 표정이다. 비리를 저지른 국회의원이나 고위관료가 마지막까지 자기는 결백하다고 뻔뻔하게 버티는 모습을 보면서 우리 시대는 양심도 염치도 사라지고 이기심과 뻔뻔함만 남아있는 것이 아닌가 의심이 들 때가 있다.

옛말에도 "서울은 눈 감으면 코베어가는 세상"이라고 하였다. 사람들이 드물게 사는 시골보다 큰 도읍인 서울은 부유하고 고귀한 사람들도 많이 살고 시골보다 사람들의 살림살이도 더 넉넉하였을 터인데, 어찌 인심은 더 각박하다는 말인가? 그래도 옛 사람들이 오늘날처럼 범죄와 폭력이 난무하고, 탐욕과 이기심이 흘러넘치는 현실을 본다면, "사람이 살 수 없는 세상"이라고 말할지도 모르겠다. 시대가 흐를수록 문명은 발전하고 생활은 편리하고 풍족해졌는데, 사람들 사이는 서로에 대해 신의가 사라져가고 서로가 서로에 대해 난폭한 늑대로 변해가는 것이나 아닐까 하는 생각이 든다. 약하고 순한 짐승이 강하고 거친 짐승의 먹이가 되고 마는 금수의 법칙이 지배하는 금수의 세상으로 돌아가는 것으로 보이기도 한다.

옛날에야 도덕과 의리를 따지면 누구나 고개를 숙이고 옷깃을 여몄겠지만, 오늘에는 누가 도덕을 화제에 올리기라도 하면 좌중이 일제히 고개를 저으며 우스갯소리로 말머리를 돌릴 것이다. 우리 시대에 도덕은 가장 인기없는 교과서에나 갇혀있고, 우리 생활을 온통 흔드는 일이야 먹고 마시는게 아니면 코메디와 스포츠로 집약되는 웃고 즐기는 판이 아닌가 한다.

예전에야 낯선 사람 사이라도 우연히 함께 문을 들어서려면 몇번씩 서로 사양하였지만, 이제는 서로 먼저 들어가려고 밀치지 않으면 다행이다. 그래서 도착한 순서대로 줄을 서는 것이 질서있는 모습이라 칭찬하게 된다. 동물이 먹이를 차지하는데서 부터 생존경쟁이 있겠지만, 그래도 남을 소중히 하고 반가워 하던 시절이 있었다. 그러나 이제는 사람과 맞닥뜨리기가 두려울 때가 많다. 어린 아이는 낯선 어른이 친절하게 말을 거는 것이 두렵고, 어른은 불량기있는 젊은이들이 닥아오는 것이 두렵다. 밤 늦은 시간이면 승객은 택시기사가 두렵고 택시기사는 승객이 두려운 세상이다.

한때는 예의를 모르는 사람은 무례하다고 경멸당했는데, 이제는 거만하고 난폭한 사람이 남의 앞이나 남의 위에 서슴치 않고 나서는 세상이 되었다. 전날에는 염치없는 행동은 얼굴을 들기도 어려웠는데, 이제는 뻔뻔하고 간교한 행위가 사람들 앞에서 고개를 들고 활개를 치고 있다. 남부끄러워 못하던 일들이 이제는 드러내놓고 하는 일이 되었다. 한 나라를 통치한다고 나선 사람에서부터 창구에 앉아 작은 권한을 가진 사람에 이르기까지 부정과 부패가 꼭대기에서 바닥까지 만연하여 부끄러움을 모르는 몰염치한 현실을 보통사람들은 말없이 지켜볼 뿐이다.

평균수명이야 오늘날에 와서 많이 길어졌는데, 옛 사람들은 짧은 인생을 여유작작하게 살았지만, 우리시대에는 길어진 인생을 조바심내며 동분서주하고 있다. 우리시대는 엄청난 문명의 혜택을 입고 있으니 옛날보다 더 풍요하고 더 편리하게 살 수 있게 된 것은 분명한데, 오히려 우리 시대 사람들이 인격적으로 건강하고 성숙해지는 길에는 더 멀어졌다고 보이는 것이 사실이다. 어쩌면 물질문명의 성장과 인간 영혼의 성숙은 반비례하는 것은 아닐까 하는 생각도 든다. 공상과학영화로 미래세계를 보여주는 경우에는 하나같이 놀라운 과학기술의 발달을 보여주지만 너무 삭막하여 결코 그 시대에 가서 살고 싶은 생각이 들지 않는다.

빵은 분명 우리의 배를 부르게 하고 즐겁게 해주지만 빵이 너무 많아지면 비만에 빠져 병이 깊어지고 결국 생명도 좀먹게 되고 만다. 이제는 말씀으로 영혼을 살찌게 하는 일이 더욱 절실하게 필요한 시기로 보인다.

온 사회가 빵을 크게 하는데 관심을 집중할 것이 아니라, 빵은 나누고 인간다운 품격을 높이는데 힘을 기울여야 하지 않을까? 경제성장을 중단하자는 것이 아니라 도덕성장으로 육신과 영혼의 균형과 조화를 이루도록 추구하는 것이 우리 시대의 가장 시급한 숙제가 아닐까 생각한다.

나라의 기개와 나라의 포부

　사람이 기개가 굳세면 높은 지위나 많은 재물을 가진 자 앞에서도 당당하게 고개를 들고 맞설 수 있지만, 기개가 비루하면 허리를 굽실거리며 눈치를 보거나 웃음을 흘리며 아첨하기가 쉽다. 사람이 포부가 넓고 크면 현실의 온갖 난관을 만나도 꺾이지 않고 심한 고통을 겪으면서도 잘 참아내지만, 포부가 없으면 어떤 일이라도 직접적인 이득이 없으면 피하려들고 조금 힘들고 괴로우면 쉽게 포기하고 만다.
　사람에게 기개는 가슴을 펴고 곧게 일어서게 해주는 척추노릇을 한다. 척추가 허약하게 휘어지지 않고 꼿꼿하게 서야 그 사람도 씩씩하고 당당한 모습을 보여줄 수 있을 것이다. 사람에게 포부는 드높은 이상을 향해 고개를 들고 멀리 내다보는 시선이다. 시선이 눈앞의 현실에 사로잡히지 않고 멀리 뻗어야 그 사람도 고상한 품격을 실현할 수 있지 않겠는가.

　한 사람이 개인으로서 기개가 굳세고 포부가 커야 하는 것처럼, 한 나라도 굳센 기개와 큰 포부가 있어야 하지 않을까? 마치 원기 넘치는 건강한 육신과 품위 있는 도덕적 인격을 아울러 갖추어야 개인도 온전한 것처럼, 활력 있고 부강한 경제력과 세련되고 고귀한 시민의식을 아울러 갖추어야 한 나라도 강건할 수 있을 것이다. 과연 지금 대한민국은 그 기개가 얼마나 씩씩한지 우리나라의 어깨를 어루만져 보고 싶고, 또한 그 포부가 무엇인지 어떤 방향을 내다보고 있는지 그 눈길을 더듬어 볼 필요가 있는 것 같다.

　먼저 한 나라가 씩씩한 기개로 어깨를 활짝 펴고 일어서서 당당하게 세계 속에 나서려면, 무엇보다 안에서 분열과 갈등이 없어야 할 것이다.

　안에서 서로 갈라져 싸우고 있는 꼴이야 우리에게는 너무 익숙한 광경이다. 조선시대에 선비라는 지식인들이 당파로 분열하여 서로 상대방을 "죽일 놈"이라 욕하면서 수백 년 동안 혈투를 벌이더니 결국 나라가 멸망하고서야 당파도 무너져 버리고 말았다. 해방 후에 다시 좌우가 대립해 싸우더니 동족끼리 살육하는 치욕적인 비극을 겪었다. 이렇게 오랜 세월 참담한 비극을 겪고서도 아무런 교훈을 얻은 것이 없나보다. 아직도 날만 새면 보수와 진보가 맞서고 좌파와 우파로 갈라져 싸우고 노동자와 사용자가 대결하고 여당과 야당이 대립하여 끝없이 싸우고 있다. 오직 자기주장과 상대방에 대한 비난의 논리만 있고, 상대방을 이해하고 서로의 견해 차이를 조정하는 타협의 논리는 아득히 사라지고 없는 것 같다.

　왜 이렇게 싸우기만 하는가? 조선시대에 선비들이 당쟁을 하는 양상을 보면 겉으로 명분이야 의리의 정당성을 내세웠지만, 그 실상은 성호星湖가 「논붕당」論朋黨에서 지적하고 다산茶山이 「인재책」人才策에서 지적하였던 것처럼, 밥그릇이나 벼슬자리를 서로 차지하려고 다투는 이해관계에 뿌리를 두고 있는 것일 뿐이다. 오늘에서 보수와 진보나 우파와 좌파로 갈라져 대립하고 있는 현실도 명분이야 정의를 내세우고 나라와 국민을 위한다고 하지만 그 실지는 자신들이 권력을 차지하고 이권을 차지하기 위한 진흙탕 싸움에서 한 발짝도 벗어난 것으로 보이지 않는다. 조선시대에 당쟁이 나라가 망하고서야 끝났듯이, 오늘의 우리사회에서 좌우대립도 나라를 망치고서야 그만두지 않을까 두렵다.

안에서 끝없이 서로 분열하며 싸우고 있는 집단이나 나라는 결코 밖으로 당당하게 나설 수가 없다. 서로 분열하여 싸우는 집단이나 나라는 안으로 반대세력에 대해서 혹독하고 잔인하면서도 밖으로 다른 집단이나 다른 나라에 대해서는 비굴하게 되기 마련이다. 자기들끼리 싸우고 있는 집단이나 나라가 외부의 다른 집단이나 다른 나라의 조롱과 경멸을 받게 되는 것이야 지극히 당연한 일이 아닐 수 없다.

문제는 어떻게 하면 이 분열과 갈등을 해소하고 조화와 통합을 이룰 수 있는가 하는 것이다. 상반된 주장이 아무런 타협점을 찾지 못해 끝까지 대립하고 있을 때에는 그 양쪽 모두가 정당성이 없다는 것을 대전제로 인정해야 한다. 자기 종교만이 구원을 받는다는 신앙은 이미 진리가 아니라 독선獨善일 뿐인 것처럼, 자기 입장만이 정의롭고 정당하다는 주장은 이미 정의가 아니라 위선僞善일 뿐이다.

대립의 극복은 어느 시대에나 인간이 풀어야 할 큰 숙제였다. 그래서 고전에서는 극단적으로 대립된 두 주장을 조화하고 통합하는 방법을 일깨워주고 있다. 『중용』에서 공자는 순舜임금의 지혜를 예찬하면서, "묻기를 좋아하고 비근한 말을 잘 살피시며, 악을 숨겨주고 선을 드러내며, 그 양극단을 붙잡아 그 중용을 백성에게 쓰셨다"好問而好察邇言, 隱惡而揚善, 執其兩端, 用其中於民고 하였다.

남의 견해가 내 뜻과 다르면 분노와 적대감이 일어나서 상대방을 비난하고 공격하는 것은 옳지 않다. 우선 상대방의 주장에 대해 그 뜻이 무엇인지 세밀하게 물어보고 천박하게 보이는 말에서도 그 숨은 뜻을 잘 찾아내는 이해력이 중요하다. 이와 더불어 상대방의 나쁜 점만 들추어내고 좋은 점은 외면하는 태도를 경계해야 한다. 오히려 상대방의 나쁜 점은 덮어주고 좋은 점을 드러내주는 포용력을 중시해야 할 필요가 있다. 따라서 대립을 극복하고 조화와 통합을 이루는 방법은 상대방에 대한 이해력과 포용력을 바탕으로 양극단의 상반된 견해까지 다 포괄하여 중용의 통합원리를 찾아서 백성들에게 실행해야 한다는 것이다. 상대방에 대한 이해력과 포용력이 없이 조화와 통합의 원리가 찾아지지는 않는다.

상대방이 나에 대해 이해력이 없다고 '꼴통'이라 비난하는 것은 옳지 않다. 이해력은 내가 상대방에 대해 발휘되어야 하니 우선 자신의 이해력이 부족함을 반성해야 한다. 상대방이 나에 대해 포용력이 없다고 '독불장군'이라 비난하는 것은 옳지 않다. 포용력도 내가 상대방을 받아들이는 것이니 먼저 자신의 포용력이 부족함을 돌아보아야 한다. 지옥과 천당의 차이를 단지 입에 넣기에 너무 긴 숟가락으로 서로 자기가 먹겠다고 싸우는지 서로 상대방의 입에 넣어주며 화합하는지의 차이일 뿐이라는 비유가 있다. 그것은 바로 우리사회의 분열과 갈등이 우리 자신의 어리석음일 뿐이지, 어느 쪽이 옳고 어느 쪽이 잘못이 아님을 말해준다.

『중용』에서는 "중용이 천하의 큰 근본이요, 조화가 천하의 통달한 도리이다"中也者, 天下之大本也, 和也者, 天下之達道也라 하였다. '중용'으로 대립과 갈등을 해소하는 기반을 확보하고, '조화'로 대립과 갈등의 통합을 실현하는 길이 이미 고전에 제시되어 있다. 문제는 올바른 길을 모르는 것이 아니라, 이기적 욕심과 독선에 빠져 올바른 길을 가려는 실천의지를 잃고 있다는 것이다. 마음을 열어 '중용'과 '조화'를 실현할 것인지, 마음을 닫고 끝없이 대립과 갈등의 진흙탕 싸움을 계속하며 망국의 길을 가려는 것인지, 우리 스스로 결단해야할 일이 아니겠는가.

다음으로 한 나라가 웅대한 포부로 멀리 내다보며 당당하게 세계 속에 나서려면, 무엇보다 우리나라와 우리국민이 실현하고자 하는 이상을 분명하게 확인하여야 할 것이다.

어느 시대나 우리의 현실은 하나의 파도를 넘으면 다음의 파도가 또 닥쳐오듯이 끝없이 밀려오는 파도를 넘으면서 살아가야 했다. 그러니 눈앞에 부딪쳐오는 현실의 시급한 당면문제를 해결하느라 고개를 들어볼 여유를 얻기도 어려웠던 것이 사실이다. 그러나 눈앞의 문제에만 사로잡혀 있으면 방향을 잃고 자신이 어디로 가는지 모른 채 떠내려갈 위험이 크다.

추사 김정희秋史 金正喜는 55세 때(1840) 제주도로 유배를 가는 길에 배가 천둥 벼락 속에 큰 풍랑을 만나 사람들은 울부짖었고 뱃사공도 정신을 못차려서 허둥대는 위급한 상황을 만났다고 한다. 이때 그는 뱃머리에서 큰 소리로 시를 읊으며 사람들을 진정시키고서 손을 들어 한 방향을 가리키면서 "사공아 힘껏 키를 잡고 이곳으로 가라"고 외쳤다.〈「阮堂金公

〈小傳〉〉 그래서 무사히 제주에 당도할 수 있었다. 아무리 현실이 다급하더라도 이렇게 전체의 국면을 살피고 방향을 제시해줄 수 있는 안목을 지닌 사람이 있어야 한다.

우리가 아무리 급박한 상황에 놓여있더라도 우리는 우리나라가 어떤 방향으로 가고 있는 나라인지 끊임없이 새롭게 확인하고 있어야 한다. 우리나라가 어떤 이상과 포부를 실현하기 위해 나가야 하는지 그 방향을 분명하게 인식할 때라야 우리사회가 순간순간 부딪치는 현실의 온갖 문제들을 제대로 풀어갈 수 있기 때문이다. 방향을 알아야 눈앞의 한걸음도 올바르게 내디딜 수 있지, 방향을 잃으면 아무리 부지런히 걸어도 엉뚱한 길로 들어서서 헤매게 되고 말 것이다.

우리의 선조들은 우리나라가 가야할 방향을 분명하게 인식해왔던 것 같다. 우리나라의 개국신화開國神話에서는 하늘님桓因이 세상을 내려다보시고 '인간을 널리 이롭게 해줄 만한'弘益人間 땅을 골라 그 아들桓雄을 내려 보내셨다고 한다. 우리 땅에 세워진 나라는 '인간을 널리 이롭게 함'을 지향하여야할 이상이요 실현하여야할 목표로 선언하였던 것이다. '인간을 널리 이롭게 함'이란 백성의 삶을 경제적으로 풍요롭게 하고 문화적으로 풍속을 순후하게 이끌어가는 것을 말한다. 그것은 바로 나라는 백성을 위해 존재하는 것이요, 백성이 나라의 목적임을 확인해주는 것이라 할 수 있다.

주周의 무왕武王이 은殷의 기자箕子를 조선朝鮮의 제후로 책봉해주었고, 기자는 무왕에게 나라를 다스리는 원리인 「홍범」洪範의 아홉가지 가르침을 전수해주고, 조선의 백성을 예법禮과 의리義로 가르쳤다 한다. 그 뒤로 삼국시대에서 조선시대까지 우리는 우리나라가 '동방에서 예법과 의리를 실행하는 나라'東方禮義之國라는 신념을 간직해왔다. 비록 극심한 빈곤에 빠져있던 시대에서도 우리나라의 포부는 예법과 의리를 실행하는데 있음을 잊었던 일이 없으며, 예법과 의리를 지킨다는 것을 우리의 가장 큰 자부심으로 삼아왔다.

오늘의 우리나라는 어떤 포부를 지니고 있으며 어떤 방향으로 나가고자 하는가. 한때는 식민지배를 받으면서 독립을 위해 싸웠고, 해방 후에 민족이 분단되었으니 통일을 소망해왔다. 또 극심한 빈곤에서 벗어나기 위해 경제성장을 위해 분투해왔다. 그러나 이러한 일들은 가장 중대한 일이지만 오랜 시간이 걸려야 하더라도 여전히 당면한 현실적 과제이지, 우리나라가 추구하는 이상이나 포부와는 구별될 필요가 있다. 우리시대에 우리나라의 이상과 포부는 민주주의의 진정한 실현이라 할 수 있을 것이다. 그런데 군사독재도 극복했지만, 진정한 민주사회를 어떻게 실현할 수 있는 것인지, 갈수록 더 어려운 문제로 다가오는 것 같다.

복지시설과 제도를 갖추었다고 복지사회가 보장되지 않는 것처럼, 국민의 투표권이 보장되었다고 민주화가 확립되지는 않는다. 국민과 지도자가 모두 이기적 탐욕에 빠져 있고 퇴폐적 향락에 젖어있는 천박한 사회라면 그기에 아무리 합리적 제도를 도입하고 아무리 고상한 개념의 이상을 내걸어 보아도 썩은 물속에서 물고기를 키우려는 것과 다를 바 없다. 우리나라는 이제 경제적 성장도 상당히 이루어져 국제사회에 어깨를 펴고 나설 만도 하지만, 우리의 현실은 이기적이고 퇴폐적인 사회풍토를 개혁하지 않으면 언제 주저앉을지도 모르는 심각한 위기에 당면해 있는 것으로 보인다. 율곡은 "만약 위로 조정과 아래로 민간에 모두 공론公論이 없으면 그 나라는 망하고 만다"〈「代白參贊(仁傑)疏」〉고 말하지 않았던가.

우리나라가 복지를 실현하고 학교폭력 문제를 해결하고 권력의 비리를 처벌하는 등 눈앞의 당면문제를 해결한다 하더라도, 당파적 이해관계나 대중적 인기영합에 몰두하고 있는 한 우리에게는 희망이 없을 것이다. 현실문제의 해결을 위해 갈등과 대립을 해소하고 조화와 통합을 이루어야 하는 일이나, 현실문제에서 눈을 돌려 멀리 이상을 내다보고 근원적 문제에 대해 새롭게 각성하는 것은 결국 서로 분리되지 않는 하나의 문제가 될 수밖에 없다. 우리나라의 시선이 멀리 미래를 내다보며 방향을 찾고, 과거로 되돌아보며 역사 속에서 교훈을 발견하고, 근원을 살펴 고전에서 인간의 진정한 가치를 재발견할 수 있어야 한다. 그래야만 분열의 소용돌이에서 빠져나와 조화를 이룰 수 있을 것이요, 동시에 인간을 널리 이롭게 할 수도 있고, 예법과 의리를 실현하는 사회를 이룰 수도 있고, 진정한 민주사회도 성취할 수 있을 것이다. 한마디로 사람다운 사람이 되는 길을 찾아야 우리 사회의 온갖 현실문제를 올바르게 해결하는 길을 열 수 있을 것이다. 이렇게 할 수 있어야 우리나라가 어깨를 당당하게 펼 수 있고, 우리나라의 포부는 세계와 미래로 멀리 내다볼 수 있을 것이 아니겠는가.

정치가는 농사꾼에게 배워야

공자가 태산 산 속을 지나다가 무덤가에서 서럽게 통곡하고 있는 어느 아낙네를 만나 그 사연을 물었던 일이 있다. 그 아낙네는 깊은 산속에 살다가 시아버지가 범에게 물려죽었고, 다음에 남편이 또 범에게 물려죽고, 이번에는 자식까지 범에게 물려죽었다는 것이다. 공자는 그런데도 왜 이 산을 떠나지 않았느냐고 다시 물었다. 그 아낙네의 대답은 간단했다. 가혹한 정치가 없기 때문이라는 것이다. 이때 공자는 새삼스럽게 깨닫고서, "가혹한 정치는 호랑이보다 사납다"苛政猛於虎,《『예기』, 檀弓下》라고 탄식하였던 일이 있었다 한다.

그런데 오늘날에는 과연 깊은 산속에 숨어 산다고 정치에서 벗어날 수 있는지 의문이 든다. 이제는 마치 물고기가 물속에서 살아가며 그 물을 벗어나지 못하듯이 사람들은 누구나 정치라는 큰 물속에 살아가며 정치로부터 자유로울 수 없는 것이 현실이 아닐까. 정치가들이야 정치에 희망을 품고 신명이 나서 활기차게 그 물 속을 헤엄쳐 다니고 있지만, 일반백성들 가운데는 정치현실에 절망하여 하늘을 원망하며 살아가는 사람들도 상당수 있는 것 같다.

정치와 국민을 물과 물고기의 관계에 견주는 비유를 끌어들여 말해보면, 바다에 사는 물고기야 이상난동으로 바닷물의 수온이 올라가 살기가 괴로우면 다른 해역을 찾아 떠나가기도 한다. 한때 우리 국민들도 해외이민을 떠나는 사람들이 많았던 시절이 있었으니, 바다에 사는 물고기의 생태를 보여주는 것이라 하겠다. 그런데 호수에 사는 물고기는 그 물이 오염되어 혼탁하고 썩어들어가도 숨이 붙어있는 한 그 물 속에서 살아갈 수밖에 없고, 견디다 못하면 떼죽음을 당해 물에 떠오르기도 한다. 현재 북녘의 우리 동포들은 대부분 심하게 혼탁한 물속에 갇혀 허덕이고 살아가는 호수의 물고기 처지인 것 같아 안타깝다. 탈북자야 생명을 걸고 육지로 뛰어 올라 이웃의 물로 넘어가는 물고기 경우라 할 만하다.

옛 사람들도 정치가 무엇인지, 어떻게 해야 할지에 대해 관심이 매우 깊어 끊임없이 물었고 대답을 찾아갔던 사실을 쉽게 확인할 수 있다. 공자도 평생 정치를 해볼 기회를 엿보면서 여러 나라를 떠돌아 다녔던 일이 있었으며, 제후들이나 제자들로부터 정치에 대해 무수히 많은 질문을 받았다. '정치'를 묻는 동일한 질문을 받고도 공자의 대답은 그 사람의 체질에 맞추어 약을 처방하듯이 묻는 사람마다 여러 가지로 대답을 달리 하였다. 그 가운데 가장 유명한 대답은 계강자季康子가 정치를 묻는 질문에 대해, 공자가 "정치란 바로잡음이다"政者, 正也,《논어》, 顔淵 라고 말한 구절이다. 한문 글자로는 정치의 '정'政자 속에는 바로잡음의 '정'正자가 들어 있으며, 두 글자가 발음도 같으니, 단순한 글자풀이 같이 보이기도 한다. 그러나 이 글자풀이에는 정곡을 찔러 본질적 의미를 각성시켜주는 날카로운 통찰이 드러난다.

정치지도자가 자신을 바로잡으면 모든 행정이 바로잡아질 수 있다는 말은 지극히 당연한 원론적 선언이라 새삼스러울 것이 전혀 없는 것 같지만, 현실에서는 가장 절실한 문제의 근원을 짚어주는 말이기도 하다. 정치지도자로서 독선과 자만과 사욕에 빠지지 않은 인물이 과연 얼마나 있는가. 역사를 돌아보고 현실을 둘러봐도 결코 쉽게 찾아지지 않는 것 같다. 지도자가 포용력과 겸허함과 공정함으로 자신을 바로잡았다면 그 시대의 정치가 결코 그처럼 혼탁하고 분열되어 어지럽지는 않았을 것임은 누구나 분명하게 짐작할 수 있다.

'바로잡음'이 정치의 근본원리를 제시하는 것이라 하더라도 복잡하기 그지없는 정치를 '바로잡음'이라는 한마디로만 설명할 수는 없다. 동양고전에서 정치가 무엇인지 어떻게 해야 하는지를 설명하면서 비유로 언급한 경우가 많다. 이 비유들을 보면 정치의 방법과 원칙을 좀더 쉽게 이해할 수 있을 것으로 보인다.

노자는 "큰 나라를 다스리는 것은 작은 생선 삶는 것과 같다"治大國, 若烹小鮮.(『노자』, 60장)고 하였다. 작은 생선을 끓일 때에는 생선의 형태가 부서지고 않도록 자주 뒤적이지 말아야 한다. 이처럼 큰 나라를 다스리면서도 자주 법을 바꾸며 정치적 조작을 하려들면 나라의 질서가 무너진다는 것을 경계한 말이다. 정치에서 큰 방향을 확고하게 세우지 못하고서 대중의 인기에 영합하려고 온갖 문제를 들추어내어 끝없이 뒤집으며 조작하려들면 그 정치가 바로 잡힐 리가 없는 것은 당연하다.

　노자는 정치의 기본원칙을 제시해준 것이다. 이에 비해 춘추시대 정鄭나라의 현명한 대부인 자산子産은 정치인의 자세를 비유로 설명하여, "정치란 농사짓는 것과 같다"政如農功,〈『左傳』, 襄公 25년〉고 말한 일이 있다. 농사꾼은 밤낮으로 자기 논밭에서 농사짓는 일을 생각한다. 언제 어느 땅에 무슨 씨를 뿌려야 할지 어떤 좋은 품질로 얼마나 많이 수확해야할지 골똘히 궁리하여 계획하고, 그 계획을 처음부터 끝날 때까지 잊어버리는 일이 없다. 또한 아침저녁으로 자기 논둑과 밭둑 안의 곡식과 채소 한포기 한포기를 꼭 같이 골고루 보살피면서 김매고 물대고 거름주기를 쉬지 않는다. 그런데 선거철이 되면 정치를 하겠다고 나서는 사람들은 제각기 거창한 포부와 계획을 공약으로 내걸고 목이 쉬도록 외친다. 그런데 막상 당선되고 나면 과연 그 공약의 씨앗을 뿌리기나 했는지조차 확인하기 어려운 경우가 많다. 하물며 그 논밭에서 물대고 김매는 고된 노동의 수고를 하는 것이 아니라, 다른 동네에 가서 이권을 챙기느라 바쁘니, 그 논밭에 곡식이 제대로 자라는지 돌볼 시간이 없을 것이다. 그러고나서 과연 임기를 마치는 가을에 자신이 내걸었던 공약의 결실을 제대로 추수할 수 있겠는가. 우리의 정치인들이 소박하고 정직한 농사꾼의 삶에서 분명 배워야 할 점이 많을 것이라 믿는다.

입을 작게 줄이고 귀를 크게 열자

 조선시대를 이끌어갔던 지성인으로서 선비의 이념은 '의리'義理였다. '의리'는 불의에 타협하거나 굽히지 않는 엄중한 비판의식에 바탕을 두는 것이니, 우리시대의 용어로는 '정의'라 할 수 있다.
 맹자는 '옳은지 그른지를 분명하게 가리는 마음'是非之心에서 의리가 싹트는 것이라 하였다. 옳은 것을 취하고 그른 것을 버리는 확고한 가치판단을 지켜간다면 정의로운 세상을 실현하기도 그리 어렵지는 않을 것이다. 인간에게는 양심과 상식이 있으니 건전한 지성인이라면 누구나 옳은 것을 보면 옳다하고 그른 것을 보면 그르다고 하는 것이 지극히 당연하다는 믿음이 있다.
 그런데 문제는 선비들 사이에 의견이 갈라지자 서로 자신이 옳고 상대편이 그르다는 주장이 맞서게 되어 시비의 판별이 어지러워지게 되는

데서 발생하였다. 자신은 진리요 상대방은 허위이며, 자신은 '군자'요 상대방은 '소인'이라고 맞붙어 싸우게 되면 누가 그 옳고 그름을 판단해준단 말인가. 어쩌면 다수의 대중이 판단해준다는 '공론'公論을 기대해볼 수도 있을 것이다. '공론'은 요즈음 말로 '여론'에 해당될 터이다. 그렇지만 대중들이 이쪽 편에 서거나 저쪽 편에 서서 갈라지면, '공론'이라는 것도 믿을게 못된다. 어느 쪽 목소리가 큰지, 어느 쪽 기세가 거센지에 따라 이쪽으로 기울어지기도 하고 저쪽으로 기울어지기도 하니, '의리'라는 것도 구호에 불과하고 '공론'도 세력에 불과하다. 요즈음 거리에서 어깨띠를 두르고 떼 지어 다니거나 촛불을 들고 떼 지어 모여들어 모두가 자기 주장만 옳다고 외치며 기세를 올리고 있는 광경과 다를 바 없다.

선비들 사이에 신념을 달리하면서 무리를 지어 붕당朋黨이 이루어지고, 서로 대립하여 당쟁黨爭을 한번 시작하자, 잠깐 사이에 온 나라가 둘로 갈라지고 넷으로 갈라지며 끝없이 분열과 갈등을 계속하였다. 당파마다 제각기 절대로 양보할 수 없는 정당한 명분을 내걸고 있으니, 상대방은 죽어야 마땅하다고 주장하게 된다. 임진왜란으로 온 나라가 초토화되고 백성들은 도륙을 당하는 참혹한 현실에서도 '죽일 놈'은 왜적에 앞서 먼저 상대편 당파를 지목하여 목청을 높였다.

국경 의주까지 밀려난 국가존립의 위기에서도 집요한 당파의 대립을 그치지 않는 사실을 지켜보면서 선조임금은 눈물을 흘리며 지었던 시에서, "의주땅 물가에서 달을 보며 통곡하고/ 압록강 바람에도 가슴을 앓는구나/ 조정 신하들이여, 오늘의 처지를 겪고서도/ 또다시 동인이니 서인이니 하려드느냐"痛哭龍灣月, 傷心鴨水風, 朝臣今日後, 寧復更西東라고 읊었다.

인조임금은 선조임금의 이 시를 읊조리며, "그렇다. 병란(兵亂)이야 언젠가 멎을 때가 있겠지만, 붕당은 멎을 기약이 없으니, 그 피해가 수재나 병란보다도 더 심한 것이다"라 탄식하였다 한다.〈『국조보감』〉 자신의 당파만이 진실하고 정당하고 선하다는 확신으로 당파적 신념에 목숨을 걸고 있는 인물들에게는 나라가 망하는 것보다 당론을 지키는 것이 더 소중했던 것인지 모르겠다.

  당쟁으로 국론이 분열되어 사회적 혼란이 심화되자, 이를 치유하기 위한 노력도 일찍부터 제기되었다. 율곡은 당쟁의 초기에 동인과 서인의 양쪽을 화합시키고 각자 자기만 옳다고 주장하는 독선을 해소하기 위해 양쪽 모두 옳은 점도 있고 양쪽 모두 그른 점도 있다고 지적하는 '양시양비론'兩是兩非論을 제시하여, 당쟁의 양쪽 주장을 조정하려고 노력을 했었다. 그러나 그 결과는 양쪽 편으로부터 동시에 의심과 비난만 받는 것이 되고 말았다.

  가장 적극적으로 당쟁의 해소를 위한 정책을 제시하였던 임금은 영조이다. 영조는 탕평책蕩平策을 제시하여 어느 한 쪽에 기울어지지 않고 양쪽의 인재를 고루 등용하기도 하였다. 이 시대에 젊은 대학생들까지 당파적 대립에 휩쓸리자 영조는 1742년 대학(성균관) 입구에 "두루 친밀하지만 당파지어 추종하지 않는 것은 군자의 공정한 마음이요, 당파지어 추종하지만 두루 친밀하지 않는 것은 소인의 사사로운 생각이다"周而不比, 乃君子之公心, 比而不周, 寔小人之私意라고 돌에 새긴 '탕평비'蕩平碑를 세워 경계하였다. 심지어 이 시기에 여러 음식자료를 뒤섞은 요리로 '탕평채'蕩平菜가 등장하기도 하였다.

  '탕평'이란 말은 『서경』 홍범洪範편에서 은殷나라의 기자箕子가 주周나라의 무왕武王에게 정치의 9범주를 제시하면서 그 중심으로 왕도王道의 기준인 '황극'皇極을 설명한 말 가운데, "치우침이 없고 당파 짓지 않으면 왕도는 넓게 툭 터지고, 당파 짓지 않고 치우침이 없으면 왕도는 평탄하다" 無偏無黨, 王道蕩蕩, 無黨無偏, 王道平平라는 구절에서 '넓게 툭 터지고'蕩蕩 '평탄하다'平平는 말을 끌어온 것이다.

영조의 탕평정책을 계승한 정조임금은 자신의 침실을 '탕탕평평실'蕩蕩平平室이라 이름을 붙이고 크게 써서 벽에 걸어놓기도 하였다. 이렇게 임금이 '탕평'을 위해 정성을 기울이는데도 불구하고 당파적 주장에 강경한 인물들은 '탕평'을 외면하고 일부의 온건론자들만 참여하였으니, 탕평책으로 당파의 대립이 해소된 것이 아니라 '탕평당'蕩平黨이라는 또 하나의 당파로 취급되고 말았던 것이 현실이다.

당쟁을 완화하여 국론을 통합해보려고 온갖 노력이 있었지만, 한번 시작된 당쟁은 갈수록 뿌리가 깊어져 당파가 다르면 서로 혼인을 하지 않고 의복제도까지 달리하면서 온 나라를 사분오열로 갈라놓고 수백년 이어가다가 마침내 나라가 망하고서야 잠잠해졌다. 한마디로 당쟁은 조선시대가 앓았던 망국에 이를 수 밖에 없는 고질병이었던 것이다.

그런데 왜 당쟁은 갈수록 깊어지기만 하고 해소될 수 없었던 것일까? 당파가 대립하고 분열하는 원인을 돌아보면 그 겉으로 드러나는 명분은 자신이 옳다는 확신이지만 그 속으로 감추고 있는 실상에는 세력과 이권을 차지하려는 욕심이 깃들어 있다. 말하자면 밥그릇을 제가 차지하려고 다투면서 예법과 의리를 내세워 상대방을 꾸짖고 자신만이 정당하다고 내세우는 것이다. 자기 신앙만 진리라고 주장하는 종파주의나 자기 견해만 정당하다고 주장하는 독선적 개인과 집단은 모두 당파적 심리에 뿌리를 두고 있다. 이런 당파적 심리는 바로 나는 살고 너는 죽어야 한다는 상극相克의 논리요 서로 함께 어울려 살자는 상생相生의 논리가 아니다.

누가 현대인을 물질적 욕심만 가득하고 정신적 사유는 빈곤하다 하여 배는 크고 머리는 작은 기형아로 그려내었는지 모르겠지만, 당파적 대립에 빠진 인간들은 자기주장만 내세우고 상대방의 견해는 이해하려들지 않으니 입만 크고 귀는 없는 기형아로 그려낼만 하다. 그렇다면 당쟁을 해소하는 길은 자기주장의 목청을 낮추어 입을 작게 줄이고 남의 주장도 알아들을 수 있도록 귀를 뚫어주어야 하지 않겠는가. 자기 말을 잘하는 '달변'達辯을 미덕으로 높일 것이 아니라, 남의 말을 잘 알아듣는 '이순'耳順을 진정한 미덕으로 높이도록 어릴 적부터 교육을 시켜야 하고, 사회적으로 확신시키는 것이 중요한 과제일 것 같다. 입장을 바꾸어 남의 마음을 이해해주는 '역지사지'易地思之의 자세가 우리 역사 속에서도 너무 부족하여 당쟁의 혹심한 폐단을 일으켰지만, 오늘의 우리 현실에서도 여전히 일방적 주장의 투쟁구호만 요란하고 상호이해의 대화는 결핍되어 사회적 통합의 길이 보이지 않는 것이 아닐까? 서로 자기주장의 목청을 낮추고 상대방을 향해 귀를 크게 열기만 한다면, 정당의 극단적 대결이나 노사의 갈등도 풀리고, 세대간의 견해차도 완화되고, 남북의 대립도 해결될 수 있지 않을까? 이전투구泥田鬪狗의 진흙탕에서 벗어나 툭 터지고 평탄한蕩蕩平平 대로에 올라서기 위해서는 지금부터라도 우리가 입을 작게 줄이고 귀를 크게 여는 연습부터 시작해야 할 것 같다.

07

교육이 바로 서야

한국인은 교육열에서라면 세계 어느 나라보다 앞선다고 자부할만 하다. 과외열풍과 치마바람도 거세게 불고, 가계에서 교육비부담의 비중도 경이적이다. 조기유학을 시키기 위해 기러기가족도 즐겨 감내한다. 대학진학율도 세계 최고라 한다. 이 교육열이 낙후된 사회를 유례없이 빠르게 성장할 수 있는 동력이 되었다는 사실도 누구나 동의하고 있다. 그런데 이렇게 뜨거운 교육열이 과연 교육의 질을 그만큼 높이고 있는지는 의문이다. 교육현장인 교실이 붕괴한다는 소리가 들리니, 교육의 열기와 교육의 수준은 톱니가 어긋나 겉돌고 있는 것이 아닌지 걱정하지 않을 수 없다. 우리 사회에서 신앙의 열기는 불길처럼 뜨거운데, 과연 그 불길로 무슨 바람직한 종교문화를 녹여서 생산해내고 있는지 의심스러운 것도 마찬가지 경우이다.

원효대사는 "부지런히 수행하더라도 지혜가 없는 자는 동쪽으로 가고자 하면서도 서쪽으로 가고 있다"雖有勤行, 無智慧者, 欲往東方, 而向西行고 경고하였던 일이 있다. 헌신적으로 노력하고 있지만 올바른 판단을 못하면 완전히 방향착오에 빠져 뜨거운 열정으로 열심히 노력할수록 전혀 엉뚱한 결과를 초래할 것이라는 지적이다. 이제는 우리의 교육열기나 신앙열정도 그 방향이 제대로 된 것인지, 문제가 어디에 있는지 진지하게 성찰해야 할 때가 되지 않았을까?

국민세금으로 학교에 무료급식을 하고 대학등록금을 반으로 깎아주겠다는 정책은 어긋난 방향을 바로잡아보겠다는 처방은 아닌 것 같다. 병자에게 병의 원인을 찾아 견디기 힘든 고통을 겪더라도 근원적 치료를 하도록 돕는데는 관심이 없고, 병자의 욕구를 충족시켜 잠시 즐겁게 해주려는 것이니, 그렇게 한다고 병이 결코 낫지는 않을 것이다. 건강한 상태가 무엇인지 확실히 알아야 병을 치료하기 위한 방향을 찾을 수 있는 것처럼, 교육의 문제를 바로잡으려면 교육의 진정한 모습이 무엇인지부터 재확인할 필요가 있다.

퇴계는 53세 때 성균관 대사성大司成으로 사학四學의 스승과 학생들을 훈계하는 글(「諭四學師生文」)을 지어 보냈던 일이 있다. 여기서 퇴계는 "학교는 풍속을 감화시키는 근원이요, 선善의 모범이 되는 자리이며, 선비는 예법과 의리의 근본이요 원기元氣가 깃든 곳이다"學校, 風化之原, 首善之地, 而士子, 禮義之宗, 元氣之寓也라 하였다. 먼저 학교는 그 사회의 기풍을 건전하게 이끌어가는 방법을 밝히는 곳이요, 선의 모범을 제시하는 곳이라 지적하였다. 교육은 바로 한 사회가 지향하는 문화와 도덕의 기준을 정립하는 것임을 확인하고 있다. 한 사회가 추구하는 가치의 이상이 있다면, 그 가치기준은 교육을 통해 밝혀져서 사회전반에 퍼져나가 실현될 수 있어야 한다는 것이다. 교육이 지식을 전달하는 기능으로 끝나는 것이라면 그 사회는 지향할 가치기준이 없는 될대로 되라식 사회임을 뜻한다. 과연 우리사회가 학교에서 교육을 통해 어떤 가치를 확인하고 있으며 실현하려고 하는지 묻는 것이 근본적이고 시급한 과제가 아닐 수 없다.

또한 선비 곧 교육을 받는 학생이란 예법의 행동규범과 의리의 도덕원리를 지키는 주체요, 국가의 생명력이라 지적하였다. 한 나라가 문화적 품격을 지킬 수 있는지, 그리고 강건한 생명력을 발휘할 수 있는지는 젊은이들이 교육을 제대로 받았는지에 달려 있다는 것이다. 교육 받은 젊은이들이 예의바르고 강건한 기상이 있으면, 그 나라는 품격있고 원기왕성하게 성장할 수 있지만, 젊은이들이 무례하고 향락적이며 나약하면 그 나라의 풍속은 천박하고 기상은 비루할 것임은 지극히 당연한 일이다. 그만큼 교육이 나라의 장래와 명운에 직결된 것이니, 교육은 '국가의 백년대계'라 말하는 것이다. 교육이 건실하면 나라가 강성할 것이고, 교육이 퇴폐하면 나라도 붕괴할 것임을 새삼 각성할 필요가 있다.

퇴계는 당시 조선사회에서도 교육의 현장인 학교에서 스승은 엄격하고 학생은 스승을 공경하여 따라야 하는 본분을 잃어, 스승 보기를 길 가는 사람 보듯 하고, 학교 보기를 밥이나 공짜로 먹고 잠시 쉬어가는 주막 보듯 하는 현실을 심각한 위기로 지적하였다. 우리시대에도 교육의 위기가 뿌리깊이 자리잡고 있는 것 같다. 이렇게 교육현장이 퇴폐하게 된 원인은 학생의 방종하고 나태함에만 있는 것이 아니다. 스승이 책임을 저버리고 존경심을 잃은 데에도 원인이 있고, 학부모가 이기적이고 탐욕적인데도 원인이 있으며, 학교경영자나 국가가 교육의 목적을 망각하고 외형만 추구해온 데도 원인이 있다.

　우리 사회의 교육현실이 위기에 놓였다고 인식한다면, 그 원인이 무엇인지 진단하고 어디서부터 바로잡을지 처방하는 대책이 시급하다. 시험과목이나 입시제도만 바꿔본다고 교육이 바른 길을 찾아갈 수 있는 것도 아니고, 무료급식하고 등록금을 내려준다고 교육이 제대로 이루어질 것도 아니다. 우리사회가 지향하는 가치가 무엇인지 확인하고 교육의 목표부터 확인하여 공감을 얻어야 할 것이다. 사회의 이상과 교육의 목표가 분명하지 않으면 방향도 없이 뛰어나가라고 요구하는 격이다. 지식을 가르치고 배우는 것으로 역할을 다했다고 한다면 애국심도 없는 용병집단의 군대를 유지하는 것이요, 인술仁術이나 정의감은 없이 의학이나 법학지식으로 재산과 지위만 추구하는 집단을 만들어놓지 않을 수 없다.

　교육이 바로 서야 나라가 바로 설 수 있음을 각성하는데서 시작해야 한다. 이때 우리 사회의 뜨거운 교육열이 제 방향을 찾아 분출될 수 있도록 이끌어주는 것이 바로 국가의 책임일 것이다. 교육현장에서 무엇보다 스승의 역할이 중요하다. 스승이 본보기를 보이고 성실하여 학생의 존경심을 받을 때 교육이 제대로 이루어질 수 있을 것이고, 스승 노릇하는 가장 큰 보람을 얻을 수 있을 것이다. 교편을 잡은 교육자가 존경을 받지 못하고 생계를 꾸려가는 하나의 직장인으로 전락하고 말면 교육의 뿌리가 병들고 말게 된다. 어떤 의미에서 교육자는 교육의 제단에 자신의 인생과 열정을 바치는 성직자가 아닐까. 성직자가 타락하면 다른 사람들 보다 더 추악하게 보이는 것처럼, 교육자가 타락하면 다른 사람들보다 더 심한 비난을 받을 수밖에 없는 것은 그만큼 교육이 신성하기 때문일 것이다.

08

신뢰의 기초 위에 세워지는 사회

　공자는 제자 자공(子貢)이 정치에 대해 묻자, "식량을 넉넉하게 하고, 군비를 충실하게 하며, 백성이 신뢰하게 하는 것이다"足食, 足兵, 民信之矣.《논어》, 顔淵)라 하여 정치의 세가지 기본과제로서 요즈음 말로 경제와 국방과 사회통합을 제시하였던 일이 있다. 이때 자공은 스승에게 부득이 버려야 한다면 무엇부터 버릴 것인지 다시 물었는데, 공자는 먼저 군비兵를 버릴 수 있고, 다음에 식량食을 버릴 수 있다고 하면서, "예로부터 모두가 죽게 되지만, 백성은 신뢰가 없으면 분발하여 일어날 수 없다"自古皆有死, 民無信不立고 역설하였다.
　먹을 것이 있고 적의 침해를 막을 수 있어야 한다는 것은 인간의 기본적 생존조건이다. 경제와 국방이 튼튼하게 갖추어져야 나라가 지탱될 수 있는 것은 당연한 일이다. 그런데 한 나라의 '백성'民이라면 그 나라의 법질서와 통치에 대한 신뢰가 있어야 '백성'으로 결속이 되는 것임을 주목하고 있는 것이다. 백성이 신뢰를 잃으면 흙담이 무너지듯이 뿔뿔이 흩어지고 말아 '백성'이랄 수도 없다는 사실을 말해주고 있다.

19세기 말 일제침략에 저항하여 의병운동을 주도하였던 유학자 유인석毅菴 柳麟錫은 나라가 극심하게 병이 든 현실을 지적하고 그 치료법을 찾으면서, "신뢰란 백성이 성품으로 삼는 바이다. … 백성이 신뢰하면 나라가 일어서겠지만, 백성의 신뢰가 없으면 비록 식량이 넉넉해도 먹일 수 있겠으며, 비록 군비가 튼튼해도 쓸 수 있을 것인가?"〈「國病說」〉라 언급하였다. 백성의 신뢰를 받지 못하고서는 나라를 부유하게 하고 군비를 강성하게 한다는 것은 공허한 말이라는 것이다. 부강한 나라도 백성의 신뢰를 잃으면 혼란에 빠지고 마침내 붕괴하는 사실은 역사 속에서 흔히 볼 수 있는데, 하물며 쇠약하고 병든 나라가 일어설 수 있기를 바란다면 그것은 환상일 뿐이라는 말이다.

송나라의 사마광司馬光도 "나라는 백성에 의해 보존되고, 백성은 신뢰에 의해 보존된다"國保於民, 民保於信,〈『資治通鑑』〉고 하였다. 신뢰가 없으면 백성이 흩어지고, 백성이 흩어지면 나라도 기울어질 수밖에 없음을 말한 것이다. 국민의 마음속에 정부에 대한 신뢰가 일어나면 민심이 안정될 것이고, 민심이 안정되면 나라도 안정될 수 있다. 그러나 민심이 불안하고 동요하는데 나라를 발전시키겠다고 무슨 거창한 정책을 펼치려 한들 모래 위에 집을 짓는 격이 되고 말지 않겠는가.

국민이 정치현실에 절망하여 모두 기회만 있으면 이민을 가고 싶어 하는 사회라면 나라는 있어도 나라꼴이 아닐 것이고, 백성은 있어도 애국심은 찾아볼 수 없으니 백성이라 하기도 어려울 것이다. 그렇다면 정치를 하겠다고 나서는 사람들은 무엇보다 먼저 백성의 신뢰를 받을 수 있어야 하지 않겠는가. 그런데 우리 사회를 돌아보아도 정치인들은 선거철이면 나라와 백성을 위해 한 목숨 바쳐 헌신할 듯이 하다가, 당선만 되면 공약公約은 공약空約으로 버려두고 당리당략만 따르거나 사리사욕에 빠져있는 모습을 보여주는 경우가 많으니, 이렇게 하고서야 백성의 신뢰를 받기 원한다면 나무 위에서 물고기를 찾는 것과 다를 바가 없을 것이다.

문제는 어떻게 하면 백성의 신뢰를 얻을 수 있는가에 달려 있다. 공자는 한 나라를 이끌어가는 방법으로 가장 먼저 '공경하고 신중히 일을 처리하여 백성이 신임하게 할 것'敬事而信을 강조하였다. 정약용茶山 丁若鏞은 '공경하고 신중히 일을 처리한다'敬事는 말에 대해, "그 시작에서 끝마침까지를 생각하고, 그 도중에 발생하게 되는 폐단을 헤아려, 막히거나 흔들림이 없게 하는 것을 말한다. 그렇게 한다면 백성들이 신임할 것이다"〈『論語古今註』(學而)〉라 해석하였다. 전체적인 계획을 이치에 맞게 수립하고, 실행과정에서 발생할 수 있는 온갖 문제점을 치밀하게 점검하며, 중간에 장애나 동요가 없도록 하여 일관하게 시행할 수 있어야 백성들의 신뢰를 얻을 수 있다는 것이다.

요즈음 우리 사회를 둘러보아도 국가적 큰 사업을 추진하면서 졸속한 계획으로 착수하거나 지역의 이해관계에 따라 결정되어, 시작부터 시비가 많아 국론이 분렬될 지경에 이르고 있다. 뿐만 아니라 두고두고 여러가지 폐단이 발생하기도 하고, 사방에서 저항을 받다가 계획을 변경하고 시행을 연기하다가 엄청난 비용만 허비하게 되는 사례를 자주 보게 된다. 그러고도 아무도 책임지는 사람도 보이지 않으니 어떻게 믿음이 가겠는가?

신뢰는 하루 아침에 이루어지는 것이 아니다. 여러 번 겪어보면서 믿음이 점점 두터워지는 것이다. 그렇다면 믿음을 싹트게 하는 출발점은 무엇인가? 신뢰의 '신'信이라는 글자는 사람人의 말言을 뜻한다. 그 사람이 한번 입에 올린 말이 사실로 드러나면 믿음이 생기게 되고, 그의 말이 거듭하여 사실로 드러나면 믿음이 점점 쌓이고 굳어진다. 그런데 말과 행동이 다르고 말과 실지가 다르면 속았다는 생각이 들기 마련이다. 한두 번 속다보면 믿음이 사라지면서 의심만 증폭될 수밖에 없다. 양치기가 거짓말을 한두 번 하면 나중에는 참말을 해도 아무도 믿지 않게 된다. 정치인이 국민의 신뢰를 받으려면 정직하게 말하고 또 자기 말을 실행하며 책임지는 것으로 시작할 수 밖에 없을 것이다.

개인과 개인 사이에도 신뢰가 있으면 서로 마음이 소통하여 친밀한 사이가 될 수 있으니, '붕우유신'朋友有信은 바로 친구 사이의 덕이 신뢰에 있음을 말해주고 있다. 그러나 믿음이 없으면 서로 경계하고 쉽게 오해가 일어나 서로 비난하거나 갈등을 일으켜 대립과 분열이 일어나게 된다. 조선시대 수도 서울을 처음 설계한 사람은 동서남북의 사대문을 '인·의·예·지'仁·義·禮·智의 덕목으로 이름붙이고서 그 중앙에 보신각普信閣을 자리잡게 하였으니, 서로를 소통시켜주고 결속시켜주는 신뢰의 덕은 모든 덕목의 중심이 되는 것임을 보여준다. 이처럼 한 국가와 사회는 백성들의 신뢰가 있어야 통합될 수 있다는 것이다.

오늘의 우리 사회는 이미 불신이 깊이 뿌리를 내려 국가의 병國病이 되고 있는 것이 아닐까? 정부기관이 시책을 발표해도 다른 의도가 있지 않은지 의심하게 되고, 정당이 정견을 내세워도 속셈이 무엇인지 의심하게 된다. 상품광고는 아예 믿을 수 없는 것으로 치부하고, 의사의 진료도

과잉진료가 아닌지 불안하고, 법관의 판결도 공정한 판결이라 안심하지를 못한다. 학교나 종교단체에 이르기까지 불신이 전염병처럼 사회 구석구석에 퍼져 있으니, "세상에 믿을 놈이 없다"는 냉소적 발언이 입버릇이 되고 있는 것 같다. 우리 사회에서 불신의 병을 치료하지 않고는 경제성장도 선진국진입도 자주국방도 복지사회도 모두 공중누각이 될 수밖에 없다는 생각이 든다.

주합루宙合樓를 바라보며

조선시대 궁궐로 후원이 가장 아름다운 궁궐은 창덕궁昌德宮이다. 그 창덕궁의 후원에서도 가장 빛나는 대목은 부용지芙蓉池 연못을 둘러싼 풍광이라 생각한다. 그래서 창덕궁을 찾아갈 때마다 언제나 이곳에서 오래 머물고 쉽게 일어나지 못하게 된다. 연못을 사이에 두고 북쪽에는 번듯한 이층 누각이 위엄있고 자애롭게 남쪽을 굽어보고, 남쪽에서는 작아서 아담하지만 귀품있는 수정水亭이 두 팔을 연못 속에 잠그고서 공손하게 엎드려 북쪽을 바라보고 있는 듯하다. 마치 임금과 신하가 마주하여 정사를 논하는 자리에 들어선 것 같은 느낌도 든다.

북쪽의 이층 누각은 주합루宙合樓요 규장각奎章閣이 들어 있던 건물이다. 정조임금은 1776년 왕위에 오르자 가장 먼저 주합루를 세우고, 임금의 어진御眞, 어제御製, 어필御筆, 보책寶册, 인장印章을 간직하도록 하였고, 이

곳에 규장각奎章閣을 설치하여 학자들을 양성하고 학문수준을 향상시키기 위해 정성을 기울였던 곳이다. 규장각의 설치문제는 일찍이 세조 때 양성지梁誠之가 건의했던 일도 있고, 숙종은 1694년 어필로 편액扁額까지 썼지만 이루지 못했는데 정조 때 와서 규장각이 세워졌던 것이다.

부용지 연못을 돌아 주합루에 오르려면 일주문처럼 기둥이 둘인 대문이 있는데 문의 이름이 '어수문'魚水門이다. 물고기와 물의 관계는 물고기 쪽으로 보면 떠나서는 살 수 없는 필수불가결한 조건이다. 원래 '어수'魚水라는 말은 『삼국지』三國志; 蜀志의 '제갈량전'諸葛亮傳에 유비가 제갈량을 너무 친애하는 것을 보고 관우와 장비가 좋아하지 않자, 유비가 이들을 타이르면서 "나에게 제갈량이 있는 것은 물고기에게 물이 있는 것과 같다"孤之有孔明, 猶魚之有水也고 말한데서 유래하는 것이다. 현명하고 유능한 신하 없이는 임금 자신이 존립할 수 없음을 말하는 것이니, 임금으로서는 신하를 얼마나 소중히 여기고 잘 선택해서 써야하는지를 말해주는 것이라 보인다.

그래서 어수문 앞에 연못이 있다는 것이 너무 잘 어울린다. 정조는 이 연못에 비단 돛을 단 채색한 배를 띄우고 꽃을 감상하거나 고기를 낚기도 하였다 한다. 연못 이름은 부용지芙蓉池요, 부용은 연꽃이다. 송나라의 주렴계周濂溪는 연꽃을 사랑하여 「애련설」愛蓮說을 지었는데, "국화는 꽃 중에 은둔한 자요, 모란은 꽃 중에 부귀한 자요, 연꽃은 꽃 중에 군자인 자다"菊花之隱逸者也, 牡丹花之富貴者也, 蓮花之君子者也라 하였으니, 연꽃은 군자의 상징이라 할만하다. 연못에 청초하고 향기가 은은한 연꽃이 가득 피어나듯이 신하들에 소인배가 아니라 군자들이 모여들기를 바라는 마음으로 '부용지'라 이름붙인 것이 아니었을까? 그러고 보니 부용정 정자는 연못에서도 가장 아름다운 연꽃 한 송이가 우뚝하게 피어오른 모습을 형상화한 것이라는 생각도 든다. 임금을 도와 한 시대를 이끌어가는 어진 재상의 모습일 것 같기도 하다.

'규장각'이란 명칭은 숙종이 정해놓은 것이고 편액까지 어필로 써두었던 것이지만, '주합루'의 명칭은 정조가 정한 것이고 편액도 정조의 어필이다. 그런데 '주합루'는 정조가 왕위에 오르기 전인 세손世孫시절부터 어디에 있었던 것 같다.

정조가 세손 시절 자신이 연구하며 노닐던 곳을 '주합루'라 이름붙이고, 강학하던 곳을 '홍재'弘齋라 이름 붙이자, 세손의 우빈객右賓客이었던 서명응徐命膺은 세손을 위해 「주합루기」宙合樓記와 「홍재기」弘齋記를 짓고서 그 뜻을 사(詞)와 시(詩)로 읊기도 하였다. 정조의 세손시절 주합루가 어디였는지는 모르겠지만, 왕위에 오른 뒤에 곧 바로 주합루를 세웠던 사실을 보면 정조가 '주합'이라는 명칭에 오랜 기간 깊이 생각하고 자신의 정치철학으로 받아들였던 것이라 볼 수 있을 것 같다.

그런데 '주합'이라는 말은 좀 생소했던 보다. 정조시절 규장각 검서관檢書官을 지냈던 북학파 실학자 이덕무李德懋는 규장각 윗층의 주합루는 정조임금이 이름붙인 것인데 세상 사람들이 그 뜻을 모른다고 염려하여, '주합'이라는 말이 『관자』管子 '주합'宙合편에서 나온 말임을 소개하기도 했다. 『관자』에서는 '주합'의 뜻을 풀이하여, "위로는 하늘의 위로 통하고, 아래로는 땅의 아래까지 내려가며, 밖으로는 사해의 바깥까지 나가, 천지를 둘러싸서 하나의 보따리로 만들어 놓는 것이다"上通于天之上, 下泉于地之下, 外出于四海之外, 合絡天地以爲一裹라 하였다. 만물은 천지 속에 들어 있고 천지는 '주합' 속에 들어 있다고 하니, '주합'이란 천지와 만물을 모두

싸안고 있는 우주를 말하는 것이다. 정조임금의 포부가 참으로 컸음을 엿볼 수 있다. 우리나라에 이런 생각을 지닌 임금이 있었다는 사실이 자랑스럽다.

　정조가 세손 시절 자신이 독서하고 사색하던 곳이나 왕위에 오른 뒤에 임금의 초상과 글과 글씨를 간직하고 학자들이 연구하는 건물에 '주합루'라 이름 붙였던 데는 깊은 뜻이 간직되어 있는 것 같다. 온갖 다양한 이해와 주장들이 부딪치는 현실 앞에 선 통치자로서, 마치 온갖 소리를 절제하고 조화시켜 아름다운 음악으로 이루어내는 지휘자처럼, 모든 것을 두루 포용하여 조화로운 세상을 이끌어내겠다는 큰 뜻을 품었던 사실을 알 수 있다. "임금이 온갖 소리의 악기를 조절하여 음악을 이루어내면, 신하는 온갖 맛의 재료로 음식을 만들어 낸다"左操五音, 右執五味는 『관자』의 말을 음미하면서, 통치자로서 임금의 덕은 무엇보다 모든 것을 감싸 안는 포용력을 발휘하는데 있음을 절실히 확인하였던 것이라 하겠다.

　이 점에서 선왕인 영조의 정치철학은 당쟁의 갈등을 잠재워 화해시키는 '탕평'蕩平을 추구하는 것이었다면, 정조의 통치철학은 한 걸음 나가 더욱 적극적으로 모든 대립을 감싸서 하나로 조화롭게 통합하겠다는 '주합'宙合을 추구하는 것이라 할 수 있다. 정조의 꿈은 우주적 통합을 실현하는 이상사회였지만, 현실에서 신하들은 여전히 붕새의 큰 뜻을 모르는 참새의 아집我執에서 헤어나지 못하고 당파적 이해에 매달려 있었으니, 창덕궁 주합루에서 내다보면 부용지에는 향기로운 연꽃이 제대로 피어나지 못했던 것이 아닐까? 착찹한 생각이 부용정과 어수문 사이를 오랫동안 방황하게 한다.

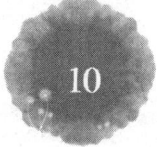

과연 인간의 본성은 선한가?

영화 「글레디에이터」에서는 로마시대에 성행하던 검투경기장의 풍경을 잘 보여주고 있다. 황제로부터 서민에 이르기까지 거대한 원형경기장 콜로세움을 가득 메운 로마의 관중들은 인간이 인간을 살육하는 장면을 보면서 열광하고 있는 광경이 너무나 생생하다. 하기야 오늘날에도 사람과 사람이 서로 주먹으로 치고 발로 차는 온갖 격투기가 대중들의 인기를 모으고 있을 뿐만 아니라, 올림픽 경기종목에까지 버젓이 올라 있다. 이처럼 인간에게는 다른 인간을 폭행하거나 살육하는 것을 즐거워하는 가학성加虐性이 심성의 바닥 깊은 곳에 뿌리내리고 있음을 알 것 같다.

인류의 역사를 돌아보면 인간은 자기 나라의 영역을 넓혀가기 위해 남의 나라를 침범하여 대량살상을 저지르는 전쟁을 끊임없이 일으켜 왔다. 그 뿐만 아니라 자신이 옳다는 정치적 신념에 따라 '정의'라는 명목을 내걸거나 종교적 신념에 따라 '신'의 이름을 내걸고 다른 인간을 참혹하게 죽이기도 하였다. 더구나 정신병자도 아닌 멀쩡한 인간이 재미로 남을 괴롭히거나 죽이기를 즐기고 있다는 사실을 보면 인간이 얼마나 가증스럽고 사악한 존재인지 놀랍지 않을 수 없다. 과연 그런데도 인간의 본성을 선하다고 할 수 있는가?

사람들은 권력과 재산을 더 많이 차지하고 오래 지키기 위해 남의 것을 빼앗거나 남을 해치기도 한다. 그러나 이런 짓이야 약육강식弱肉强食의 생존경쟁을 위해 진흙탕에서 싸우는 개처럼 살아가는 조직폭력배들이나 정치인들이 보여주는 추악한 모습일 것이다. 선량하게 살아가는 사람들은 누구나 이러한 행동을 더럽게 여긴다. 그런데 한창 천진난만하게 뛰놀며 자라나고 있어야 할 초등학교 어린이들이나 청운의 꿈을 꾸기 시작할 중학생 소년들이 같은 교실에서 함께 배우는 친구들을 따돌리고 폭행하고 갈취하는 짓을 태연하게 저지르고 있다. 그래서 괴롭힘을 견디다 못해 어린 아이가 스스로 목숨을 끊는 일까지 일어나는 현실을 보면서 누구나 가슴 깊이 밀어닥치는 통증과 충격을 외면하기는 어려울 것이다.

어쩌다가 우리 사회가 이 지경이 된 것인가? 이러한 사실은 결코 하루아침에 우연하게 터져 나온 일이 아니요, 어떤 한 가지 장치가 빠져서 일시적으로 생겨난 고장도 아니다. 우리 사회가 오랫동안 쌓아온 악업惡業이 원인이 되어 마침내 터져 나와 응보應報를 받는 것이 분명해 보인다. 한마디로 우리 사회의 뿌리에 깊이 자리잡은 병이 드러내는 한 가지 중세일 뿐이다. 어른들이 보여주고 어린 아이들의 눈에 비쳐진 세상이 모두 어른들의 포악하고 비열한 행동들뿐이니, 이것을 보고 배운 것이 아니겠는가. 우리 시대의 어른들은 어린이들이나 젊은이들에게 무슨 모범을 보였는지 무엇을 가르칠 수 있었는지 돌아보면 부끄럽기 그지없다.

가정에서 부모는 자식들을 건강한 인격체로 키우는데 관심을 두지 않고, 학교에서 높은 점수를 받고 출세하여 남의 위에 올라서기만을 바랐으니, 학교교육도 빗나갈 수밖에 없었다. 그래서 인성교육은 공허한 잠꼬대가 되어 아무도 돌아보지 않았으니, 학교교육이 속으로 병들어갈 수밖에 없었을 것이다. 정부의 교육정책도 입시제도만 이리저리 바꾸어놓는 것을 실적으로 삼았고 교사들은 교실을 이념투쟁의 마당으로 삼았다. 그러다가 끝에는 무상급식으로 결론을 삼았으니, 뿌리깊이 곪은 병이 터져 나오지 않을 수 없지 않았겠는가. 부모는 부모답지 못하고, 스승은 스승답지 못하고, 학교는 학교답지 못하고, 나라는 나라답지 못하면서, 아이들이 건전하게 자라기를 바란다면 어찌 헛된 꿈이 아닐 수 있으랴.

좀 더 뿌리를 찾아가보면 모든 인간은 태어나면서 본성이 사악하였는데, 이를 순치시키는 장치가 제대로 작동하지 않아 어린아이 때부터 일찍이 사악한 본성이 터져나온 것인지도 모르겠다. 인간의 본성이 선한지 악한지는 인간이 자신을 깊이 성찰해보면서 논의하기 시작했던 아주 오래된 쟁점이다. 맹자는 성품이 선하다고 '성선설'性善說을 내세웠지만, 순자(荀子)는 성품이 악하다는 '성악설'性惡說을 내세워 상반된 입장을 제기하였다. 인간본성에 대해 이렇게 양극적으로 대립된 입장의 중간에는 인간의 성품이 선하지도 악하지도 않다거나, 선한 면과 악한 면이 뒤섞여 있다거나, 선으로 드러날 수도 있고 악으로 드러날 수도 있는 가능성이 열려있는 상태라 보기도 한다.

대체로 인간은 인간 자신에 대해 무척 낙관적인 희망과 근원적인 믿음을 가지고 있는 것 같다. 불교에서는 중생이 곧 부처요, 사람마다 간직하고 있는 그 불성佛性을 깨우치기만 하면 누구나 바로 부처가 될 수 있다고 가르친다. 기독교에서도 인간은 '하느님의 모상'imago Dei으로 창조되었다고 하니, 원죄를 지고 있다는 인간에게 더 없이 큰 희망을 품게 해준다. 유교에서도 "하늘이 명령한 것을 성품이라 한다"天命之謂性,(「중용」)고 하였으니, 인간은 하늘을 가슴 속에 품고 있는 존재라는 말이다. 인간 속에서 부처를 찾고 신을 찾고 하늘을 찾았으니, 인간보다 더 소중하고 고귀한 존재는 없을 것이다.

그래서 인간이 타고난 본래의 바탕은 순수하고 선하다는 믿음이 인간의 마음속에 확고하게 자리 잡게 되었다. 인간의 본성은 순수하고 선하지만 짐승은 타고난 기질이 혼탁하여 탐욕스럽고 악하다 하여, 인간보다 열등한 존재로 차별화하기도 한다. 인간이 짐승보다 우월한 점이야 여러 측면에서 입증될 수 있지만, 때로는 그 반대의 경우도 경험하게 된다. 짐승이야 자신의 배를 채우면 먹기를 그치지만, 인간의 탐욕은 한량이 없어 남이 가진 것까지 뺏으면서 쌓아가기도 한다. 짐승이야 먹이를 사냥하는데 그치지만, 인간은 전쟁터에서 적을 살육할 뿐만 아니라, 이념이나 이해관계에 갈등이 생기면 동족을 학살하기도 하고 가족을 죽이기도 한다. 그러니 인간의 잔인함이야 짐승에 견줄 수 없을 만큼 심하다. 간혹 인간을 가리켜 "짐승만도 못한 놈들"이라 꾸짖는 말이 절실하게 들릴 때가 있는 것이 사실이다.

인간이 타고난 본성이 선하다는 주장은 어쩌면 폭력과 사악함에 절망적인 현실에서 희망을 심어주는 믿음이지 실지의 상황을 말하고 있는 것이 아니라는 생각이 들기도 한다. 다산은 인간의 성품이 선하다는 것은 하늘로부터 선을 좋아하는 마음을 부여받았을 뿐이지 타고나면서 선한 것은 아님을 분명하게 밝혔다. 선은 선한 가치를 선택하여 실천함으로써 이루어진 결과이지 타고나면서 선한 본성을 지닌 것은 아니라는 말이다. 어린아이들의 본성이 선하다는 믿음에 너무 마음을 놓고 인간적 품격이 저절로 이루어질 것이라 기대한다면 잘못된 판단이다. 인간에게는 선을 좋아하는 마음이 있다는 희망을 포기하지 않아야겠지만, 어릴 때부터 악을 거부하고 선을 실천하여 자신의 인격을 형성하도록 훈련하고 교육하는 과정이 중요하다. 다산은 순자의 '성악설'도 실현에서 선을 행하기는 어렵고 악을 행하기는 쉬운 현실적 조건으로 받아들이고 있음을 보여준다.

  어린 아이라 하여 누구나 순진하고 착한 것은 아니다. 오히려 미숙하기 때문에 악에 유혹되기 쉽고 선으로 이끌어가기 어렵다는 현실을 인정하여야, 어려서부터 인성교육의 중요성을 각성할 수 있다. 가정에서 어른을 공경하고 형제간에 우애하도록 가르치며, 사회에서는 누구나 서로 존중하고 사양하는 예절을 생활 속에서 가르쳐야 한다. 남을 괴롭히고 악행을 저지르는 아동을 처벌하는 방법도 필요하다. 그러나 근본적인 것은 서로 존중하고 서로 도우며, 남을 배려하고 화합하는 품성을 길러주는 교육의 목표가 분명하여야 하지 않겠는가. 어린이들의 폭력을 보면서 어린이들만 탓하고 어른들이 스스로 자신을 반성하지 못한다면 병의 뿌리가 어디에 있는지를 모르고 있는 것이다. 그러다보니 치료한다는 것이 말단만 만지작거리다가 도리어 우리 사회에 병의 뿌리만 깊게 만들고 말지나 않을지 걱정스럽다.

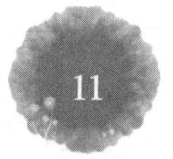

역사의 역설, 현실의 역설

 세상사는 것이 물 흐르듯이 순조롭기만 한 것은 아니다. 세상사를 돌아보면 아무리 생각해도 납득할 수 없는 모순과 상식적 생각을 완전히 뒤집어놓는 역설이 가득한 것 같다. 어쩌면 세상은 원래 순리順理로 이루어진 것이 아니라 모순과 역설의 역리逆理로 이루어진 것인지도 모르겠다. 인간이 생각하고 말하는 것은 모두 그 시대와 사회의 경험 속에서 나오는 것이니, 성인의 말씀도 여기서 벗어나지 않는다. 그래서 "육경이 모두 역사다"六經皆史라는 말도 "인간이 하늘이다"人乃天라는 말처럼 경전과 역사의 차이를 무시하고 인간과 하늘의 분수를 외면하는 모순된 발언인 것 같다. 그러나 이 말은 오히려 모순과 역설로 가득한 세상의 현실을 더욱 생생하게 드러내주는 발언이 아닐까 하는 생각이 든다.
 우리의 역사적 사실을 돌아보아도 모순투성인 것 같다. 조선사회는 도학(주자학)을 통치이념으로 삼고 있지만, 조선초기에 사림파士林派 도학자 선비들은 의리정신을 내세우며 타락한 세속권력인 훈구파勳舊派에 맞서다가 참혹한 사화士禍를 몇 차례 당하고 엄청난 희생을 치루었다. 그것은 유교이념을 통치원리로 내걸고 있는 조선사회에서 유교이념을 제대로 한 번 실현해보고자 주창하던 지식인들이 도리어 희생되었다는 이야기다. 마치 민주주의를 내걸고 건국된 대한민국에서 독재권력을 비판하고 민주주의를 실현하자고 주장하다가 투옥되거나 죽음을 당하는 사람들이 줄지어 나왔던 사실과 마찬가지이다. 그야말로 '역사의 역설'이라 할 수 있을 것이다.

그러나 16세기 말 역사의 무대에 다음 막이 오르자 훈구세력은 허망하게 무너져 추악한 이름으로 손가락질을 당하며 무대 뒤로 사라지고 말았다. 그동안 숨죽이고 있었던 도학자 선비들이 이제 가슴을 활짝 펴고 전면에 나와 정치를 담당하게 되었다. 이른바 '사림정치士林政治시대'가 열린 것이다. '사필귀정'事必歸正이라 환호할 만하다. 도학 선비들이 꿈꾸던 시대가 열렸는데, 선비들이 집권하면서 모든 일이 순조롭게 풀려갔던 것은 아니다. 이때부터 선비들끼리 당파를 나누어 서로 소인배라 비난하고 공격하는 당쟁의 소용돌이에 빠지고 말았다.

선비들이 한때 불의와 맞서서 싸웠다고 선비들이 언제나 정의로운 것은 아니다. 도학의 이념은 정의롭고 당당한데, 이 도학 때문에 조선왕조가 멸망하고 일제의 식민지배를 받게 되었다고 비난하는 목소리가 높았던 시절이 있었던 것이 사실이 아닌가. 이념은 숭고한데 현실에서는 파탄을 일으키고 말았다는 것은 '역사의 역설'인가 보다. 하기야 사람은 선량한데 일 처리에서는 무능한 경우도 많고, 사람은 간교하지만 일 처리에서는 유능한 경우도 많다. 동기의 정당함도 중요하고 결과의 성공도 중요하다. 문제는 어느 한쪽만을 고집하여 동기주의나 결과주의에 빠지는 데서 폐단이 생기는 것이 아니겠는가.

누구나 재앙을 피하고 복을 누리며 살고 싶어 한다. 그런데 재앙과 축복은 항상 함께 있는 것인지도 모르겠다. '화복상의'禍福相倚라는 말처럼 재앙과 축복은 동전의 양면과 같아서 서로 원인이 되어 발생하는 것이 '현실의 역설'이 아닐까. 맹자는 "우환 속에서 살아날 수 있고 안락 속에서 죽는 법이다"生於憂患, 而死於安樂.〈告子下〉라고 말했던 일이 있다. 분명 맹자는 '현실의 역설'을 환하게 꿰뚫어 보았던 것이라 짐작된다.

그렇다고 재앙이 복으로 바뀌고 복이 재앙으로 바뀌는 일이나, 우환이 살아날 길이 되고 안락이 죽을 수가 되는 것은 자동적으로 일어나는 자연의 필연법칙이 아니다. 바로 재앙을 복으로 돌려놓는 역할을 하는 사람이 있고, 복을 재앙으로 무너뜨리고 마는 사람이 있는 것이다. '전화위복'轉禍爲福이라는 말도 재앙이 저절로 복으로 바뀐다는 말이 아니라, 사람의 지혜가 재앙을 복으로 바꾸어놓는다는 뜻으로 이해되어야 할 것 같다.

일본이 최근 지구의 축이 움직일 만큼 엄청난 지진을 당하고, 잇달아 해일이 도시를 폐허로 만들며 많은 사람들이 목숨을 잃고 집과 생활터전을 잃는 피해를 입었다. 여기에 가중하여 핵발전소의 폭발위험 속에 사로잡혔으니, 온 나라가 심각한 위기에 놓이고 말았다. 한국인들도 일본의 재난을 구조하는데 나서는 아름다운 모습을 보여주고 있다. 일본은 저력이 있는 나라이니, 분명 이 위기를 지혜롭게 극복하는 모습을 보여주리라 믿는다. 아마 이 위기를 극복하고 나서는 일본이 한층 더 성숙하고 튼튼한 나라가 될 것이라 기대된다.

우리에게는 일본이 이 재난을 어떻게 극복하고 그 재난을 어떻게 복으로 바꾸어놓는지 그들의 지혜와 용기를 잘 지켜보고 배울 수 있는 좋은 기회이기도 하다. 일본이 큰 재난을 당했지만 우리는 안전하다고 마음을 놓는다면 그 순간부터 우리에게 재난이 싹트고 있을 것이다. 재난을 당한 것이 안전을 확보하는 계기가 되고, 안전함에 방심하는 것이 재난을 불러오는 길이 된다는 것이 바로 '현실의 역설'이 아니겠는가. 우리처럼 역사에서 재난을 많이 당한 나라도 드물지 모르겠다. 수나라 당나라의 고구려 침략, 거란과 몽고의 고려 침략, 일본과 청나라의 조선 침략 등 전쟁의 재난을 당한 것만도 한두 번이 아닌데, 몇 번씩 나라가 망하는 위기에 놓인 뒤에도 그 다음에는 여전히 외침에 거의 무방비한 수준이었다. 하늘이 재난을 내려주는 것은 더 큰 재난을 막을 수 있는 준비의 기회를 준 것인데도 위기만 지나면 다 잊어버리고 눈앞의 안락만 누리고 있다가 더 큰 위기를 자초하게 될 것이 아닌지 두렵다.

12

골고루 잘 사는 세상

우리나라도 오랜 세월 빈곤에 허덕이다가 반세기 전부터 절약을 외치며 머리끈 동여매고 달려 나가더니, 경제발전을 이루어 잠깐 사이에 빈곤에서 빠져 나왔다. 그러더니 어느 틈에 여유가 생겨 '복지'를 외치며 조였던 허리끈 풀고 둘러앉아 나눠 먹자고 수군거리는 모습을 보여준다. 언제까지나 배고픔을 참고 일만 하며 살 수는 없다. 적절한 때에 먹기도 하고 쉬기도 해야 한다. 더구나 경제적 여유가 한쪽으로 몰려 부유한 자는 사치가 극심한데 가난한 자는 사람다운 품위도 유지하기 어려워지면, 약자를 보살피고 보호하는 장치가 있어야 그 사회가 균형을 잡고 안정을 이룰 수 있는 것이 사실이다.

다산은 나라와 백성을 다스리는 자의 책임을 들면서, "그 생업을 골고루 마련하여 다 함께 살아가도록 할 수 있는 자라야 군주요 목민관이며, 그 생업을 골고루 마련하여 다 함께 살아가게 할 수 없는 자는 군주나 목민관의 책임을 저버린 자이다"〈能均制其產而並活之者, 君牧者也, 不能均制其產而並活之者, 負君牧者也.「田論(1)」〉라 역설하였다. 부자는 더욱 부유해지고 가난한 자는 더욱 빈곤해져서富益富, 貧益貧 부자의 땅을 끝없이 이어져 있는데 가난한 자는 송곳 꽂을 땅도 없는 현실의 부조리를 고발한 것이기도 하다. 부유한 집에서는 애완견도 전용미용실에서 치장시킨다는데 가난한 자는 집을 잃고 길바닥에서 노숙하기도 하는 우리 시대의 현실도 마찬가지다. 그러니 어찌 가난한 자의 마음에 원망과 불평이 없을 수 있겠는가.

골고루 살게 하자는 것은 인간이 나라를 만들어 살기 시작하면서 이미 시작된 뿌리 깊은 숙제였던 것 같다. 공자도 "백성이 적은 것을 근심하지 않고 고르지 못함을 근심하며, 가난한 것을 근심하지 않고 안정되지 못함을 근심한다"不患寡而患不均, 不患貧而患不安는 옛부터 전해오는 말을 인용하면서, "고르게 하면 가난함이 없게 된다"均無貧,〈『논어』, 季氏〉고 하였다. 사람들이 골고루 각각의 제 몫을 얻을 수 있으면 빈곤에 빠지지도 않고 박탈감도 없어질 것이니, 서로 화합할 수 있을 것이요 따라서 나라도 안정될 수 있을 것이라는 말이다. 그만큼 고르게 분배한다는 것은 집안을 다스리거나 나라를 다스리거나 기본조건이 되는 중요한 일임을 강조하고 있는 것이다.

그런데 사람은 타고나면서 얼굴이 다르고 환경이 다를 뿐만 아니라, 기질도 다르고 능력도 다르다. 원래 사람마다 제각각이니 그 차이는 갈수록 커질 수밖에 없는 것이 자연스러운 현상인데, 왜 모두가 골고루 나누어가져야 한다는 것인가? 그것은 우리가 동일한 공동체를 이루고 있다는 사회의식이 있기 때문이라 생각된다. 한 집안의 가족이거나, 한 마을의 이웃이거나, 한 나라의 국민이거나, 한 지구의 인류라는 공동체임을 각성하게 되면, 이에 따라 유대감이 생겨나고 서로에 대한 우애와 의무감으로 서로 돕고 화합하게 된다. 유대감이 강하면 무엇이던지 함께 공유할 수 있지만, 유대감이 약해지고 개인주의가 지배하면 뿔뿔이 흩어져 이기심만 내세우기 쉬운 것이 현실이다.

다산은 정치란 다 같이 한 나라의 백성인데, 그 사이에 격차가 심하게 벌어져 유대감이 깨어졌다면, 분배를 고르게 하여 바로잡아주는 것이라 보았다.〈原政〉 그는 심한 격차가 일어나 공동체의 유대감을 깨뜨리는 중요한 대목으로 다음의 다섯가지를 들고 있다.

첫째는 생업의 기반인 토지소유의 불균형이다. 토지소유의 격차가 심하여 균형이 깨어지면 백성에게 토지를 고르게 나누어주어 바로잡는 것이 정치라 한다. 요즈음은 토지가 아니더라도 취직을 못해 생업의 기반을 잃고 있는 젊은 층에게 직장을 제공해주는 것이 고르게 하는 과제일 것이다.

둘째는 지역에 따라 생산되는 산물의 불균형이다. 산물의 지역적 차이가 심하면 서로 유통을 원활하게 하여 바로잡아주는 것이 정치라 한다. 중간상인이 유통구조를 어지럽혀 폭리를 취하지 못하도록 하거나, 과잉생산되어 가격이 폭락하는 것도 해소해주는 것이 불균형을 바로잡아주는 과제일 것이다.

셋째는 폭력으로 약탈이 일어나는 힘의 불균형이다. 난폭한 세력이 약한 자의 것을 빼앗는 폭력은 무력을 동원해서 제압하여 약자를 보호함으로써 바로잡아주는 것이 정치라 한다. 우리시대에도 조직화된 폭력배가 서민을 갈취하여 생계를 위협하는 폭력이 어린 학생들 속에까지 만연하고 있는 현실은 균형과 유대감을 파괴하는 사회적 질병이다.

넷째는 사회기강의 붕괴에 따른 불균형이다. 난폭한 자가 득세하고 선량한 자가 고통받는 법질서의 붕괴는 법률의 집행을 엄정하게 하여 바로잡아주는 것이 정치라 한다. 거액의 뇌물을 받아도 모른다고 잡아떼고 증거가 없다고 무죄로 판결되는데, 힘없는 시민의 사소한 과오는 엄중한 처벌을 받는다면 누가 그 법질서에 승복할 수 있겠는가. '유전무죄, 무전유죄'有錢無罪, 無錢有罪가 아직도 버젓이 살아있는 불문율不文律이라면, 어떻게 법 앞에서 평등한 다 같은 국민이라 말할 수 있겠는가.

다섯째는 인사의 공정함을 잃은 불균형이다. 능력과 업적에 따라 지위가 오르지 않는다면 파벌을 없애고 공정한 원칙을 확립하여 인재를 기용함으로써 불균형을 바로잡아주는 것이 정치라 한다. 오늘은 당쟁이 심하던 조선시대도 아닌데 여전히 줄을 잘 서야 승진도 하고 권력자의 측근이라야 이권을 차지하는 요직들을 차지하고 있다면 이런 불균형을 해소하지 않고서 균평함이나 정의로움이 실현될 수 있을까.

복지나 분배는 경제적으로 빈부의 격차를 해소하여 다 같이 나누어 먹자고 국솥 앞에 모두 숟가락 하나씩 들고 둘러앉게 하는 것은 아닐 것이다. 우리 사회 구석구석에 파고들어 있는 불균형·불평등의 온갖 격차를 해소하여 우리가 같은 나라 국민이라는 서로의 유대감을 견고하게 확보할 수 있게 하는 것이, 바로 우리 시대의 문제를 바로잡는 정치의 과제가 아니겠는가.

13

울타리 나라에서 벗어나려면

충청북도 괴산군에는 화양구곡華陽九曲이 있다. 계곡 물이 맑고 바위가 우람하여 산수의 정기가 서려 있는 명승지일 뿐만 아니라, 17세기 조선 유학의 거장인 우암 송시열尤庵 宋時烈이 만년에 화양구곡의 제4곡 금사담金沙潭 냇가 바위 위에 암서재巖棲齋를 짓고 이곳에서 독서하고 강학講學하였으니 유서가 깊은 곳이다. 당나라 시인 유우석劉禹錫은 「누실명」陋室銘에서 "산은 높아서가 아니라 신선이 있으면 이름이 나고, 물은 깊어서가 아니라 용이 있으면 신령스럽다"山不在高, 有仙則名。水不在深, 有龍則靈고 하였는데, 과연 화양구곡은 비록 자연의 경관이 빼어나다 하더라도, 한 시대를 이끌어갔던 도학자가 머물었고 그의 정신이 깃들어 있는 곳이라는 역사적 의미가 있기에 더욱 빛나는 장소이다.

화양구곡의 제5곡은 첨성대瞻星臺인데, 암서재에서 바로 건너다보인다.

우뚝하게 높은 석벽 곳곳에 새겨져 있는 큰 글씨들에는 송시열이 주도하던 시대정신의 의리가 응결되어 있다. 그 의리는 '숭명배청'崇明排淸의 4글자로 집약해볼 수 있다. 멸망한 명明나라를 정통으로 높이 받들고 당시 중국을 지배하는 청淸나라를 오랑캐로 배척한다는 말이다. 그래서 명나라 최후의 숭정崇禎황제 어필御筆로 "예법이 아니면 행동하지 않는다"는 뜻의 '비례부동'非禮不動 4글자를 암벽에 깊이 새겨 넣었고, 송시열의 글씨로 "명나라가 천지의 주인이요, 숭정황제가 해와 달처럼 환하게 비추고 있다"는 뜻의 '대명천지 숭정일월'大明天地 崇禎日月의 8글자도 암벽에 높이 새겨 넣었다. 역사적으로는 명나라도 중국이요 청나라도 중국이지만, 조선의 도학자들은 명나라가 우리를 보호한 상국上國이요 청나라는 우리를 침략한 오랑캐라는 의리를 밝혔던 것이다.

하기야 16세기 말에 임진왜란으로 일본이 전국토를 유린하였을 때 선조宣祖는 국경의 의주義州에 피난가서 국가의 명맥이 경각頃刻에 달렸을 때, 명나라의 원군援軍이 국토를 회복하는데 큰 역할을 하였던 것이 사실이다. 그래서 선조임금은 명나라 원군을 지휘하던 명나라 원군의 군문軍門: 總督 형개邢玠를 위해 살아있는 사람의 사당生祠堂을 세우고, "무너진 울타리 나라를 다시 세워주었다"는 뜻의 '재조번방'再造藩邦 4글자를 어필로 써서 그 사당에 걸게 하였다. 조선시대는 중국을 하늘로 삼고 우리는 그 울타리에 깃들어 있는 나라로 생각하며, 중국을 받드는 사대事大를 의리의 기본으로 삼아 왔다. 그뿐만 아니라 우리나라를 "명나라 처마 아래에 있는 조선땅"이라는 뜻으로 '유명조선국'有明朝鮮國이라 일컬었던 것이다. 그 사대주의가 큰 나라의 압력 아래서 살아남기 위한 생존의 논리였는지, 골수에 파고든 예속의 의식인지는 다시 따져보아야 할 문제이다.

시대가 바뀌어 오늘에 와서 우리는 미국의 핵우산 아래에 보호를 받는 형편에 놓여있는 것이 현실이다. 민족이 분단되고 북한의 남침을 받아 우리정부가 이번에는 국토의 남쪽 끝인 부산에 피난을 가서 명맥이 위태로웠을 때, 미국 군대의 도움으로 겨우 분단 상태를 다시 회복할 수 있었으니, 조선시대 도학자의 논리로는 또 한 번 '재조번방'의 은혜를 가슴에 새겨야할 처지가 되고 말았다. 이것도 역사의 반복이란 것인지….

최근에 전 미국의 국제정치학자인 브레진스키가 새로 출간한 책의 내용이 신문지면에 간략하게 소개되었던 일이 있다. 눈에 띄는 대목은 미국의 국력이 약화되어 가는 현실에서 한국은 독자적으로 핵무장을 하거나, 중국·러시아 등 다른 핵보유국에 의존하거나, 일본과 관계를 강화해야 하는 선택의 기로에 놓이게 되었고, 통일을 추구하면서 중국의 지원을 받기 위해 미국과의 동맹을 축소하게 될 수도 있다는 전망이다. 우리가 북한처럼 핵보유국이 되어 독자노선을 가지 않는다면 또다시 중국에 의지하는 '울타리 나라'藩邦로 안주할지도 모른다는 말이 섬뜩하기만 하다.

나라가 작으니 큰 나라의 압력을 완화시키고 안전을 보장받기 위해 큰 나라를 섬기는 '사대'를 하게 되는 것은 어쩔 수 없는 일인지도 모르겠다. 그러나 맹자는 "큰 나라가 작은 나라를 섬기는 것은 천명을 즐거워하는 것이요, 작은 나라가 큰 나라를 섬기는 것은 천명을 두려워하는 것이다"以大事小者, 樂天者也, 以小事大者, 畏天者也,《『孟子』, 梁惠王下》라 하였다. 작은 나라로서는 큰 나라를 섬겨 '사대'事大함으로써 그 나라를 보존할 수 있지만, 큰 나라로서도 작은 나라를 섬겨 '사소'事小함으로써 천하의 평안을 보존할 수 있음을 지적한 말이다.

그런데 왜 작은 나라만 '사대'하고 큰 나라는 '사소'하지 않는 것일까? 이른바 강대국은 무력의 힘으로 약한 이웃나라를 지배하기 위해 끊임없이 전쟁을 벌이다가 스스로 힘을 소진하여 쇠퇴하고 말았으니 이것이 역사의 현실이다. 또한 작은 나라는 왜 큰 나라에 의지하여 울타리 노릇을 하는데 안주하고 있는 것일까? 약소국들은 끊임없이 내분을 일으켜 자기들끼리 싸우다가 자립의지를 잃고 말았으니 이것도 역사의 현실이다.

힘의 논리만 중시하는 미국 학자야 핵을 보유한 나라만이 자립할 수 있다고 생각하는 것은 당연할지도 모르겠다. 그러나 비록 우리는 작은 나라이지만 전자·조선 등 세계의 일류기업도 일구어낸 저력을 지니고 있으니, 안으로 결속하고 경제성장과 정의롭고 품격있는 사회를 이루어내며, 그래서 국민들이 자부심을 가지고 세계로 뻗어나갈 수만 있다면 핵보유국이 되지 않더라도 어떤 강대국도 넘볼 수 없는 강소국이 될 수 있는 길이 있을 것이다. 무모하게 울타리를 뛰쳐나오는 것이 자립의 길은 아니다. 울타리에 안주하면서 안으로 끝없이 당쟁으로 분열만 일삼다가 나라가 무너진 다음에야 독립운동을 하는 어리석음을 오늘 우리가 또다시 되풀이 하지는 말아야 하겠다.

짝퉁과 깜부기

사람들은 누구나 자신이 남들에게 멋지게 보이고 싶어 하고 남들로부터 부러워하는 눈길을 받고 싶어 한다. 그래서 꼭 같은 옷이나 가방이라도 값비싼 상표나 유명상표가 붙은 옷이나 가방이 인기가 있어 유행을 하게 된다. 우리가 이 상표에 너무 민감하기 때문인지, 우리는 명품에 별스럽게 유난을 떠는 것 같다. 그래서 명품을 구하는데 엄청난 값을 아끼지 않는 사람들도 많은가 보다. 명품을 갖고 싶지만 구입할 형편이 못되는 사람들은 짝퉁이라도 구하려 드니 짝퉁 사업이 상당히 번창하고 있는 모양이다.

그런데 바깥으로 보이는 것이 비슷하다고 모두 진짜 명품이 아닌 것처럼, 명품 양복을 입고 명품 가방을 들었다고 그 사람이 명품이 되는 것은 아니다. 어쩌면 머리가 비거나 가슴이 허한 사람들이 겉으로라도 꾸며서 그럴 듯하게 보이고 싶어 더욱 열심히 명품을 찾고 있는 것이나 아닌지 모르겠다. 그렇다면 진짜 명품과 다르다고 '짝퉁 명품'만 미움을 받을 것은 아니다. 진짜 명품만 들고 다니면서 우아하고 품위있게 보이려고 하더라도 그 사람이 건강한 인격을 갖추고 있지 않다면 이것은 '짝퉁 인간'이 아닐까.

선거철이면 무수한 선량들이 자신의 경력과 학력을 내걸고서 오직 나라와 국민을 위해 헌신하겠다고 목청이 쉬도록 외치는데, 과연 그 가운데 진짜 명품이 누구인지, 짝퉁과 구별해낼 수 있는지 지극히 어려운 일이다. 어쩌면 진짜 명품은 숨어서 나오려 하지 않고, 모두 짝퉁만 나와서 돌아다니고 있는 것이나 아닐까. 선거가 끝나서 당락이 결정되었지만, 과연 당선자가 '명품 선량'인지 '짝퉁 선량'인지 여전히 알 수가 없다. 당선되고 며칠이 지나지 않아 짝퉁이나 불량품이라 판정이 내려져 정당에서 쫓겨나기도 하고, 또 법정의 판결이 내려지면 당선이 무효화되는 '짝퉁 선량'도 심심찮게 나올 것이다. 그렇다면 언제 어디서나 명품과 짝퉁은 같이 가는 공생관계를 이루고 있는 것인지도 모르겠다.

진짜와 짝퉁을 구별하기 어려운 것처럼 밭에서 곡식과 가라지를 구별하기가 어렵다. 그래서 예수는 "수확 때에 내가 일꾼들에게, 먼저 가라지를 거두어서 단으로 묶어 태워버리고 밀은 내 곳간으로 모아들이라고 하겠다"(마태 13:30)고 하였다. 들판에서 한창 푸르게 자랄 때는 구별하기 어려우니 내버려 두었다가 다 익어 구별이 분명하게 드러나는 수확시기의 마지막 단계에서 가라지와 곡식을 가려내어 처리하겠다고 한 것이다. 예수야 드러난 결과를 보고서 마지막에 심판을 내리면 되겠지만, 선거로 앞날을 맡길 선량을 뽑아야 하는 시민으로서는 그 선량이 자신의 밭에서 곡식이 될지 가라지가 될지 미리 판단해야하는 훨씬 더 어려운 결정을 내려야 하는 처지이다. 앞으로 뿌릴 씨앗이 곡식이 될지 가라지가 될지 판단하기 어렵다면, 이전 기간에 집권한 정당의 성과를 심판해야 한다고 '정권심판'을 주장하기도 한다. 그런데 언제나 상대방의 역할만 심판하고 그 기간동안 자신의 역할은 심판대상에서 빼놓고 있는 사실이 이해하기 어려운 대목이다. 상대방이 가라지라 확인되었더라도 자신이 곡식이라는 보장이 되지는 않는다. 동쪽 솥의 검정과 서쪽 솥의 검정이 서로 상대방을 검다고 비난하는 꼴인 것 같기도 하다.

  진짜 명품은 겉으로 그럴 듯하게 보이는 것이 아니라 속에 들어 있는 것이 순수해야 하며, 그 뿐만 아니라 처음 바탕이 아름다워야 하며 동시에 마지막 성과가 충실해야 한다. 명품인데 일찍 고장이 나서 못쓰게 되면 짝퉁만도 못한 것이 되고 만다. 그래서 맹자는 "오곡은 종자가 좋은 것이지만, 만약 제대로 익지 않으면 돌피나 피만도 못하다."五穀者, 種之美者也, 苟爲不熟, 不如荑稗.《『孟子』, 告子上》고 하였다. 궁핍하면 영근 피를 거두어 피죽이라도 끓여먹는데, 비록 곡식의 종자라도 익지 못하고 시들어버리면 익은 가라지나 피 만도 못하다는 이야기다. 벼나 보리의 종자라도 온전하게 길러지지 않으면 병들어 시들거나 깜부기가 되는 것처럼, 자신의 정치 목표나 이념이 옳다고 언제나 좋은 정치를 실현할 수 있는 것은 아니다. 동기가 좋아도 실현과정에서 적합한 방법과 절차에 따라 잘 실천해 가지 않으면 좋은 결과를 이룰 수 없는 것은 당연하다. 정치구호 보다도 그 구호를 외치는 인간이 제대로 된 인간인지 걱정스러울 때가 많다.

  명품에만 짝퉁이 따라오는 것이 아니라, 인간에도 짝퉁이 뒤섞여 있으니 잘 살펴보아야 한다. 정치인들 사이에 특히 짝퉁이 많은 것은 이권에 많이 얽혀있기 때문이겠지만, 별로 이권이 없어보이는 수도자들 속에도 짝퉁이 상당히 있었던 것 같다. 조선후기 실학자 안정복順菴 安鼎福은 불교 경전에서 수행이 없는 승려를 보리밭에 자라나는 '보리깜부기'稗麥에 비유하여 구별하기 어려움을 지적한 사실을 주목하였다. 농부야 보리씨가 모두 좋은 보리로 결실되기를 기대하겠지만 이삭이 패는 것을 보고나서야 보리가 아님을 알게 되는 것처럼, 신도가 보면 승복을 입은 사람은 모두 계율을 지키는 승려인줄 알지만 알고보면 겉만 승려로 차리고 있으나 속은 속인인 '짝퉁 승려'이니, 이를 '깜부기 승려'(稗沙門)라 하였다는 것이다. 안정복은 불교경전에서 짝퉁 수도자를 깊이 경계하여 '깜부기 승려'로 비유한 말을 듣고서 자신이 속한 당시의 선비들을 돌아보며, "지금 세상에서 '선비'라 일컬어지는 자 가운데 '깜부기'를 면할 자가 몇이나 되겠는가. 불교에서 이처럼 비유를 잘 하였으니, 경계할 줄을 안다 하겠다"〈『順菴集』, 권13, '橡軒隨筆[下], 稗沙門'〉고 감탄하였다.

온갖 종류의 오곡과 야채나 과수가 가지런히 심어져 자라고 있는 아름다운 들판에서 농부들은 땅을 갈고 씨뿌리며 뙤약볕 아래 김매고 땀흘려 가꾸었는데, 정작 수확해야 할 계절에 넓은 들판에 가라지와 피가 가득하고 병든 깜부기가 사방에 퍼져있다면 얼마나 참담할까. KTX는 짝퉁부품을 달고 달리며, 원전도 짝퉁부품으로 돌아가는 나라, 사회 구석구석 병든 깜부기가 퍼져나간 지 하루 이틀이 아닌데도, 항상 남을 비난할 줄만 알지 자신을 돌아볼 줄은 모르는 짝퉁인간들의 나라가 어찌 걱정스럽지 않겠는가.

독선에 빠진 신념의 해독

세상에는 꼼꼼하게 계획을 세우고 공들여 일을 추진했는데도 그 결과가 뜻대로 되지 않는 경우가 허다하다. 살다보면 예상과 전혀 다른 온갖 황당한 일들을 겪기도 하는데, 너무 억울해서 하늘을 원망하기도 하고 남을 탓하기도 한다. 그러나 일이 뜻대로 이루어지지 않는다고 해서 모두가 세상의 책임이거나 남의 탓이기만 한 것은 아니다. 오히려 일상에서는 자기 자신의 어리석음이나 방심이나 독선 때문에 일을 망치는 경우가 더욱 흔하고 더 큰 문제일 것이다. 그래서 우리는 남의 탓 하기보다는 자신의 과오 때문에 초래되는 손실이나 실패를 깊이 경계하지 않을 수 없다.

북송北宋 말엽 휘종徽宗 황제는 유변공劉卞功이라는 인물이 현명하다는 소문을 듣고 여러 차례 관리를 보내 불렀지만 끝내 문밖을 나오지 않아,

그에게 '고상'高尙이라 호를 내려주었던 일이 있었다. 유변공은 적극적으로 어떤 고상한 말이나 행적을 남겨서 높여졌던 것이 아니다. 다만 세상에 번지르르한 말도 많고 번쩍거리는 업적도 많은데, 그는 아무 말도 하지 않고 아무 행적도 남기지 않았기 때문에 고상하다고 평가되었던 것 같다. 그런데도 유변공은 세상을 경계하는 말 한마디를 남겨 유명해졌다. 곧 "사람들은 욕심으로 자신을 죽이고, 재물로 자손을 죽이며, 정치로 백성을 죽이고, 학술로 천하 후세를 죽인다"常人以嗜欲殺身, 以貨財殺子孫, 以政事殺民, 以學術殺天下後世.〈趙與峕,『賓退錄』〉는 말이다. 이 구절은 당나라 사람의 말이라는 견해도 있지만, 유변공의 말로 널리 전해지면서, 사람들은 이 구절을 끌어다가 자신을 경계하는 좌우명으로 삼기도 하고, 남을 비난하는 도구로 이용하기도 하였다.

　욕심이나 재물이나 정치나 학술에 문제가 있는 것이 아니라, 인간이 욕심을 부리고 재물을 모으고 정치를 담당하고 학술을 펼치면서 자신의 어리석음이나 방심이나 독선 때문에 일을 망쳐놓고 엄청난 폐해를 일으키게 된다는 것이다.

　욕심 때문에 자기 일신을 망치는 사람이야 우리 주변에 무수히 많다. 탐욕은 자기 한 몸만 망치는데 그치는 것이 아니라, 끝내는 나라까지 망치고 말 것이니, 치료가 시급한 망국병으로 경계하지 않을 수 없다. 이에 비해 재물 때문에 자손을 망치는 일이야 한 집안의 문제이니 피해가 상대적으로 작아 보인다. 그래도 가정이 무너지면 그만큼 그 사회도 안정을 잃게 되는 위험이 따른다. 나아가 정치를 한다고 나서서 백성을 고통과 죽음 속으로 몰아넣었던 사례들은 역사책의 갈피마다 흘러넘치고 있다. 그 뿐이 아니다. 지금도 북녘 땅에서는 위대한 영도자들이 백성을 굶어죽는 상황에까지 몰아가고 있다. 우리도 자신이 직접 투표하여 선출해놓은 정치인들에 대해 불신과 좌절감에 빠져 있으니, 백성에게 희망과 기쁨을 주는 정치란 아득한 신화 속에서나 있었던 일인지도 모르겠다.

그 가운데 가장 두려운 것은 "학술로 천하 후세를 죽인다"는 말 한마디이다. 우리는 다양한 학설이나 여러 갈래의 신념들이 뒤얽혀 부딪치고 있는 현실 속에서 살아가고 있다. 과연 우리가 어느 쪽이 진실하고 어느 쪽이 거짓인지 제대로 판단하고 있는 것인지, 무지와 독선에 맹목화 되어 지금도 잘못된 판단에서 헤어나지 못하고 있는 것은 아닌지 두려운 생각이 든다.

맹자는 그 시대를 휩쓸고 있던 사상조류인 개인주의자 양주楊朱와 박애주의자 묵적墨翟의 학술에 대해 임금을 무시하고 부모를 무시하여 천하 후세를 어지럽히는 이단異端으로 규정함으로써 다시 머리를 들 수 없도록 혹독하게 비판하였다. 맹자의 진리에 대한 확신과 진리를 수호하려는 열정은 감동적이다. 그러나 맹자가 전부 옳고 양주와 묵적은 아무 할 말이 없는지 다시 묻게 된다. 맹자도 그 시대의 순자荀子나 다음 시대의 사마광司馬光 등으로부터 비판을 받았던 일이 있다.

남송의 주자는 맹자를 이어 그 시대를 휩쓸고 있는 도교와 불교를 이단으로 배척하였지만, 명나라때 왕양명王陽明은 주자학이 지배하는 시대에서 주자학의 학풍을 홍수나 맹수처럼 세상에 피해가 크다고 비판하였다. 주자학이 군림하고 있던 조선후기 사회에서 실학자 홍대용洪大容은 "도덕과 학술道術의 미혹은 천하를 어지럽게 한다"道術之惑, 亂天下.〈洪大容,「毉山問答」〉고 선언하면서, 당시의 주자학자들을 향해 도덕과 학술에 미혹됨이 있다고 과감히 비판하였던 일이 있다.

어떤 학설이나 신념체계도 그 자체로 절대적인 진리요 선일 수는 없다. 진실을 탐구하여 얻어낸 학설이라도 상황이 바뀌면 적합성을 잃을 수도 있고, 적용을 잘못하면 오류에 빠질 수도 있다. 그렇다면 자신의 학설이나 신념을 포함하여 어떤 학설이나 신념도 한 시대의 천하를 어지럽힐 수도 있고 만대의 후세를 파탄으로 몰아넣을 수도 있다는 사실을 인정할 필요가 있다. 학자가 학설을 펼치고 정치인이나 종교인이 신념을 내세울 때도 무엇보다 자신만이 옳다는 독선에 빠지는 것을 경계하는 것이 중요하고, 또한 언제나 상대방의 견해를 진지하게 이해하려는 자세와 노력이 요구된다.

독선에 빠진 학설이나 정치적 신념이 바로 천하를 파괴하고 후세를 어지럽히는 해독을 끼친다는 사실을 각성한다면 오늘의 우리 사회가 보수와 진보의 대립이나 좌와 우의 대결로 파국을 향해 치달리는 상황에서 벗어날 수 있지 않을까? 진리는 나의 논리나 힘이 상대방을 제압할 때 드러나는 것이 아니라 나의 호소가 상대방의 가슴에 감동을 일으키고 한 마음으로 소통할 수 있을 때 드러나는 것이 아니겠는가. 더욱 큰 목소리로 자기 주장만 거칠게 외쳐대는 것은 폭력일 뿐이다. 서로가 공감할 수 없는 주장이라면 자신의 학설이나 신념이 잘못된 것임을 돌아볼 수 있도록 마음의 눈이 열리는 세상이 과연 우리에게 오기나 하려는지.

16

넓고 평탄한 왕도, 비좁고 험한 인심

　영조英祖는 뿌리깊은 당파의 대립을 해소하기 위해 '탕평蕩平'정책을 추진하였다. 그래서 임금은 태학太學: 成均館 앞에 '탕평비蕩平碑'를 세워서 다음 시대를 담당할 젊은 선비들에게 당파심을 경계하였다.
　'탕평'이라는 말은 『서경』 홍범洪範편에서 "치우침이 없고 당파짓지 않으면 '왕도'는 넓고 멀며蕩蕩, 당파짓지 않고 치우치지 않으면 '왕도'는 평탄하고 쉽다平平"無偏無黨, 王道蕩蕩, 無黨無偏, 王道平平는 구절에서 나온 말이다. 그러나 '탕평비'의 빗돌에 새겨 놓았던 말은 "두루하면서 당파를 이루지 않음은 군자의 공정한 마음이요, 당파를 이루고서 두루하지 않음은 소인의 사사로운 생각이다"周而不比, 乃君子之公心, 比而不周, 寔小人之私意라는 구절이다. 이 구절은 『논어』 위정爲政편에서 "군자는 두루하면서 당파를 이루지 않고, 소인은 당파를 이루고서 두루하지 않는다"君子周而不比, 小人比而不周는

제3부 화합으로 가는 길　235

공자의 말씀을 끌어다 쓰고 있는 것이다. 「홍범」편과 「위정」편의 이 두 구절은 말씀이야 다르지만 당파의 분열을 경계하는 뜻에서는 일치하는 말씀이다.

당파에 빠진 조선후기 도학자들의 대다수는 임금의 간곡한 훈계도 귀에 들어오지 않고, 국가의 안위에도 관심을 기울이지 않았다. 오히려 이 도학자들은 자기 당파의 정당성을 확보하는 명분을 찾기 위해 도학이념을 끌어들이는데 급급할 뿐이었다. 조선후기 대부분의 도학자들은 독선에 빠져 당파적 분열을 일삼았고, 자신의 정당성을 내세우기만 할 뿐 스스로 자신의 과오를 성찰하지 못하였다. 그러니 겉으로 군자를 내세우지만 실상은 가증스러운 소인배일 뿐이요, 말로는 의리를 내세우고 있지만 실상은 간교하게 이익을 추구하는 무리들일 뿐이다. 그러니 조선후기 도학은 대중의 교화를 위한 기능도 상실하고 국가의 안위를 염려하는 충성심도 허상이 되고 말았으며, 조선사회를 이끌어가던 지도기능을 상실하고 도리어 사회에 부담이 되어 해독을 끼치는 존재로 전락하고 말았던 것이다.

유교는 정통성을 중시하는 독단적 사유와 더불어 다양성의 조화를 존중하는 포용적 사유를 동시에 지니고 있다. 공자의 말씀에 "군자는 조화를 이루지만 동조하지 않고, 소인은 동조하지만 조화를 이루지 못한다"君子和而不同, 小人同而不和.《『논어』, 子路》는 구절이 있다. 지조없이 영합하여 동조하는 것이 아니라, 각자의 소신을 지키면서 서로 화합을 이루는 열린 자세를 강조하는 것이다. 『춘추좌전』昭公20년에서 안자晏子는 조화和와 동조同의 차이를 설명하면서, 조화란 요리사가 여러 가지 양념과 물과 불을 적절히 조절하여 생선과 고기를 삶아 맛있게 끓이는 국에 비유하면서, 임금과 신하 사이에서도 "임금이 옳다고 하는데 신하가 안된다고 건의하며, 임금이 안된다고 하는데 신하가 옳다고 건의하니, 이 때문에 정치는 평탄하여 충돌하지 않으며, 백성은 다투는 마음이 없다"和如羹焉, … 君臣亦然, 君所謂可, 臣獻其否, 君所謂否, 臣獻其可, 是以政平而不干, 民無爭心고 하였다. 따라서 서로 다른 맛이 어울려 국맛을 내듯이, 서로 다른 소리가 어울려 아름다운 음악을 이루듯이, 서로 다른 주장이 어울려야 화평한 정치를 이룰 수 있다고 보았다. 그것은 획일화된 추종同이 옳지 않고 다양성의 화합和이 진실한 것임을 제시하여 '조화'를 가치기준으로 제시하고 있는 것이다.

조선시대 도학에서는 정통론을 강화하면서 모든 이질적인 것을 이단으로 배척하였지만, 그래도 배타적 논리만 있었던 것이 아니라 포용적 논리도 지니고 있음을 찾아 볼 수 있다. 심의겸沈義謙과 김효원金孝元이 대립하면서 동인과 서인의 당파가 분열되는 상황에서 율곡은 양쪽을 조정하려고 노력하고 있었는데, 이때 어떤 사람이 율곡에서 "천하에는 양쪽 다 옳거나 양쪽 다 그른 경우는 없다. 그대는 요즈음 일에 옳고 그름을 분별하지 않고 양쪽다 온전하게 하고자 힘쓰니 인심에 불만이 있다"라고 항의하였을 때, 율곡은 "천하에는 진실로 양쪽 다 옳거나 양쪽 다 그른 경우가 있다. 백이와 숙제가 서로 사양하였는데, 무왕과 백이·숙제는 같지 않으니, 이것은 양쪽 다 옳은 것이다. 춘추·전국시대에 의로운 전쟁이 없었으니, 이것은 양쪽 다 그른 것이다"或謂先生曰, 天下無兩是兩非, 公於近日事, 不分是非, 務欲兩全, 人心不滿矣, 先生應之曰, 天下固有兩是兩非矣, 伯夷·叔齊之相讓, 及武王·夷齊之不同, 是兩是也, 春秋戰國之無義戰, 是兩非也,(『栗谷全書』, '年譜')라고 하여, 대립된 입장의 어느 한 쪽이 옳고 다른 쪽이 그르다고 갈라놓는 대결의 논리가 아니라, 양쪽에 모두 긍정적인 점과 부정적인 점이 있다고 봄으로써 서로를 포용하는 화해의 논리를 제시하고 있는 것이다.

실학자 정약용은 "성인의 도리는 구애됨이 없고 막힘이 없으며 '의'義를 따른다. 그러므로 '시중'時中이라 한다. 그러나 그 속에는 양주楊朱와 묵적墨翟의 의리도 모두 갖추고 있다. … 양주와 묵적은 모두 현인이다. 맹자는 그 폐단을 염려하여 물리친 것인데, 오늘날 사람이 맹자를 잘못 읽고서 양주를 인색한 사람으로 여기고 묵적을 무절재한 사람으로 여긴다"聖人之道, 不拘不滯, 義之與比, 故謂之時中, 然其中楊墨之義, 未嘗不俱存也, … 楊墨皆賢人也, 孟子慮其弊而距之, 今人誤讀孟子, 以楊子爲吝人, 墨子爲狂客,〈『與猶堂全書』, '孟子要義'〉고 하였다.

공자의 정신을 '시중'이라 말하는 것은 '정당성'義을 기준으로 삼을 뿐 어떤 배타적 선입견에 구애됨이 없는 것임을 전제로 확인하고, 맹자이후 유교전통에서 이단의 대표적 유형인 양주의 위아설爲我說이나 묵적의 겸애설兼愛說도 한쪽에 집착하는 폐단을 경계할 뿐이지 그 주장은 유교의 도리 속에 포용할 수 있음을 강조하고 있다. '이단'이란 한쪽 극단에 치우친 것이므로 '중용' 속에 포용할 수 있다고 보거나, 양주와 묵적의 의리를 '도' 속에 포용할 수 있다는 논리는 확장시켜보면 진정한 '도'는 어떤 이질적 종교나 사상도 포용할 수 있다는 논리를 가능하게 한다.

그러나 정약용은 다른 곳에서 "'도'는 하나일 뿐이다. 만백성이 함께 다니고 수레가 번잡하게 왕래하며 사람들이 어깨를 부딪치면서 다니는 것도 이 '도'에 말미암는다. 이것이 이른바 '함께 행하면서 서로 어긋나지 않는다'는 것이다. 오늘날 사람들이 두 가지 '도'가 병행하기를 바라지만 또한 어렵지 않겠는가"道一而已, 萬民並行, 轂擊肩磨而共由此道, 此所謂並行而不相悖也, 今人欲二道並行, 不亦難乎,〈『與猶堂全書』, '中庸自箴'〉라 하였다. 곧 『중용』(30장)에서 말하는 "'도'가 함께 행하면서 서로 어긋나지 않는다"道並行而不相悖는 구절에서 '도가 함께 행한다'는 병행이여, 두 가지 '도'의 병행으로 해석하기를 거부하고 있다. 그렇다면 정약용은 한편으로 포용적 논리를 제시해 놓고 나서 다른 한편으로 스스로 제약을 하는 양면적 모습을 보여주고 있는 것이 사실이다.

일본을 보는 눈

우리나라와 일본 사이에는 오랜 세월 많은 악연惡緣이 쌓여왔던 것이 사실이다. 그 이전은 모르겠지만 삼국초기부터 왜구倭寇의 노략질이 끊이지 않았다. 일본의 침략은 갈수록 심화되어 갔다. 가장 고통스러운 일본의 침략은 임진왜란 8년 전쟁동안 온 국토가 초토화되다시피 하였으니, 얼마나 많은 인명과 재산의 손실을 입었는지 넉넉히 짐작이 된다. 그 다음은 19세기 말부터 제국주의적 침략이 계속되어 마침내 조선왕조를 멸망시키고 36년 간의 식민통치를 하였으니, 우리 역사와 문화가 단절당하는 역사적 고통을 경험하였다. 그러니 한국인이 일본에 대해 갖는 불신감과 적대감은 뿌리 깊은 것이다.

이러한 우리와 일본의 역사적 경험은 더할 수 없이 불행하였던 것이 사실이다. 그러나 우리의 일본에 대한 불신감과 적대감은 서로 이웃하는 두

나라 사이에 이루어져야할 바람직한 관계는 결코 아니다. 더구나 한국과 일본처럼 문화적으로 상호 영향 속에 넓은 공통영역을 지닌 인접국이라면 오늘의 국제사회 속에서 서로 협력해야 할 많은 과제도 있고 그 필요성도 절실하리라 생각한다. 그렇지만 현실에서는 서로에 대한 멸시나 불신과 적대감이 속으로 끓고 있어서 수시로 노출되고 있음을 보게 된다.

개인이나 집안도 이웃 사이에 불화한 경우는 양쪽 모두에게 불행을 초래할 뿐이다. 이웃 사이에 힘이나 재산이나 지위에 차이가 있다 하더라도 상대편을 무시하고 자기중심으로 지배하려 든다면 그것은 횡포요 반인간적인 태도이다. 서로가 친밀하게 이해하고 조화롭게 협력할 수 있을 때라야 바로 자신의 바람직한 삶의 세계도 쉽게 이룰 수 있는 것이 아니겠는가. 그러니 우리가 언제까지나 일본을 비난하고 증오하면서 지낼 수는 없다. 나라 사이의 불행한 과거에 대해 상대방을 비판하는 입장만 내세우기보다는 자신을 반성하는 일도 한번 생각해 볼 필요가 있지 않을까?

『맹자』離婁上에는 "사람은 반드시 자신을 모욕한 다음에 남들로부터 모욕을 당하고, 집안은 반드시 스스로 자신을 훼손한 다음에 남들로부터 훼손을 당하며, 나라는 반드시 자신을 파괴한 다음에 남들로부터 파괴를 당한다"夫人必自侮, 然後人侮之, 家必自毁, 而後人毁之, 國必自伐, 而後人伐之는 말이 있다. 그것은 "잘되면 내탓이고 잘못되면 조상탓"이라는 식으로 언제나 책임을 남에게만 돌릴 수는 없다는 사실을 일깨워준다. 불행한 역사에는 반드시 자신의 책임도 있음을 각성하라는 말이다. 일본이 우리나라를 침략하고 우리 언어와 역사와 문화를 말살하는 모욕을 주었던 사실은 우리로서 결코 잊을 수도 없고 강력하게 항의하는 것이 정당하지만, 그 속에서도 우리 자신을 반성하는 지혜를 살려야할 필요가 있다. 감정적인 흥분의 적대감에 집착하여 이성적인 냉철한 판단을 잃는다면 우리 자신에게도 아무런 도움이 되지 못한다는 것이다.

사실 일본의 침략을 거듭 당했던 것은 일본이 호전적이고 침략적인 성격도 있었지만, 우리나라의 군비가 너무 허술하여 거의 무방비 상태였기 때문에 그렇게 혹독한 시련을 겪었던 것도 사실이다. 이웃나라를 침략하는 것이 결코 정당할 수는 없지만, 자기나라를 지킬 만큼 방어력을 갖추지 못하였던 우리나라가 아무 책임이 없다고 주장하기도 어렵다.

『손자병법』孫子兵法 모공謀攻편에서는 "상대를 알고 나를 알면 백번 싸워도 위태롭지 않으며, 상대를 모르고 자기를 알면 한번 이기고 한번 지게 되며, 상대를 모르고 자기를 모르면 싸울 때 마다 반드시 위태롭다"知彼知己, 百戰不殆; 不知彼而知己, 一勝一負; 不知彼不知己, 每戰必殆고 하였다. 우리가 번번이 일본의 침략을 당해 심한 파괴를 당하거나 나라가 망하는 지경까지 겪었다는 것은 분명 우리가 상대방인 일본도 모르고 우리 자신의 실상도 몰랐다는 말이 아니랴. 그저 문을 닫아걸고 소극적으로 방어자세만 취하면서 요행으로 안전하기만을 기다렸으니 어찌 패망의 고통을 당하지 않을 수 있겠는가?

일제의 식민지통치에서 받은 깊은 상처가 서서히 아물어가는 때에 우리 자신의 역사적 과오를 반복하지 않기 위해서라도 더욱 성숙한 국민의식으로 대응할 필요가 있다고 생각된다. 넓게 국제관계를 내다보며 우리 국민과 국가의 역량을 배양하여 선의의 경쟁과 화해 속에 상호 발전을 이루어가는 것이 바람직 할 것이다. 우리가 국력이 향상되고 문화가 세련되면 일본은 우리를 업신여기지도 못하고 오히려 존경할 터이지만, 우리가 안으로 보수와 진보가 분열하고 노동자와 사용자가 대립하면서 끝없이 소모전을 지속하고 있다면, 또다시 경멸당하고 침략당하지 말라는 법이 없다. 건강한 몸에 병마가 쉽게 범접할 수 없듯이 우리가 안으로 강하고 밖으로 너그럽다면, 우리 주위의 어떤 나라나 세상의 어떤 세력도 우리를 무시하는 일이 없을 뿐만 아니라 선망의 눈으로 바라보며 본받아 배우려고 모여들지 않겠는가? 아마 지금쯤은 적개심의 강박관념을 떨치고 자신을 돌아보아야 할 때가 되지 않았나 생각한다.

나라의 품격

　사람이야 모두 법률 앞에서 평등하지만, 사람의 품격 곧 '인격'으로 말하면 천평저울 위에 지구와 같이 올려놓아도 더 무거울 만큼 도량이 큰 '대인'에서부터 바람에 날려 길거리를 굴러다니는 낙엽 보다 더 가벼운 '소인'에 이르기까지 천차만별이다.

　신문을 보면 정치인이나 고위공직자가 뇌물을 받고도 끝까지 잡아떼면서 버티는 광경이나 사회적 지위가 낮은 대중들 속에서 조폭組暴·주폭酒暴·성폭행·무차별살상 등 온갖 가증스러운 범죄 기사들이 매일같이 신문지면을 더럽히고 있어서, 우리가 사는 나라가 걱정스럽고 불안하기 그지없다. 사람들 가운데는 너무 탐욕스럽고 너무 파렴치하고 너무 잔인하여, "얼굴만 사람이지 마음은 짐승"人面獸心이라거나, "옷을 차려입고 다니는 짐승"衣冠禽獸이라 꾸짖기에도 과분하여, 한마디로 "짐승만도 못한 인간"이라 질책해야할 실성한 인간들이 왜 이렇게 많은지 이해하기가 어려울 지경이다. 이 나라에 과연 국법이 제대로 시행되고 있는 것인지 의심이 든다.

인간의 품격에는 저 꼭대기에 인격이 숭고하여 하늘에까지 닿는 '성인'이 있겠지만, 그 바닥을 인격이라고는 찾아볼 수 없는 '무인격'無人格 상태라 할 수는 없다. 그 아래 마이너스로 극한까지 내려가는 온갖 사악한 '악인'들이 있는 게 분명하다. 그래도 인간에게는 뉘우치면 되돌아올 수 있다는 가능성에 대한 희망이 있고, 무한히 향상할 수 있다는 믿음이 있다. 그래서 이렇게 난폭하고 사악한 '악인'까지도 그 마음을 고쳐먹기만 하면 언제든지 '군자'나 '대인'이 될 수 있다는 믿음 때문에, 극악한 인간들도 지구 밖으로 퇴출시키지 않고 여전히 인간사회의 테두리 안에 품고 있는가 보다.

나라도 사람과 마찬가지로 나라의 품격 곧 '국격'國格이 있다. 큰 나라나 작은 나라나 국제법 앞에서야 동등한 권리를 가지겠지만, 나라의 품격은 천차만별이 아닐 수 없다. 문학·철학·과학, 음악·미술·건축의 탁월한 문화유산을 가지고 있으며, 기술과 산업의 발달로 풍요롭고 안정된 사회를 이룬 문명한 선진국이 있는가 하면, 부패한 독재권력이 지배하면서 백성은 빈곤과 고통에 허덕이고, 내분과 내전에 시달리면서 좌절하고 있는 후진국도 많다. 그러나 후진국 보다 더 나쁜 나라는 사방으로 남의 나라에 가서 전쟁을 일삼으며 영토를 빼앗거나, 군사와 경제의 힘으로 약소국을 약탈하고 지배하는 강대국이 있다. 이런 폭력적인 강대국이 바로 진정한 '악의 축'일 것이다.

그런데 오늘날 선진국이라는 나라들의 대부분은 한 때 다른 나라를 침략하여 지배하면서 약탈하고 영토를 넓혔던 나라들이고, 후진국이라는 나라들의 대부분은 지금의 선진국에 침략을 받아 식민지가 되거나 영토를 빼앗겼던 나라들이다. 아예 병합된 후 사라져버린 나라와 민족들도 많다. 우리 가까이는 유구국琉球國은 1871년 일본에 병합된 후 다시 살아나지 못하였고, 티베트도 1949년 중국이 점령한 이후로 나라를 잃고 이제 다시 살아날 가능성이 희박해 보이는 실정이다. 과연 우리가 사는 이 세상에는 나라 사이에 세력이 아니라 정의라는 것이 무슨 효력이 있는 것인지 확신이 서지 않는다.

우리 역사를 돌아보아도 침략적 세력에 엄청난 고통을 겪어야 했던 시련의 역사이다. 고구려는 중국의 수나라 당나라의 침략을 잇달아 받아야 했고, 마침내 요동벌판에서 연해주에 이르는 아득한 옛 영토를 다 잃고 말았다. 광막한 대륙을 말달리던 씩씩한 기상을 간직한 유일한 역사 유물인 광개토대왕 비석도 이제는 남의 나라 땅을 찾아가 둘러보아야 하는 처지가 되고 말았다. 제 나라를 지킬 힘이 없어 한번 오그라들고 나면 사방의 이웃나라로부터 유린당하지 않을 수 없었다. 북쪽에서는 몽고족의 원元나라, 거란족의 금金나라, 여진족의 청淸나라도 쉴새없이 침략해 왔고, 남쪽에서는 일본의 침략이 끊이지 않았다.

일본은 임진왜란 8년 전쟁동안 조선의 전 강토를 초토화시켰고, 조선 말에는 나라를 강탈하여 36년간 식민지로 삼아 지배했으니, 우리로서는 결코 잊을 수 없는 묵은 원한이 있다. 그런데도 우리의 독도를 자기네 땅이라 고집하고 일본군 위안부문제 등 온갖 만행에 대해서도 아무 죄책감을 보이지 않는 파렴치한 행태를 거리낌 없이 드러내고 있다. 분명 일본은 과거에 팽창의지가 넘치는 강대국으로 우리나라만 아니라 우리가 잃은 만주 땅까지 점령하고 임진왜란 때 이미 야욕을 드러내었던 중국대륙과 동남아시아 여러 나라들을 침략하였던 일이 있다. 지금도 경제대국으로 선진국의 대열에 서 있는 것은 사실이다. 그러나 일본의 '국격'은 결코 '대국'大國이 아니라 여전히 왜소한 '왜국'矮國: 倭國일 뿐이다. '대국'으로서의 품어주는 아량의 금도襟度가 전혀 없고, 남의 것이라도 빼앗아 자기 것으로 삼으려는 왜구倭寇의 근성을 벗어나지 못하고 있기 때문이다. 다만 일본은 우리 이웃나라이니 과거에 저질렀던 죄악을 스스로 각성하고 크게 뉘우쳐서 좋은 이웃나라로 다시 돌아오기를 기다릴 뿐이다.

　다산은 일본이 유교 문물에 순치되었다고 인식하여 일본에 대한 신뢰감에서, "일본은 이제 근심할 것이 없다"日本今無憂也,〈「日本論(1)」〉고 말했던 일이 있다. 그러나 나는 일본이 아직도 부끄러운 줄을 모르고 이기심에 빠져 있어, 그 '국격'이 왜소함을 보고 실망감에서, "일본은 이제 두려워할 것이 없다"고 말하고 싶다. 일본을 갈 때마다 일본인의 친절하고 예의바른 태도와 거리가 깨끗하고 제품이 정교함을 무척이나 부러워했는데, 이제는 일본이 부럽지 않다는 생각이 든다. 우리의 국가신용등급도 일본보다 높아졌다고 하니, 남은 문제는 우리나라가 당당하게 대도大道를 내세우고 포용력이 있는 '대국'으로 국가의 품격을 높이는 것이라 생각한다. 그래서 금년 말 누가 새로 대통령에 당선되더라도 부디 왜소한 일본과 맞서서 다투지 말고, 우리나라의 품격을 '대국'으로 높여주기 바랄 뿐이다. 그러기 위해서는 무엇보다 먼저 국법을 제대로 시행하여서 국가의 기강을 바로 세워야 할 것이다. 권력자에서 노동자에 이르기까지 국법을 무시하고서야 그 나라의 척추가 제대로 서지 못할 것인데 어떻게 나라의 품격을 바로 세울 수 있겠는가. 우리가 나라의 품격을 당당하게 세우지 못하면 일본만이 아니라 다른 나라들의 침략이나 무시를 다시 당하지 않을 수 없을 것이다.

제4부

유교는 종교인가?

유교는 종교인가?
신을 섬기는 제사가 인간을 섬기는 길
인간과 신이 만나는 제사
조상을 섬김으로써 하늘을 섬기는 제사
우리 역사에 스며든 공자의 정신
건강한 사회를 향한 꿈
불신과 부패라는 사회적 질병
전통문화와 문화창조
유교인은 오늘 무엇을 할 수 있는가
21세기에 왜 퇴계학인가
다산사상의 계승과 다산정신의 활용

유교는 종교인가?

 평생 유학사상, 특히 한국유학을 전공으로 공부하다보니, 같은 분야를 전공하지 않는 사람들이 나에게 던지는 질문 가운데 가장 흔한 질문은 "유교와 유학의 차이는 무엇인가?"라는 문제와 "유교는 종교인가?"라는 문제의 두 가지이다.
 첫 번째 질문은 옛날 유학자들이라면 결코 던지지 않을 질문인데, 오늘날 우리의 언어사용법에서 당연히 생겨날 수 있는 의문점이다. 우선 '유'儒는 학자 내지 선비를 가리키는 말로서 한漢나라 때 양웅揚雄은 『법언』法言에서 "하늘과 땅과 사람에 통달함을 '유'라 한다"通天地人曰儒고 하였으니, 우주와 인간의 '도'道에 통한 인물이나 그 도를 추구하는 학자를 가리키는 말이라 할 수 있다. '교'教와 '학'學은 글자 그대로 가르침과 배움이다. 스승의 입장에서는 가르침이고 학생의 입장에서는 배움이니, 그 입장에는 차이가 있더라도 그 내용에는 차이가 없다고 할 수 있다.

다만 오늘날 언어사용법에 따라 '유교'는 종교의 측면이요 '유학'은 학문의 측면이라 볼 수 있지 않은가 하는 의견이 상당히 강하게 제기된다. 전통사회에서도 '교'라는 말은 사실 불교·도교·기독교 등 종교를 가리키는 말로서 많이 쓰여졌고, '학'이라는 말은 주자학·양명학·경학·예학·실학 등 학문체계를 가리키는 말로서 흔히 쓰여졌던 것은 사실이다. 오늘날에는 신념체계로서의 종교와 지식체계로서의 학문은 엄청난 거리를 내포하고 있는 것으로 이해된다. 어떤 의미에서는 서로 상반된 것으로 볼 수도 있다. 그러나 전통사회에서 '유교'와 '유학'이라는 말이나, '불교'와 '불학'이라는 말은 상반된 것이 아니라, 매우 가까워 서로 통용해서 쓸 수도 있는 용어이다.

오늘날에서는 종교인과 종교학자는 동일한 종교를 대상으로 하더라도 전혀 다른 입장에서 접근한다. 이에 비해 전통사회에서 유교인과 유학자는 얼마간 성격의 차이를 지닌다고 하더라도 본질적으로 다른 입장에 서 있는 것은 아니다. 그렇다면 '유교'와 '유학'의 차이는 딱히 종교와 학문의 차이로만 규정하기도 어려운 점이 있다. 어찌보면 그 경계가 애매하게 보일 수 있는 경우이다. 유교나 유학은 태생적으로 종교적 신념과 학문적 태도가 혼재 내지 융합되어 있고, 엄격히 분리되어 있지 않다는 특징을 이해할 필요가 있다. 바로 이 점에서 오늘의 시각에서 보면 종교적으로도 신비적 신앙체험이 부족하게 보이고 학문적으로도 가치판단에서 벗어나서 합리적 객관성을 추구함에 철저하지 못하다고 보이는 것이 사실이다.

첫 번째 질문에 대한 나의 대답은 유교를 종교적 신념으로 보고 유학을 학문적 체계로 볼 수는 있지만 '유교-유학'의 경우에서는 그 경계가 불분명하여 애매한 약점이 있는 반면에 그 융합적이고 통일적인 성격이 매력이요 강점으로 느껴질 수도 있다는 것이다.

두 번째 질문은 한걸음 더 나아가 '유교'거나 '유학'이거나 도대체 그것이 종교인가 아닌가라는 근본성격에 대한 질문으로 보인다. 바꾸어 말하면 유교에서 교조敎祖로 받드는 공자孔子의 의식 속에는 '도'와 '천'天이 합리적이고 윤리적인 탐구대상으로서의 철학적 진리를 의미했었던 것인지, 초월적이고 신비적인 신앙대상으로서의 종교적 진리를 의미했었던 것인지를 묻는 질문이기도 하다. 공자 이후 여러 시대의 유학자들은 공자가 말하는 '도'나 '천'을 어떻게 이해했던가를 살펴보면, 가장 큰 영향력을 지녔던 주자朱子나 왕양명王陽明의 경우 분명히 이치理로서 해석했던 것이며, 따라서 철학적 이해의 성격이 뚜렷하다.

여러 종교에서는 '신'神과 인간의 관계를 거듭하여 언급하고 있다. 혹은 '신'은 절대적이고 인간은 보잘 것 없는 피조물이나 어리석고 죄 많은 중생衆生으로 제시된다. 유교는 '천'이나 '신'을 어떻게 인식하고, 이와 연관하여 인간을 어떻게 인식하고 있는지 이해하는 것이 당연히 중요할 과제이다. 분명 주자는 이기설理氣說에 따라 '천'을 이치로 인식하고 '신' 내지 '귀신'을 기질로 파악하였다. 그렇다고 주자는 '천'이 이치이기만 하고, '신'은 기질이기만 한 것이라 규정한 것이냐 하면 그렇게 단정할 수가 없다. '천'을 이치라 보았지만, 이치로서의 '천'이 신비한 능력을 발현할 수 없는 자연법칙의 근거로만 본 것은 아니다.

사실 공자나 맹자야 '천'을 궁극적 근원으로 인식하여, 두려워하고畏天 받들고奉天 섬겼던事天 것은 물론이요, 송나라 때의 주자와 우리나라 퇴계나 율곡 등 도학자들은 '천'을 이치로 해석하였지만 두려워하고 섬기는 신앙적 태도를 잃지는 않았다. 그러나 오늘날의 유교인으로 자처하는 유림儒林들은 물론이요, 유교를 전공하여 공부하는 학자들도 '천'을 두려워하거나 섬기는 신앙적 자세를 대부분 잃고 말았다.

그래서 두 번째 질문에 대한 나의 대답은 유교를 종교로 보아야 한다는 것이다. 다만 옛 사람들에게서는 유교가 살아있는 신앙의 종교였지만, 오늘날은 유교인들조차 종교적 신앙을 잃어버려서 유교가 종교라는 것을 확인하기 어렵게 되었다고 본다. 이제 유교는 종교로서는 거의 죽어가는 단계요 다시 생명을 되살려내는 기적이 일어나지 않는다면 종교로서 유교는 죽어버리고 말 것이다. 유교의 생명이 종교적 신념에 있다고 한다면 종교적 신념을 잃은 유교는 바로 죽은 유교의 형해形骸가 되고 만다. 이렇게 되다 보니, 유교는 이제 전통사상이나 전통문화라는 과거의 유물로 남아 있을 수 밖에 없다. 철학적 이론이나 윤리적 규범이나 사회통치의 체계 및 생활관습으로서 연구대상이 될 뿐이다. 그것은 마치 먼 옛날의 추억처럼 남아있는 것이 아닐까 생각된다. 다만 추억도 현재의 나의 삶에 의미를 던져주고 어떤 동력이 될 수도 있을 터이지만 말이다.

신을 섬기는 길은 인간을 섬기는 길

제사는 신神: 鬼神을 섬기는 예법이다. 신을 어떻게 섬겨야 할 것인가의 문제에 대한 대답은 바로 제사를 어떻게 드려야 하는 것인가를 말해주는 것이다. '제'祭라는 글자는 신示에게 희생의 고기月: 肉를 손으로 바쳐서 올리는 모습을 그린 상형문자이다. 인간이 신에게 제물을 바치는 것이 제사의 문자적 의미로 설명된다. 그러나 제사의 행위는 바깥으로 드러나는 형식이라면, 더욱 중요한 의미는 그 제사를 드리는 인간의 정신적 자세에 있다.

공자는 "아직 사람을 섬길 수 없는데 어찌 귀신을 섬길 수 있으랴"未能事人, 焉能事鬼,(『논어』, 先進)라 말씀하였다. 인간을 사랑하여 정성과 공경으로 섬길 수 없으면 아무리 제사의 절차와 예절을 잘 갖추었다고 하더라도 '신·귀신'을 섬길 수 없으니 '헛제사'가 되지 않을 수 없다. 말하자면 제사의 본질적 정신은 정성과 공경을 다해 인간을 섬기는 마음에 있는 것이요, 제물을 잘 차려놓은 제상 앞에서 예법에 맞게 제복을 갖추어 입고 서 절차에 따라 꾸벅꾸벅 절을 한다고 올바른 제사가 되지 않는다는 점을 일깨워준다. 그렇다고 제사의 형식은 아무 의미도 없다는 말은 아니지만, 무엇보다 제사의 본질인 정신을 결코 잊어서는 안된다는 것을 강조하고 있는 말이다.

가정을 화합하게 하고 이웃을 사랑하는 인간에 대한 사랑이 없으면 이미 자기 욕심에 사로잡혀 인간을 섬기는 마음을 잃어버린 것이다. 이렇게 다른 사람을 사랑하고 섬길 수 없는 이기적 인간이 제물을 아무리 풍성하게 차려놓고 제사를 드린다고 해도 그것은 신을 섬기는 도리가 아니다. 오직 신을 이용하여 자기 자신이나 자기 가정만 복을 받으려는 이기적 욕심을 채우려는 것일 뿐이니, 어떻게 신을 섬긴다고 할 수 있겠으며 어찌 신이 그 제사를 받아들일 수 있겠는가.

그렇다면 조상의 신이나 옛 성인과 현인의 신이나 하늘의 신에게 제사를 드릴 때에는 먼저 스스로 자신을 살피며 과연 자기 가슴 속에 인간을 사랑과 정성과 공경으로 섬기는 마음이 있는지를 반성해볼 필요가 있다. 다른 사람에 대해 거만하고 무례하게 굴며, 남을 미워하고 원망하는 마음을 품고 살면서 신을 섬기려 해도 신이 돌아보지 않으니 허황한 짓이 될 것이요, 떡 벌어지게 차려놓고 제사를 드린다 해도 신이 흠향하지 않으니 공허한 짓이 될 것이다. 그러나 항상 다른 사람에 대해 겸손하고 예의바르며, 남을 사랑하고 존경하는 마음을 품고 살아간다면 그 마음이 바로 신을 섬기는 마음이다. 제물을 아무 것도 준비하지 못하여 맹물 한 그릇만 올려놓고 제사를 드려도 신은 기쁘게 감응하고 흠향하시지 않겠는가.

　제사가 그 본질의 정신을 잃어버리고 형식적 절차만 지켜 온지도 오래 되었던 것 같다. 그러나 "남의 제사에 감나와라 대추나와라"하고 시시콜콜 형식만 따지며 참견하던 시절도 아득한 옛 이야기가 되고 말았다. 홍동백서紅東白西니 동두서미東頭西尾니 제물의 진설을 세밀하게 규정하여 짚어가던 일도 이미 의미를 상실한지 오래되었다. 정신을 상실했는데 그 껍데기인 형식인들 얼마나 오래 지탱할 수 있겠는가? 오늘날 우리사회에서 조상제사의 전통이 급격히 쇠퇴하고 있는 현상도 그 원인을 돌아보면 제사의 의례절차와 형식을 잃었기 때문이 아니라, 근원적으로 제사의 정신을 망각하고 있기 때문이라 말하지 않을 수 없다.

인간과 신이 만나는 제사

　제사는 인간이 신을 섬기는 예법이면서, 동시에 인간과 신이 만나고 교류하는 자리이다. 제사의 절차를 보면 준비과정으로서 자신의 몸과 마음을 정결하게 하고 정성스럽게 다스리는 재계齋戒에서 시작한다. 제사에서 인간은 신에게 제물을 올리는 것이 중요하다. 그러나 좀더 깊이 헤아려보면 인간은 목욕재계하여 몸과 마음을 정화시킴으로써 정결하고 정성스러운 자신의 마음을 신에게 올리는 것이다. 제상 위에 차려놓는 제물은 그릇과 같은 도구일 뿐이다. 이 제물이라는 그릇에 담는 진짜 제물은 제사를 드리는 사람의 정성스럽고 경건한 마음이 아니겠는가. 그렇다면 정성스러운 마음이 없이 제물만 차려놓은 제사는 빈 그릇으로 신을 대접하려드는 것이 되고 만다.
　재계가 극진하게 이루어져 심신이 정결하고 정성으로 충만하게 되면 이미 제사의 가장 중요한 기본조건은 다 갖추어졌다고 할 수 있다. 그러나 제사는 형식적 절차에 따라 펼쳐감으로써 제사의 정신도 더욱 생생하게 드러내게 된다 제사는 미세한 형식절차에 얽매일 필요는 없지만 질서 있는 절차의 구조를 갖추는 것은 결코 소홀히 할 수 없는 일이다. 제사절차의 기본구조를 살펴보면, 먼저 향을 사르고焚香 술을 뿌려 신을 모셔온다降神. 제사에 신이 강림하지 않으면 이미 제사가 아니다. 아무리 간단하고 소박한 절차의 제사도 제사를 드릴 대상으로서 가장 먼저 신을 모셔 와야 한다.

신을 모셔온 다음에는 먼저 신에게 드리고 싶었던 가슴 속에 담아둔 말씀을 사뢴다告祝. 그리고서 술잔을 올리고獻爵 제물을 올리면서進饌 경건하게 절을 한다. 이것은 인간이 신에게 정성을 바치는 과정이다. 이에 상응하여 신은 인간이 바친 제물과 술에 담긴 정성에 흠향하시고歆饗, 제사를 올리는 인간에게 복을 내려주신다降福. 신이 인간에게 응답하는 과정은 복을 내려주는 것이다.

이렇게 제사를 통해 신과 인간이 정성과 복을 서로 주고받으며 교류한다. 그 다음에 인간은 신이 내려준 복을 받아 모시고飮福 제사가 끝나면 이미 신이 내려준 복이 담겨있는 제물을 제사에 참여한 사람들이나 이웃에 두루 나누어 먹는 분준分餕 곧 음복잔치를 한다. 신이 내려준 복을 자기 속에 받아 모시는 '음복'飮福은 인간이 신을 자기 속에 모신 것이요 자기와 신존재가 일치를 이루는 것을 경험하는 것이라 할 수 있다. 물론 제사가 끝나면 처음에 모셔왔던 신을 전송하고 다시 사당에 되돌려놓는다納主.

이러한 제사의 형식절차 속에서 인간과 신이 서로 만나고 교류하는 과정을 생생하게 읽을 필요가 있다. 곧 제사의 절차 속에 인간의 정성스러운 마음이 담기지 않으면 신이 흠향하지도 않고 복을 내려주지도 않을 것은 당연한 일이다. 정성도 빠지고 복도 빠진 제물이라면 일상의 식탁에서 먹는 음식과 다를 바가 없다. 제사를 지냈다 하더라도 복이 빠진 제물을 먹는 것이니, 이것이 바로 '헛제사밥'일 뿐이다.

조상을 섬김으로써 하늘을 섬기는 제사

다산은 제사의 근원적 의미를 가장 심원하게 통찰하였던 학자였다. 그는 "제사의 예법은 본래 하늘을 제사하는데서 발생하며, 조종祖宗에 대한 제사는 가장 먼저 하늘에 배향하는데서 말미암는다"祭祀之禮, 本起於祭天, 祖宗之祭, 首繇於配天,〈『尙書古訓』〉라 하였다. 제왕이 조상을 제사하는 '조종'의 제사가 조상을 하늘에 배향하는 것임을 말하였지만, 제사의 근본이 하늘을 제사하는 것이라면 제왕만이 아니라 모든 인간의 제사는 근원적으로 조상을 하늘에 배향할 수 있어야 한다는 의미이다.

공자도 "어진 사람이 어버이를 섬기는 것은 하늘을 섬기듯이 하고, 하늘을 섬기는 것은 어버이를 섬기듯이 한다"仁人之事親也, 如事天, 事天如事親,〈『예기』, 哀公問〉고 말했다. 하늘을 섬기는 마음이 없으면 어버이를 섬길 수 없고, 마찬가지로 어버이를 섬기는 마음이 없으면 하늘을 섬길 수 없다는 것이다. 그렇다면 『예기』祭義에서는 "돌아가신 분 섬기기를 살아있는 사람 섬기듯이 한다"事死者如事生고 하였으니, 돌아가신 어버이를 섬겨 제사를 드리는 것은 살아계신 어버이를 섬기는 것과 같고, 나아가 하늘을 섬기는 제사와 하나로 통하는 것이 아닐 수 없다.

『중용』(16장)에서는 귀신의 덕이 성대함을 강조하면서 "천하의 사람으로 하여금 재계하여 심신을 정결하게 하고 제복을 갖추어 입고서 제사를 받들게 한다"使天下之人 齊明盛服 以承祭祀고 하였다.

다산은 이 구절에서 말하는 제사의 의미를 해석하면서, "옛 사람은 진실한 마음으로 하늘을 섬기고, 진실한 마음으로 신을 섬긴다"古人實心事天, 實心事神고 역설하였으며, 이어서 "군자의 학문은 어버이를 섬기는 데서 시작하여 하늘을 섬기는 데서 마친다"君子之學, 始於事親, 終於事天,〈『中庸講義』〉고 언급하였다. 제사에서 조상의 신이나 성현의 신을 섬기는 방법이 바로 하늘을 섬기는 방법으로 통하는 것이요, 신이나 하늘天·上帝을 섬기는 근본조건이 '진실한 마음'實心에 있는 것임을 확인하고 있다.

그렇다면 '진실한 마음'에서는 조상이나 성현의 신과 함께 하늘을 만나고 섬길 수 있다는 말이다. 다산은 조상이나 옛 성현의 신들의 근원에는 언제나 하늘(상제)이 자리잡고 있음을 주목하였다. 따라서 살아있는 어버이를 섬기는 것이 돌아가신 어버이를 섬기는 것과 일치하고 이렇게 어버이를 섬기는 일이 출발점이라면 그 궁극적 귀결은 하늘을 섬기는 것이라 한다. 조상에 대한 제사가 하늘을 섬기는 제사와 통한다는 다산의 시야에서는 인간존재가 하늘과 얼마나 긴밀하게 연결되어 있는지를 생생하게 각성시켜주고 있다.

다산의 가르침을 따른다면 제사를 드릴 때에는 제사의 대상인 신을 진실한 마음으로 생각하면서 동시에 그 신을 품고 있는 근원으로서의 하늘을 함께 생각해야만 제사가 온전하게 될 수 있다. 제사를 통해 나와 조상이나 성현이 만나면서, 인간을 사랑하는 나의 마음을 길러내고 내 마음을 정성스럽고 진실하게 다듬어 하늘과 통할 수 있게 된다. 그만큼 제사는 다른 것이 아니라, 나와 남이 사랑으로 결합하고, 산 자와 죽은 자가 서로 교류하여 결합하며, 인간의 안과 밖에 항상 하늘이 내려와 있어서, 사방으로 소통하고 화합하는 세계의 이상이 추구되는 사실을 확인할 필요가 있다.

우리 역사에 스며든 공자의 정신

중국의 주周나라 말기인 춘추春秋시대에는 왕실이 쇠약하고 사회질서가 혼란에 빠졌었다. 천하는 세력과 이익을 추구하는데 급급하여 간사한 논설로 백성을 속이고 임금을 시역弑逆하는 일이 자주 일어났다. 이러한 춘추 말기에 공자는 노나라 창평昌平 땅에서 태어나(B.C.551) 73세로 생애를 마쳤다(B.C.479). 공자는 평생토록 세상의 어지러움을 근심하였으며, '인'仁의 도리를 밝혔다. 그는 무엇보다 '육경'六經을 편집하여 도덕의 가르침을 베풀었으며, 이를 통해 유교를 일으키는 데 힘을 다하였다.

공자는 유교전통에서 극진하게 높여져 '영원한 스승'萬世宗師으로 받들어지고 '유교정신의 집대성자'大成요, '지극한 성인'至聖이라 일컬어지고 있다. 이처럼 공자의 인격과 덕은 영원한 빛으로서 2천년이 지나 오늘에 이르기까지 중국과 우리나라 뿐만 아니라 전 아시아지역을 비추어 왔으며, 오늘날은 전세계 인류의 빛으로 더욱 찬란히 빛날 수 있는 시점에 놓여있다고 하겠다.

공자의 가르침이 우리나라에 들어온 것도 2000년 가까이 되었다. 그 동안 여러 왕조가 바뀌어 가는 가운데서도 공자의 도덕적 가르침은 민족문화의 기조를 이루었고, 시대정신을 순화하며, 민족의 발전을 유지하는데 절대적인 영향을 주어왔다. 삼국시대에 이미 유교경전이 기본교과목이 되어 유교사상을 교육의 기준이요, 치국이념의 근간으로 삼았던 것이다.

삼국통일의 국력을 기르는데 중추적 역할을 하였던 화랑花郞을 세우면서 신라의 진흥왕은 효·제·충·신孝悌忠信으로 교육하였다. 이러한 유교정신은 곧 나라를 다스리는 큰 요령理國之大要이 되었던 것이다.(『삼국유사』·「미륵선화」) 효(孝)와 충(忠)은 공자의 일관된 가르침이며, 인간의 본래 타고난 성품과 감정에서 나오는 것으로, 중국인의 고유한 것이 아니라 인간의 보편적 윤리로 인식되어 왔다.

따라서 한국의 역사를 통해 돌아보면 군왕이 지켜야 하는 윤리규범도 효와 충에 입각하고 있는 것임을 드러내고 있다. 백제의 의자왕에 대해 "어버이를 섬김에 효도하고, 형제들과 더불어 우애하였으니, 당시에 해동의 증자라 일컬었다."事親孝, 與兄弟友, 時號海東曾子.〈新唐書, 百濟條〉라 하여, 효도孝와 우애悌로 군왕의 덕을 칭송하였다. 또한 신라의 문무왕文武王은 불교를 숭신하면서도 충국忠國정신을 근본으로 삼고 있다. 그래서 "짐은 죽은 뒤에 나라를 수호하는 큰 용이 되어 불법을 높여 받들고 나라를 지켜 보호하고자 한다."朕身後, 願爲護國大龍, 崇奉佛法, 守護邦家.〈三國遺事, 文虎王條〉라는 유지遺旨에서도 호국護國 내지 충국忠國의 정신을 뚜렷하게 드러내주고 있다.

이러한 충효정신은 불교나 노장사상과도 대립하는 것이 아니다. 고려시대 초기에 최승로崔承老가 언급하고 있는 것처럼 유교는 '나라를 다스리는 근원'理國之源이며 '오늘의 임무'今日之務로서 파악되어 그 역할을 다해왔던 것이다. 조선시대는 유교를 건국이념으로하여 나라를 다스리고 백성을 교화하는데 유교사상과 유교의례를 철저히 구현하여왔다. 강상綱常의 논리는 대중 속에 확립되었으며, 무수한 국난을 겪으면서도 국가를 보존해 나갔던 것은 국민이 충렬정신을 발휘하여 총화를 유지하였음에 힘입은 것이었다. 따라서 우리의 민족역사는 각 시대에서 다양한 시대상황과 사상조류에 부딪쳐왔지만, 언제나 공자의 핵심적 가르침인 '인'仁과 '충효'정신에 기초하여 융합과 조화를 이루어나감으로써 문화민족으로 인류역사에 나름대로 큰 빛을 발할 수 있었던 것이라 하겠다.

건강한 사회를 향한 꿈

　우리는 오늘의 세계사적 격동 속에서 우리 자신의 역사적 위치가 어디에 와 있는지 다시 한번 눈을 크게 뜨고 찾아내어야 할 필요가 있다. 그동안 우리는 경제성장을 위해 그리고 민주화를 위해 앞만 보고 열심히 뛰느라 자신이 처한 위치도, 나아가야 할 방향도 전체적으로 점검하지 못하였던 것이 사실이다.

　어쩌면 우리는 이 시대사의 격류에 휩쓸려 표류하고 있었던 것일 수도 있고, 아니면 탁류가 소용돌이치듯 혼돈스러운 이 시대상황 속에서 방향을 잃고 헤매었던 것일 수도 있다. 21세기를 열어가는 역사적 전환점에 서서, 우리 사회가 헤치고 나가야 할 방향을 찾는다는 것은 분명 오늘의 우리에게 가장 절실한 당면한 과제이리라.

　우리가 21세기를 살아가면서 미래를 내다보고 앞서 준비하기 위해서는 먼저 지난 20세기 동안의 우리 자신을 돌아보고, 그 동안 우리 민족이 겪어야 했던 역사적 진통과 우리 사회가 끊임없이 시달려 왔던 시대적 좌절을 통렬하게 성찰해야 할 필요가 있다.

우리에게 있어서 해방은 36년간의 일제 식민지 지배로 부터 해방되는 것이요, 광복은 조국으로서의 대한민국을 건국하여 다시 우리의 조국을 확보하는 것으로서, 한 가지 사실을 바라보는 두 가지 시선을 동시에 포함하고 있다. 따라서 일제 식민지 유산을 청산하지 못하면 대한민국의 건국도 신선한 생명력을 얻기 어렵다는 것은 자명한 사실이다. 그러나 실제로 우리는 관료계층과 행정제도나 생활양식에 이르기까지 광범한 영역에서 식민지 유산을 제대로 청산하지 못하였고, 따라서 역사의식과 사회기강이나 문화체제가 식민지 유산이라는 후유증에서 벗어나지 못했던 것이다.

또한 미군정美軍政시대와 6^25를 거치면서 우리사회가 미처 대응할 여유를 갖기도 전에 미국의 저질문화가 쏟아져 들어오자, 우리의 민족문화라는 생명체는 원기를 잃고 온갖 질병의 심한 합병증을 앓아야 했었다. 더구나 민족분단과 독재권력은 우리 국민이 짊어졌던 가장 무겁고 견디기 어려운 짐이었다. 민주화를 추구하는 사회적 염원은 무수한 갈등과 희생을 치루고서야 어느정도 제도적 기반을 확보할 수 있었던 것이 사실이다.

지난 세기 후반에 사회를 재건하고자 하는 우리의 시대의지는 '근대화'로 표출되었다. 빈곤을 극복하고 산업화를 추구하면서 '한강의 기적'이라 일컫던 그 눈부신 경제성장을 이루었다. 그러나 가치지향이 물질적 일면으로 편중되면서 우리의 전통적 정신문화를 극도로 황폐화시키는 결과를 초래하였다. 그래서 뒤늦게나마 물질적 가치와 정신적 가치의 불균형이라는 모순을 극복하기 위해 민족의식을 다시 각성하고 전통문화의 중요성을 고취하는 문화운동이 일어났던 것이다. 1970년대 이후 우리의 한문고전을 국역하거나, 전통사상을 연구하며, 전통예술을 계발하는 데 상당한 업적이 축적되었다.

  국민정신을 강건하게 되살리고 사회기강을 확고하게 세우기 위해서는 우리의 문화전통을 되살리며 한걸음 더 깊이 들어가서는 모든 사람의 가슴 속에 살아있는 선한 마음을 표출시켜 일치된 가치관으로 불러일으켜야 할 것이다. 그것은 모든 사람이 지성과 정서에서 공감하는 '공론公論'이어야 하고, 강인한 신념으로 실천될 수 있어야 한다. 이제 어떤 지도자가 표방하는 정치적 구호만으로 대중을 이끌어갈 수 있는 시대는 지나갔다. 지역적 집단적 이기심을 극복하고 성숙한 국민으로서 그 선한 성품을 각성함으로써, 천둥같은 공론의 목소리로 우리 사회를 이끌어가야 할 때가 된 것 같다. 우리의 사회적 희망과 문화적 이상은 우리 시대 대중의 성품과 정서에서 싹트고 있으며 성장하지 않을 수 없는 것이다.

불신과 부패라는 사회의 질병

　우리가 경제적 근대화에 성공을 노래하는 동안, 그 그늘에서는 무절제한 탐욕과 이기주의가 팽배하면서 우리 사회가 극심한 부정부패와 무질서에 빠져들어 사회기강이 뿌리까지 썩어들어가는 고통을 겪어야 했다. 급격한 산업화로 공기와 물과 식품이 모두 공해로 오염되어 우리 자신의 생명을 위협하고, 퇴폐적 향락문화가 번져 우리 사회를 더욱 혼탁하게 하였다. 범죄도 더욱 확산되고 잔혹해졌다. 사회적 부조리가 부실을 불러오면서, 교량이 붕괴되고, 도시가스가 폭발하여 도로가 함몰되거나, 백화점이 무너져 엄청난 희생자를 내는 사건들이 잇달아 발생한 일들이 아직도 기억에 남아 있다. 이러한 현상은 우리 사회가 그동안 이루어 놓은 발전의 성과물들이 겉으로 번듯하게 보이지만 속으로 부정不正과 부실不實에 멍들고 썩어들어간 사상누각沙上樓閣임을 보여주는 빙산의 일각일 뿐이다.

　정치 지도층의 부패가 말단 행정에 까지 퍼져가고, 상거래는 물론이요 교육계와 종교계 까지 부패가 번져갔으니, 윗 물에서 아랫 물 까지 모두 썩어버려 돌림병처럼 불의가 만연되어 갔다. 한때 '정의사회'正義社會를 구현해보겠노라 구호를 내걸어보기도 했지만 불의로써 불의를 치료하기란 처음부터 불가능한 일이었다. 부정부패는 '불신'不信이라는 또 하나의 무서운 전염병을 유발시켜, 아무도 믿을 수 없다는 불신풍조가 우리 사회를 휩쓸고 있다.

　'불신'은 인간관계의 긴밀한 결속력을 해치고 말아 개인주의를 더욱 폐쇄화시켜갔다. 가정도 흔들리게 되니 부부 사이도 부모 자식 사이도 그 근원적인 믿음이 급속히 허약해지기 시작한 것이다. 뿐만 아니라 자신이 사는 집도 혹시나 무너지지 않을까 불안하고, 날마다 왕래하는 길도 언제 붕괴될지 걱정스럽기만 하다. 마침내 자신에 대한 믿음도 잃고 자포자기에 빠지게 된 것이 아닐까.

　'종말'終末이니 '휴거'携擧니 '영생'永生이니 외치는 사이비 종교가 횡행하자, 중심을 잃고 방황하는 대중들이 현혹되었던 일도 있었다. 온갖 환각제가 깊이 파고 들어와 광란의 감각적 환락만 탐닉하고 있지 않은가. 이처럼 황량한 사회적 병리현상은 우리가 그 위기의 극한에 이르렀다는 징후이리라. 이제 우리는 자신이 바로 이런 사회적 질병의 중증重症을 앓고 있다는 사실을 각성함으로써 그 치료방법도 찾아가야 할 것이다.

　부정부패와 불신의 질병이 극성을 부리는데도 우리 사회가 아직도 버텨 왔던 것은 무슨 힘에 근거하는 것일까. 그것은 나라를 사랑하고 사회를 걱정하며 민족의 이상을 꿈꾸는 열정이 미약하나마 우리의 가슴

바닥에 생명력으로 간직되어져 있기 때문이 아니랴. 정직하고 근면한 생활인의 성실성, 치열한 국제경쟁 속에서 신화를 만들어 내고 있는 산업근로자와 기업인의 투지, 불우한 이웃을 자신의 일처럼 생각할 줄 아는 인간애, 함께 어울려 서로 돕고 양보할 줄 아는 협동심, … 이런 선한 품성이 아직도 구석구석에서 뜨겁고 신선한 피처럼 흐르기 때문이 아니겠는가.

전통문화와 문화창조

한때 우리가 세계를 향해 자부해왔던 '동방예의지국'東方禮義之國은 바로 '예법과 의리'禮義를 통해 인간관계의 높은 품위와 우리 사회를 정의롭게 실현시켜 왔던 가치관이요, 문화의 이상형을 추구하는 신념이다. '예법과 의리'는 형식적 겉치레나 독선적 자기주장이 아니다. 욕심에 얽매이기 쉬운 자신을 이겨내는 '극기'克己를 통해 서로가 자신을 낮추고 상대방을 높일 줄 아는 겸손함의 덕이 드러나야 한다. 또한 이기적 탐욕에 부끄러워 할 줄 아는 염치가 있어야 한다. 겸손하면 잘 어울려 화합할 수 있으며, 염치가 있으면 양보할 줄 알아서 질서를 이루게 된다. 여기에 비로소 아름다운 풍속이 자라고 선량한 국민정신이 드러날 수 있을 것이다. 이제 우리가 국내외에서 품위 있는 문화국민으로 인정받으려면, 우리시대에 새롭게 '예법'과 의리'를 회복하는 일이 시급하다.

그동안 서양의 선진국을 본받아야 한다고 '서구화'를 주장하는 입장과 우리의 전통을 계승해야 한다는 '전통계승'의 입장이 팽팽히 맞서 왔다. 지난 20세기 동안 밀려오는 새로운 서양문화를 수입해서 유행시키면서 우리 사회는 또다시 문화적으로 종속되고 말았다. 근래에는 일본문화가 기성세대는 물론 청소년층에게 까지 다시 깊이 파고들고 있는 실정이다. 그 반면에 조선시대의 도덕규범인 충성忠과 효도孝를 이 시대에 새롭게 적용시키겠다는 목소리도 나왔던 일이 있지만 제대로 자리를 잡지 못하고 말았다.

우리 문화는 외국을 쳐다보고 따라하거나 과거를 돌아보며 고수하기만 한다면, 오늘의 우리 문화는 그 생명을 잃고 말 것이다. 우리가 문화 창조 능력이 없이 맹목적으로 외국문화를 추종하거나 고집스럽게 전통문화에만 집착하고 있다면 다음 세대의 젊은 층도 오늘의 우리 자신도 문화적 주인이 될 수 없다. 우리가 문화의 주인이 아니고서는 이 시대에 역사의식도 사회적 이상의 가치관도 확고하게 뿌리내릴 수는 없다. 지난 100년 동안의 혼돈을 넘어 오늘의 우리가 내일을 내다보며 해야 할 가장 시급한 과제는 우리 자신의 문화를 새롭게 창조하는 일이다. 우리에게는 우리 문화의 주인이 되어야 할 막중한 책임이 있다. 우리의 철학이 더욱 멀리 세계와 역사를 내다보고, 우리의 예술이 더욱 깊이 인간의 정서를 감동시키고 품성을 함양할 수 있는, 우리문화의 창조가 요구된다.

이러한 우리문화의 창조를 위해 전통문화도 새롭게 인식되고 외국문화도 주의깊게 평가되어야 할 필요가 있다. 이 시대를 이끌어가고 오늘의 우리 사회를 향상시키며 또한 국제사회에 기여할 수 있기 위해서는 우리의 찬란했던 전통문화를 소중하게 계승하면서도 끊임없이 재창조해야

할 것이다. 우리의 교육이 선진국의 교육이론을 실험하는 실험실이 아니라 우리의 문화전통에 뿌리를 내리고 민주적 시민정신을 도야할 수 있어야 한다. 우리의 도덕이 낡은 전통규범의 형식에만 집착하지 말고 우리의 생활양식을 합리적으로 개혁하여 인간애와 질서를 발현시킬 수 있어야 할 것이다.

우리의 문화창조는 건강한 가치관의 개혁으로서 물질적 욕망이 도덕적 정신과 조화를 이루어야 한다. 탐욕이 낳은 부정부패의 질병이 치료되어 정직하고 성실한 사회기풍이 살아나고, 불신과 분열의 늪에서 벗어나 신뢰하고 화합하는 인간적 사회질서가 확립될 수 있어야 한다. 또한 우리의 문화창조는 건강한 시민정신을 확보하여 우리의 민족적 자긍심이 회복되어야 한다. 또한 우리의 다음 세대가 건전하게 성장하며, 경제적 발전에 걸맞는 문화적 자주성으로 진정한 선진국이 되고, 분단된 민족도 화해와 통일을 성취할 수 있어야 할 것이다.

유교인은 오늘 무엇을 할 수 있는가?

  오늘의 한국유교가 당면한 문제는 무엇일까? 변하는 시대에 적응하지 못하고 있다는 것은 이미 유교의 생명을 잃어버렸다는 말이다. 유교가 추구하는 '중용'中庸이란 양극단을 포함하는 모든 현실적 조건을 포괄하고 통제할 수 있는 중심축이어야 한다. '중용'을 '시중'時中이라 말하는 것은 시대현실의 상황 속에서 살아움직이는 중용의 실현을 요구하는 것이 아니겠는가? 『역』易을 배운다는 것은 "때를 알고 대세를 인식하는 것"知時識勢이라 했는데, 이 시대의 현실에서 벗어나 옛 관습을 고수하고 있는 것은 이미 유교의 죽은 껍데기요 살아있는 생명이 아니다.

  그렇다면 오늘의 시대를 살아가고 있는 유교인이 무엇을 해야할 것인지 다시 묻지 않을 수 없다. 그동안 고수하고 있던 죽은 껍데기를 과감히 벗어던지고 활발하게 살아움직이는 생명을 다시 살려내기 위해 찾아가야할 과제를 네 가지로 짚어볼 수 있을 것이다.

첫째, 우리시대에서 오늘의 유교는 위로 하늘을 알고 속으로 자신을 알아야 한다.

생체가 병들어 생명이 위태로워지면, 그 병중의 말단을 치료하는 방법從事而言도 중요하지만, 그 생명의 원천을 찾아 생체에 생명력을 되살리는 근본치료從本而言가 오늘의 우리에게는 더욱 절실하다. 유교적 생명의 뿌리가 어디에 있는지를 되물어보면, 가장 근원적인 뿌리는 위로 하늘과 속으로 자신의 성품이라 할 수 있다.

하늘을 망각하고滅天 성품을 잃으면失性 뿌리가 뽑히는 것이요, 생명의 지속도 불가능하다. 『중용』에서는 "하늘이 명령한 것을 성품이라 한다"天命之謂性고 했는데, 하늘이 나에게 명령하는 소리가 들리지 않으면 그 성품이 제대로 각성되고 보존되거나 실현되는 성품일 수 있겠는가? 조선말기 도학자 이항로華西 李恒老는 「제월대명」霽月臺銘에서 "한 점 구름도 보내지 말라/ 맑은 빛을 얼룩지우게 될 터이니/ 지극히 비우고 지극히 밝게 하여/ 태양에 짝이 되게 하라"莫遣微雲, 點綴練光, 極虛極明, 以配太陽고 하여, 달이 태양에 짝이 되듯이 자신의 성품이 하늘에 짝이 되도록 각성하기를 요구하였다.

둘째, 오늘의 우리사회에서 질서와 조화를 이룬 공동체를 회복해야 한다.

유교가 관습적 형식에 빠져있다는 것은 예법의 껍질에 갇혀 생명을 잃어가고 있다는 사실을 보여주는 것이다. 호주제도나 동성동본의 혼인금지 등 가족법에 매달려 전통을 지켜가려 해보아도 생명을 잃으면 이미 죽은 것이요, 기능을 제대로 발휘할 수 없는 것이다. '예'禮가 인정人情에서 나와 생명을 활력으로 고동치게 하고 자랑스럽고 기쁘게 할 수 없다면 무슨 의미와 가치가 있겠는가? 공동체가 일체감을 이룰 때 가정과 가문도 소중해지고, 국가와 세계도 화평해질 수 있다. 조화를 이루지 못하고 나이를 따지며, 상하上下와 존비尊卑로 이질감을 불러 일으키고, 부모와 자식, 시부모와 며느리 사이에 화합이 이루어지지 않으며, 부부夫婦가 끝없이 깨뜨려지는 현실의 심각성에 유교가 책임을 통감해야 한다. '예'란 서로 공경할 때 부부와 부자와 상하가 조화롭고 사회가 질서를 이룰 수 있다. 염치를 잃고 이기심에 빠져 남을 배려하지 않는 사회는 더 이상 '예의지국'禮義之國이 아니라 '무례지국'無禮之國이 될 것이고, 공동체는 결속을 잃고 끝없이 파편화되어 대립과 갈등과 충돌만 초래하게 될 것이다.

　셋째, 나와 남이 어울리는 규범을 세워야 한다.

　'예'禮와 '의'義는 나와 남이 어울리는 공동체를 이루는 규범이다. '의'는 공동체를 정당하고 깨끗하게 하는 힘이기에, 그 공동체에 품격있고 고귀함을 확보할 수 있게 한다. 힘으로 압박하는 폭력적 행태나, 이권利權으로 유인하는 조직이 결코 건강한 생명을 누릴 수 없다. '의'는 불의不義를 미워하고 비판하는 정신이다. 그러나 정의롭다는 것은 나를 먼저 바르게 함으로써 남을 바르게 할 수 있는 것이니, 의로움은 나와 남이 한 마음을 이루어 서로 어울리는 서恕의 정신 위에서 올바르게 실현될 수 있다. 자신을 닦고 남을 다스리는 수기치인修己治人의 원리는 바로 남이 나를 정의롭다고 인정해줄 수 있을 때 그 불의에 대한 비판도 정당성을 지닐 수 있음을 말한다. 이기적 욕심을 거짓된 명분名分으로 위장할 때 '다수의 원칙'이 폭력이 되고 만다. 충·효와 삼강三綱의 규범이라도 지배의 논리가 되어 순종을 강요하게 되면 불의에 빠지고 말 것이다. 효孝·제弟·자慈의 원활한 상호관계로 인仁을 실현하고, "부모의 뜻을 계승하고 사업을 펼치는 것"繼志述事으로 미래를 지향하여 '효'가 실현될 때 정의롭고 생명력있는 사회규범이 살아날 것이다.

넷째, 유교사회가 새로운 변혁을 실현하려면, 무엇보다 지켜야할 전통과 버려야할 전통을 분별해야 한다.

건강하고 지혜로운 판단력은 지킬 것과 버릴 것을 제대로 분별하는 능력이다. 전통이 소중하다면 그만큼 전통의 생명력을 지속시키기 위해, 마치 생명체가 끊임없이 낡은 세포를 버리고 새로운 세포를 바꾸어 가듯이 변혁 속에서 살려가야 한다. 형식화된 낡은 관습이나 시대에 맞지 않아서 기능을 제대로 발휘할 수 없는 전통의 제도를 과감하게 혁신해야 한다.『대학』에서 "날로 새롭게 하고, 또 날로 새롭게 하며, 날로 날로 새롭게 한다"日新, 又日新, 日日新는 것은 분별력의 건강함에서 가능하다. 가족주의, 문벌의식, 출세주의, 허례허식, 체면치레의 낡은 폐단에는 유교전통의 책임이 크다. 관冠·혼婚·상喪·제祭의 허례허식적 관습을 버리고, 현실에 맞는 새로운 예법을 정립해야 하며, 가족중심의 이기심과 집단중심의 이기심에 젖은 사심私心의 타성을 깨뜨리고 공동체의 화합을 이루는 일시동인一視同仁의 공시公心을 회복하는 것이 유교의 전통을 우리시대에 다시 살리는 과제가 될 것이다. "군자의 도는 부부에서 시작한다"君子之道, 造端乎夫婦,(『중용』)는 가르침처럼 건강한 가족의식으로 남녀평등의식을 정립하는 것이 유교인이 첫출발점으로서 실현해야하는 우리시대의 과제이다.

그렇다면 오늘의 한국유교는 무엇을 해야할 것인가?

첫째, 초심初心으로 돌아가서, 기준을 세워야 한다. 공자의 가르침에서 다시 유교의 생명력을 찾아야 한다. 인애仁愛와 예의禮義가 다시 살아 숨 쉬는 유교의 새로운 전통을 수립하여 천하에 펼쳐야 할 것이다.

둘째, 자기반성에 철저해서, 안으로 자신을 바로잡아야 한다. 증자曾子가 '날마다 세 가지를 성찰하는 것'吾日三省吾身: 爲人謀而不忠乎, 與朋友交而不信乎, 傳不習乎.《『논어』, 學而》처럼 '성찰의 삶'이 유교인의 기본자세로 요구된다. "허물이 있으면 고치기를 꺼리지 않는다"過則勿憚改.《『논어』, 學而》고 말하듯이 성찰은 용기가 있어야 가능하다. 과거의 허물과 실패를 솔직히 인정하고, 이 시대와 사회에 책임을 질 수 있어야 한다.

셋째, 포용하는 열린 마음을 가져서, 밖으로 마음을 열어야 한다. 정통주의에 사로잡힌 폐쇄성을 벗어나고, 당파주의의 배타성을 극복해야 한다. 지역주의와 연고주의에 사로잡힌 소아병적 사고를 깨뜨리고 모든 것을 포용하는 열린 마음으로 "양극단을 붙잡아 그 중용을 백성에게 쓰는 執其兩端, 用其中於民.《중용』》 유교의 '중용'中庸정신을 다시 살려내어야 한다.

넷째, 봉사하는 헌신적 자세를 가져서, 나와 남의 관계를 건강하게 향상시켜야 한다. 나와 남이 어우러져 함께 살아야 나도 살 수 있다. 나를 위하는 길은 먼저 남을 위하는데서 되돌아오는 것이다. 가까이 부모와 가족을 보살피고, 멀리 이웃과 동포와 인류를 보살피며, 어려운 사람과 가련한 사람(窮民)을 도울 수 있어야 한다. 도리나 따지고 호령이나 하려고 달려드는 따분하고 지겨운 유교인이 아니라, 고맙고 존경스럽고 사랑받는 유교인이 되어야 할 것이다.

21세기에 왜 퇴계학인가

  조선후기 실학의 거장인 성호星湖 李瀷는 조선전기 도학의 거봉인 퇴계를 마음깊이 사모하고 높이 받들었으니, "우리나라에 퇴계가 있는 것은 중국에 공자가 있는 것과 같다"〈『星湖全集』, '鬻隱先生喪祭禮序'〉고 선언하였다. 또한 그는 기자箕子가 우리나라에 전해준 은殷나라의 질박한 바탕과 공자·주자에 의해 밝혀진 주周나라의 찬란한 문화를 종합하여 우리나라 유교문화를 집대성한 인물이 바로 퇴계라 밝혔다.

  18세기에서 사회개혁을 표방하였던 실학자 성호가 그 보다 180년 전에 태어난 도학자 퇴계를 이처럼 높이 받들었던 이유는 무엇일까? 이제 올해(2001)로 퇴계가 태어난 지 500주년이 되는데, 오늘의 우리에게도 무너진 유교문화 전통 속에서 새삼스럽게 퇴계를 다시 찾아내어 평가해야할만한 가치가 있는 것인가?

퇴계철학의 핵심과제를 두 가지로 집약시켜 본다면, 하나는 도리나 원칙으로서 '리'理가 사물이나 인간의 기질인 '기'氣를 지배해야 한다는 '리'理중심의 철학이요, 다른하나는 인간이 마음을 경건하게 하고 집중시킴으로써 스스로를 통제할 수 있는 힘을 길러야 한다는 '경'敬중심의 수양론이라 할 수 있다.

우리는 지난 백년 동안 과학기술의 눈부신 발전 위에 거두어들인 물질문명의 혜택으로 풍요로움과 편리함을 만끽하며 살아왔다. 이러한 과학기술문명의 발전이라는 가파른 상승궤도를 타고 있는 우리는 과거의 전통사회를 궁핍과 억압 속에 불편하고 고통스럽기 그지없는 시대로 생각했다. 사실 동아시아에서는 19세기 말에 근대 개화기를 맞이하면서 '문명개화'文明開化를 주장하였던 것은 유교전통의 전제군주사회가 지닌 낙후하고 미개함을 깨뜨림으로써 서양의 새로운 과학기술과 평등한 사회제도를 받아들여 문명의 시대를 열자고 외치는 것이었다.

그러나 21세기를 맞이하는 우리에게 과학기술의 발달은 더 이상 인간의 행복을 보장해주는 희망이기만 한 것이 아니다. 오히려 과학기술의 발달은 엄청난 파괴력으로 인간을 대량살상하는 무기를 만들게 하였고, 대량생산과 대량소비의 새로운 사회현실은 자연을 파괴하여 인류의 생존자체를 위협하고 있는 실정이다. 이제 과학기술이 능률을 극대화하고 인간을 편리하게 해주는 것이기는 하지만, 인간을 선량하게 이끌어가는 것도 아니요 품위 있게 끌어올려주는 것도 아님을 누구나 알고 있다. 그렇다고 과학기술을 버리고 원시적 자연상태로 돌아갈 수 없는 것도 확실하다. 문제는 앞으로 과학기술을 통제할 수 있는 인간의 선한 이성을 확보할 것인가, 그렇지 못하면 인간의 탐욕스러운 욕망에 맡겨지는 것을 손놓고 바라보기만 할 것인가 하는 선택의 갈림길에 우리 자신이 서 있다는 사실이다. 인간의 선한 이성이 확보될 수 있으면 우리의 21세기에도 희망이 있지만, 사악한 욕망이 날뛰는 것을 막지 못한다면 우리의 미래는 절망적이 되고 말 것이다.

다산 사상의 계승과 다산 정신의 활용

다산이 활동하던 18세기 말과 19세기 초의 조선사회는 유교전통의 폐쇄된 사회체제에 서학西學이라는 새로운 사상조류가 밀려오자, 동양과 서양이 서로 얼굴을 마주하면서 새로운 관계의 질서를 형성하기 위해 거대한 지각변동이 시작하는 상황이었다. 바로 이 시점에서 다산은 서학의 서양과학기술과 천주교교리를 과감히 받아들이면서 유교경전을 새로운 빛으로 해석하여, 동양과 서양의 서로 다른 세계관을 교류하고 소통시키는 작업을 가장 깊은 차원에서 수행하였던 인물이다. 그만큼 그는 한 사상체제의 전통을 수호하고 사회적 이상을 과거에서 찾는 것이 아니라, 유교사상을 전면적으로 재해석하고 사회적 이상을 미래에서 찾는 개혁사상가라 할 수 있다.

그렇다면 오늘의 우리에게 다산은 무슨 의미가 있는가. 그는 19세기 동아시아 학술사에서 정상에 우뚝한 학자로 우리가 세계에 자랑스럽게 내세울 수 있는 인물이니, 우리 역사의 소중한 유산이 아닐 수 없다. 그뿐만 아니라 우리는 다산에게서 우리 시대에 우리가 부딪치고 있는 많은 문제들에 대해 의미 깊은 대답을 찾을 수 있으니, 소중히 간직해야할 지혜의 보고라 하겠다. 물론 다산이 우리에게 모든 문제에 대해 대답해주는 것도 아니요, 유일한 대답의 원천도 아니다. 그렇지만 다산이 자신의 시대에 고민하였던 근본적 문제들은 아직도 우리에게 유효하고 의미 있는 문제라는 사실을 유의할 필요가 있다. 다산 사상과 다산 정신의 계승은 그대로 묵수하는 것이 아니다. 우리시대의 현실에서 적용하고 활용하는 것이라야 한다. 바로 그 시대에 맞는 활용이 다산 정신의 진정한 발전적 계승의 길이 될 수 있을 것이다.

우리가 현실을 둘러보고 미래를 내다보면서 과연 다산 사상과 학문정신에서 계승해야할 과제가 무엇인지, 또 어떻게 발전시켜가야 할 것인지를 돌아보게 된다. 다산 정신의 가장 중요한 과제로서 '인간에 대한 사랑'과, '사회를 위한 봉사정신' 및 '다른 것을 받아들이는 포용정신'이라는 세 가지로 집약시켜볼 수 있을 것 같다.

먼저 우리가 계승해야 할 다산의 핵심정신은 다산이 주장하는 '인간에 대한 사랑'에서 찾아볼 수 있다. 그는 '인仁'의 덕을 설명하면서 '사람을 향한 사랑'이라 하고, '인간과 인간이 서로 향해 따스하게 사랑하는 것'이라 하였다. 가정에서 위로 부모를 사랑하고(효도) 아래로 자식을 사랑하고(자애) 옆으로 형제가 서로 사랑하는 것(우애)이 사랑을 실현하는 기틀이 된다. 이 사랑의 실천을 이웃으로 나라로 천하로 확장해가면 아랫사람과 윗사람이 서로 사랑하고, 동료들이나 이웃나라가 서로 사랑하게 되니, 사랑으로 충만한 세상을 이루어 온갖 대립과 충돌을 해소하고 화합을 이룰 수 있다는 것이다.

동서고금에 '사랑'을 가르친 성인들은 많은데, 너무 당연하고 옳은 말씀이라 모두 수긍하지만 실지로는 별다른 성과를 거두지는 못하고 있는 실정이다. 그러나 인간의 탐욕과 이기심이 통제력을 잃고 폭발적으로 분출되면서 인간관계의 화합이 파괴되고 서로 증오심과 갈등과 분쟁을 일으키는 현실을 방치해둘 수는 없다. 여기서 다산은 인간과 인간의 만남을 잘하는 것이 바로 인간이 살아가는 도리道임을 지적하여, '인간에 대한 사랑'을 도리의 기준으로 확인한다. 나아가 사랑의 도리를 실천하는 방법을 자세하게 분석하며, 또한 구체적 현실에서 실천의 모범을 보여주는 치밀한 체계를 제시하였다. 그렇다면 다산이 제시한 인간의 탐욕과 이기심을 통제하는 방법이나 '인간에 대한 사랑'을 실행하고 교육하는 방법을 우리 시대의 현실에서 적합하게 해석하여 활용하는 것이 다산정신의 계승과 발전을 위한 중요한 과제가 될 것이다.

또 하나 우리가 계승해야 할 다산의 핵심정신은 '사회를 위한 봉사정신'에서 찾을 수 있다. 다산은 봉건사회의 체제 속에서도 수령牧이 백성을 위해 존재하는 것임을 역설하여 수령이 지위를 이용해서 권세를 누리고 욕심을 채우는 불의와 부패를 고발하며 백성과 나라를 섬기는 봉사자세를 강조하였다. 『목민심서』에서도 수령이 국법을 받들어 행정을 담당하는 '봉공'奉公과 백성의 고통을 살펴 사랑으로 돌보는 '애민'愛民을 중요한 과제로 제시하고 있다. 또한 그는 사람을 다스린다는 것은 '남에게서 요구하는 것으로 남을 섬기는 것'이요, '다스린다'治는 말이 바로 '섬긴다'事는 뜻임을 역설하였다.

다산은 모든 사람을 다 함께 잘살게 해주지 못한다면 임금과 수령으로서 자기 임무를 저버린 것이라 질책하였다. 공직자들의 부패와 탐욕이 백성들의 삶을 박탈하고 고통스럽게 하는 것은 다산이 살았던 시대의 탐관오리들만이 아니다. 오늘날 우리 사회에서 정치인이나 공직자나 교육자나 전문가들이 자신의 직무에 얼마나 봉사하겠다는 자세로 임하는지, 과연 남을 섬기겠다는 자세를 꿈에라도 가져보았던지 한번 깊이 반성해볼 필요가 있다. 아마 오늘의 성직자들에게서도 남을 섬기겠다는 의식을 찾기는 쉽지 않을 것 같다. 의술을 공부하는 것도 자신의 생업을 위한 것이 아니라 사람의 생명을 살리겠다는 봉사의 정신을 실현하는 것이라야 한다. 법관이 되는 것도 지위를 누리는 것이 아니라 하늘을 두려워하는 마음으로 억울함을 풀어주고 부당하게 고통받는 것을 덜어주기 위한 봉사의 정신을 실현하는 것이라야 함을 일깨워주고 있다. 다산의 정신을 우리 현실에 적응하여 활용한다면 분명 우리 사회는 이기심으로 만연된 추악함에서 벗어나 품격과 명예를 간직하는 사회를 이룰 수 있을 것이다.

다른 또하나 우리가 계승해야 할 다산의 핵심정신은 '다른 것을 받아들이는 포용정신'에서 찾을 수 있다. 조선시대는 도학(주자학)을 정통이념으로 확립하면서 정통에 조금이라도 어긋나는 모든 사상은 '이단'으로 단호하게 배척하였다. 그러나 다산은 '이단'을 비판하면서도 그 속에 내포된 정당성을 인정하여 포용하였고, 그 시대에 이단으로 혹독하게 배척받았던 천주교신앙을 수용하였다가 오랜 유배생활을 하기도 하였다. 퇴계와 율곡의 성리설四端七情說이 갈라지면서 수백년 대립하여 논쟁을 벌였지만, 다산은 용어의 개념이 달라지는데 따른 논쟁임을 지적하여 양자를 종합하는 획기적 관점을 제시하였던 일도 있었다. 당파의 대립과 학설의 대립으로 끊임없는 분쟁을 벌이는 망국적 분열의 시대에 통합의 논리를 밝힘으로써 상호교류와 화합의 풍토를 추구하였던 것이다.

  오늘의 우리사회에서도 정치적 대립이나 이념적 대립은 서로에 대한 이해와 토론의 기반을 상실하고, 극단적 대결구도로 치닫고 있다. 이러한 분열과 대립은 자기만 옳다는 독선에 뿌리를 두고 있으며, 자기 당파나 자기 이념을 방어하겠다는 폐쇄적 의식에 매몰되어, 마침내는 국민도 국가도 보이지 않고 미래도 보이지 않는 맹목화에 빠지게 한다. 이러한 분열과 대립은 빠른 시일 안에 치료하지 않으면 조선시대 당쟁이 나라를 망치고 말았듯이 국가존립에 치명적인 해독을 끼칠 것은 불을 보듯 뻔한 일이다. 다산이 우리시대에 우리의 미래를 위해 던져주는 가장 중요한 가르침의 하나로 비판적 성찰과 포용적 이해의 균형을 어떻게 잡아가는지 그 방법과 논리에 주의를 기울일 필요가 있을 것이다.

제5부
남루한 차림으로 나타나는 부처님

전통종교로서 한국불교
나라를 지키는 호국(護國)불교
국토를 우주의 중심에 세우는 '불국토(佛國土)신앙'
남루한 차림으로 나타나는 부처님
서민들의 신앙 속에 살아있는 부처님
인간을 사랑하는 부처님
자비를 강왕하는 신앙
대립을 넘어 통합을 실현하는 '융합'의 정신
자신을 정화하는 '성찰'의 용기

전통종교로서 한국불교

'한국불교'를 바라보는 시각은 여러 가지가 있을 수 있다. 불교인으로서 불교 안에서 바라보는 시야와 불교인이 아닌 외국인으로서 바깥에서 '한국불교'를 바라보는 시야가 있을 것이고, 불교인이 아니지만 한국인으로서 한 발은 가까이 다가서서 '한국불교'를 바라보는 시야도 있을 수 있다. 같은 산이라도 바라보고 서 있는 자리가 달라지면 모습이 전혀 다르게 보이듯이 '한국불교'도 서 있는 자리에 따라 관심이 다를 것이요, 보는 내용도 달라지지 않을 수 없을 것이다. 한국의 역사와 문화에 애정을 가진 한국인으로서 '한국불교'를 바라보고자 할 때 한국불교에는 아름다운 풍광을 발견할 수 있고, 넘치는 신앙의 열정과 정신의 깊이에 경탄하여 마지않게 될 것이다.

공식기록에서는 고구려 소수림왕 2년(372)에 불교가 중국을 통해 우리나라에 전래해왔다고 하니, 불교는 1700년 동안이나 우리 땅에 깊이 뿌리내린 한국의 '전통종교'이다. 불교는 인도에서 발생하여 중국을 거쳐 전래해왔으니, 외래종교임에 분명한데, 그래도 불교를 한국의 '전통종교'라고 하는 것은 한국인 가운데 불교신도가 많다는 교세로 말하는 것이나 불교가 전래해온 지 오래되었다는 역사로 말하는 것이 아니다. 서양종교로서 천주교도 한국에 전래해온 지 200년이 넘었고 개신교도 100년이 넘었으며, 신도나 교회의 수가 엄청나게 많지만 여전히 '외래종교'일 뿐이요, '전통종교'라 할 수 없을 것이다.

'전통종교'란 그 사회의 역사와 문화 속에 깊이 뿌리를 내리고 그 사회의 역사와 문화를 생성해가는 주체로서 역할하는 종교를 의미한다. 서양종교도 한국사회의 문화와 역사 속에 뿌리를 내리기 위해 '토착화'를 해보려고 여러 가지로 시도를 하고 있는 것은 사실이지만, 여전히 전통종교로서 자리잡지 못하고 있는 까닭은 정신적 문화적 뿌리를 서양에 두고 그 영양을 지속적으로 서양에서 공급받아 유지하고 있으며, 아직도 우리사회의 토양에서 자생하는 문화와 신념을 생산해내는 능력이 부족하기 때문일 것이다.

종교는 보편적 진리를 추구하는 것이기에 한 나라의 역사나 문화에 한정되는 것은 아니지만, 그 나라의 역사와 문화 속에 뿌리를 내리지 못한 종교는 물위에 떠 있는 부평초처럼 물결에 따라 어디로 흘러갈지 알 수가 없다. 불교가 지닌 보편적 진리의 세계에 대해서는 문외한이라 우선 접어둘 수밖에 없지만, 한국의 역사 속에서 전통종교로서 보여준 특성과 의미에 관심을 한정시켜 '한국불교'를 바라볼 수 있을 것이다.

불교는 한국의 전통종교로서 우리나라에 대한 국가의식과 우리 백성에 대한 민생의식을 선명하게 드러내고 있는 것으로 보인다. 국가의식과 민생의식이 불교의 보편적 진리에 대한 신앙과 결합하여 드러날 때, 불교는 전통종교로서 '한국불교'로 자리잡게 되는 것이다. 한국불교로 자리잡은 것은 불교가 전래한 후 오랜 뒤의 일이 아니다. 전래초기인 삼국시대의 불교신앙에서 이미 우리사회의 전통에 뿌리를 내려 활착하고 있는 사실을 분명하게 확인할 수 있다. 『삼국유사』는 고려 후기의 일연—然 스님이 저술한 것이지만, 삼국시대 불교신앙이 얼마나 우리 사회에 깊이 뿌리내려 전통종교로 자리 잡았는지를 가장 잘 보여주고 있다.

한국불교는 전통종교로서 한국사회에 깊이 뿌리를 내리고 있지만, 그렇다고 한국의 역사와 문화 속에 폐쇄화된 것은 결코 아니다. 어떤 점에서 그 시대와 지역의 특수성을 가장 잘 살려낸 신념이 가장 보편적 세계성을 지닌 것이라 할 수 있다. 그렇다면 지역과 시대의 특수성을 외면하고 보편적 교설만 내세우는 신념은 어디에도 뿌리내리지 못하고 떠돌다 사라질 위험을 지닌 것이라 할 수 있다.

한국유교를 돌아본다면 조선시대에서 한국유교는 가장 왕성한 세력과 권위를 확보하였지만, 주자학자들이 보편적 가치기준을 중국에서만 찾다가 '중화주의' 내지 '사대주의'에 빠지면서 우리사회에 내린 뿌리가 허약하여 마침내 대중으로부터 외면당하였을 뿐만 아니라, 지식인들 속에서도 그 많은 조선시대 주자학자들에 대해 아무런 창의성도 없이 추종하기만 하는 주자학의 아류라는 비판이 일어났던 사실을 음미해볼 필요가 있다. 종교의 교세는 한때의 바람이요 유행이므로 성장과 쇠퇴가 있기 마련이지만, 종교의 생명은 얼마나 그 나라와 그 백성과 구체적 개인의 가슴 속에 깊이 뿌리를 내릴 수 있는가에 달려 있는 것이라는 생각을 하게 된다. 전통종교로서 한국불교의 기반을 이해하는 것은 한국불교의 생명력을 확인하는 방법의 하나가 될 수 있다는 것이다.

나라를 지키는 호국護國불교

신라는 527년法興王 14 이차돈異次頓의 순교를 계기로 불교를 공인하였다 한다. 그 뒤로 26년이 지난 553년眞興王 14 황룡사皇龍寺를 건립하게 되었다. 다시 90년이 지난 643년善德女王 12 당나라에 유학하고온 자장慈藏법사의 건의로 황룡사에 구층탑을 세우게 되었고, 이 구층탑은 2년 뒤 645년에 완성되었다. 황룡사에 구층탑을 세우게 된 연기緣起설화가 전해지고 있다. 곧 자장법사가 중국에 유학하고 있을 때 신인神人이 나타나 자장법사에게 나라의 근심이 무엇인지 묻자, 자장법사는 사방에서 외침을 자주 당하는 근심을 호소하였다. 이때 신인은 자장법사에게 귀국하여 황룡사에 구층탑을 세우도록 당부하면서, "구층탑을 세우면 이웃 나라들이 항복할 것이며, 구한九韓이 와서 조공租貢하여 왕업王業이 기리 편안할 것"《『삼국유사』, '皇龍寺 九層塔'》이라 했다고 한다. 과연 탑을 세운 뒤에 천하의 일이 형통하고 삼한三韓이 통일되었던 것은 이 탑의 영험이라는 이야기다.

 황룡사의 구층탑이 세워진 것은 신라에 불교가 공인되고 백년 남짓 지난 뒤인데, 이때 자장법사는 유학을 나간 승려로서도 조국인 신라의 우환에 대한 염려가 마음에 절실하게 깊었던 사실을 엿볼 수 있다. 이에 감응하여 나타난 신인神人으로부터 불법佛法의 힘으로 외침을 막는 방법을 교시받게 되었다는 것이다. 신라의 도읍에 거대한 불탑을 세운 것은 부처를 높이기 위한 것만이 아니라 나라를 지키기 위한 방법으로 찾은 것이다. 이미 불교는 전래 초기부터 나라를 지키는 신앙으로서 나라 안에 터를 잡고 있음을 보여준다. 곧 삼국시대의 불교는 그 시작에서부터 세간을 벗어난 출세간出世間의 종교가 아니라, 세간 한 가운데서 세간을 지켜주는 출세간의 진리로서 불법佛法의 힘을 수립하고자 하는 '즉세간이출세간'卽世間而出世間의 종교임을 의미하고 있는 것이다.

 삼국통일(668)을 이룬 신라의 문무왕文武王은 평소에 지의智義법사에게 "나는 죽은 뒤에 나라를 지키는 용龍이 되어 불법佛法을 높이고 받들어 나라를 수호하려 하오"〈『삼국유사』, '文虎王 法敏'〉라 하였다 한다. 지의법사가 용은 짐승의 응보應報임을 지적하였지만, 문무왕은 세상의 영화를 넘어서 나라를 지키는 길이라면 내생에 짐승으로 태어나는 것도 감수하겠다는 뜻을 밝혔다. 그래서 문무왕 사후에 유명遺命에 따라 동해 속의 큰 바위 위에 장사를 지냈던 것이 바로 지금의 감포甘浦(경주시 감포읍) 앞바다의 대왕암大王巖이다. 임금으로서도 불법을 받드는 것과 나라를 지키는 것을 일치시킨 신앙에 따라 내생에 호국룡護國龍으로 태어나는 신앙형식이 창조되고 있음을 보여준다. 부처를 받드는 것과 나라를 지키는 것이

동일한 일이요, 별개의 차원이 아니라는 신앙이 '호국불교'護國佛敎의 기본 양상이라 할 수 있을 것이다.

삼국시대 승려들은 세상을 벗어나 부처를 이루고자 하는 염원 때문에 세속의 현실세계에 대한 책임의식을 잊지는 않았던 것 같다. 원광圓光법사는 젊은 화랑들을 위해 '세속오계'世俗五戒의 가르침을 제시하였다. 세속의 젊은 이를 가르치는 일이 소중함을 깊이 인식하고 있음을 보여준다. 충담사忠談師는 경덕왕景德王의 요청으로 「안민가」安民歌를 지어 올리면서, "임금은 아비요, 신하는 사랑스런 어머니시라/ 백성을 어리석은 아이라 여기시면, 백성이 그 은혜를 알리이다/ 구물거리며 사는 중생, 이를 먹여 다스리니/ '이 땅을 버리고 어디로 가랴' 하면, 나라 안이 유지될 줄 알리이다/ 임금답게 신하답게 백성답게 하면, 나라는 태평하리이다"〈『삼국유사』, '景德王·忠談師·表訓大德'〉라 하였다. '세속오계'에서는 '오륜'五倫의 유교 규범을 받아들이면서 세속인을 위한 불교의 계율을 제시하였고, 「안민가」에서는 공자가 "임금은 임금답고, 신하는 신하답고, 부모는 부모답고 자식은 자식다워야 한다"君君, 臣臣, 父父, 子子〈『논어』, 顏淵〉라 하여 정명正名의 정치원리를 제시한 것을 수용하였다. 여기서 삼국시대의 불교는 유교와 자유로운 융화를 이루어 세상을 이끌어가는 도리를 제시하고 있음을 보여준다.

16세기 말 임진왜란 때 서산西山 休靜대사와 그 제자인 사명四溟 惟政대사와 뇌묵雷默 處英대사 등은 승군僧軍을 이끌고 전쟁터에 나가 왜적과 싸워 큰 전공을 세웠던 일이 있었다. 서산대사는 선조임금을 알현하였을 때, "나라 안에서 살면서 임금님의 은혜로 길러주심을 입었으니 어찌 한 번 죽기를 아까워하겠습니까. 충성을 다하기를 원합니다"〈閔仁伯, 『苔泉集』, '龍

蛇追錄')라 하고서 전장터에 나가 싸울 결의를 밝혔다. 또한 서산대사는 "국내의 승려로 늙고 병들어 군대에 나갈 수 없는 자는 신臣이 명령하여 그 자리에 남아 분향하고 수행하여 신령의 도움을 빌게 하며, 나머지는 신이 모두 통솔하여 다 전쟁터로 달려나가 충성을 다하도록 하겠습니다"
〈李廷龜, 『月沙集』, '有明朝鮮國 … 西山淸虛堂休靜大師碑銘幷序')라고 청하였다 한다.

　서산대사의 제자인 사명대사는 금강산에 있을 때 왜적의 침략을 당하였을 때 국록을 먹던 관원들은 모두 도망가고 백성들이 참혹하게 유린당하는 실상을 보자, 석장錫杖을 날리며 왜적이 점령하고 있는 고성高城으로 들어가 적장에게 살육을 좋아하지 말도록 훈계하였다. 적장도 그의 늠름한 모습에 공경하는 마음을 일으켜 그 무리를 단속함으로 말미암아 영동지방 9군은 흉악무도한 지경을 면할 수 있었다고 한다. 그후 사명대사는 비분강개하여 여러 승려들에게 말하기를, "우리들이 한가롭게 지내며 먹고 마시는 것이 모두 임금의 은혜이다. 이제 나라의 위태로움이 이 지경에 이르렀는데 앉아서 바라보기만 하고 구출하지 않는 것이 옳겠는가"〈『韓佛』 8:108, '密陽表忠祠松雲大師影堂碑銘並序')라 하며, 승려 수백명을 모집하여 출전하였다고 한다.

　사명대사는 1594년 3차례나 왜적의 진영을 찾아가 적장 가토오 기요마사加藤淸正를 설득하면서 적진의 실정을 도원수 권율權慄을 통해 임금에게 보고하였다. 이러한 공로에 대해 조정에서는 사명대사에게 첨지중추부사僉知中樞府事(정3품)의 관직을 제수하기도 하였다. 그는 임금에게 올린 상소에서 조정의 관원들이 아무 대책없이 날을 보내다가 강화講和가 맺어지기만 바라는 실정을 지적하면서, "전하께서는 오늘의 형세를 깊이 살피시어 분노하고 분발하여 윤음綸音을 내리시고, 또 체찰사體察使·원수

元帥·통제사統制使 등 여러 신하들에게 하유下諭하시어 각기 필사의 뜻을 가다듬어 한 바탕 결전을 하도록 하신다면 종묘·사직의 다행이며 국가의 다행이겠습니다"〈『선조실록』, 34년 4월 辛酉朔〉라고 상소하여, 과감히 공격을 벌이는 전투를 촉구하기도 하였다.

또한 사명대사는 1595년에 올린 상소에서도, "(탐관오리들이 백성들로부터) 심장의 살을 뜯어내어 호랑이와 이리처럼 배를 채우고 있습니다. … 신臣은 수령의 선임을 신중히 하시고 승진과 강등의 법도를 엄격히 하시어, 한결같이 백성을 사랑하고 양육함을 급하게 하시되 탐욕스럽고 수치심이 없는 무리들이 우리 백성들을 학대하지 못하게 하시기를 원하옵니다"라 하여, 전란 속의 백성들을 착취하는 탐관오리를 단속하여 백성을 살려내기를 요청하였다. 또한 "저들(승려)도 백성이니 별도로 안정하여 깃들 수 있는 방도를 베푸서서, 장정들은 병장기를 익혀 적을 토벌하며, 늙고 병든 자들은 보保에 적을 두고 군량을 돕게 하여, 저들도 완만하거나 다급한 변고에 함께 힘쓰게 하며, 법규 이외의 부역으로 침해를 받지 않도록 하시면 국가에도 매우 다행할 것입니다"〈『韓佛』 8:97-98, '乙未上疏言事'〉라 하였다. 승려도 이 나라의 백성으로 전쟁에 동참하게 하며 부당한 침탈이 없도록 보호해줄 것을 요청하였던 것이다.

서산대사나 사명대사는 전란의 시기에 승려들을 이끌고 살생의 전쟁터에 나가 싸우며, 나라를 지키고 백성을 보호하는 책임의식을 명확히 밝히고 있다. 오히려 유학자 관료들의 안이함과 탐학을 고발하기까지 하는 적극적 현실참여의 자세를 보여주었다. 이러한 한국불교의 '호국'의식의 발휘는 조선시대 유교체제의 혹독한 탄압 속에서도 최소한이나마 확고한 위치를 확보할 수 있었던 것으로 보인다.

국토를 우주의 중심에 세우는 '불국토佛國土 신앙'

한국불교는 나라를 지키는 '호국불교'로서 우리 역사 속에 시대적 책임을 담당하였다. 이와더불어 나라를 중심에 세우는 '불국토佛國土신앙'의 세계관을 제시하고 있는 사실을 주목할 필요가 있다.

어떤 종교나 그 교조가 출생하고 활동한 장소를 최고의 성지聖地로 삼는다. 그렇다면 불교의 성지는 분명 인도西天竺에 있다. 그러면 우리 땅은 불교의 성지에서 동쪽으로 멀리 떨어진 변경에 해당될 것이다. 그런데 삼국시대 불교신앙에서는 우리 땅이 바로 과거에 부처가 살았던 곳이요, 부처가 현재 계시는 곳인 '불국토佛國土'라는 인식을 보여줌으로써, 우리 땅을 변경이 아니라 성지요 세계의 중심으로 확인하고 있는 것이다.

황룡사의 연기설화에는 553년 진흥왕이 월성月城 동쪽에 새 궁전을 세웠는데, 황룡黃龍이 나타나자 절로 고쳐서 황룡사皇龍寺라 했다고 한다. 바로 이 황룡사의 자리는 전불前佛(석가모니불) 때 일곱 절의 하나였던 절터라 한다. 자장慈藏법사가 중국에 유학할 때 문수보살文殊菩薩이 현신現身하여 "너희 나라의 황룡사는 바로 석가와 가섭불迦葉佛이 강연하던 곳으로, 연좌석宴坐石이 아직도 있다"〈『삼국유사』, '皇龍寺丈六'〉고 말해주었다는 기록이 있다. 황룡사의 불전佛殿 뒷면에 우뚝 서 있는 연좌석은 현겁賢劫: 現劫의 세 번째 부처인 가섭불迦葉佛의 연좌석이라고도 한다.〈『삼국유사』, '迦葉佛宴坐石'〉

신라의 수도 서라벌 한 가운데 있는 황룡사는 과거세過去世에 부처가 앉아계셨던 자리요, 따라서 이곳은 부처의 땅으로 제시되고 있음을 보여준다. 또한 신라의 3대 보물 가운데 하나인 황룡사의 '장륙존상'丈六尊像은 569년 황룡사가 완공되고 난 뒤 큰 배에 실려온 구리黃鐵와 금으로 주조하여 만든 것인데, 이때 배에 있던 공문公文에 의하면 인도의 아육왕阿育王이 석가釋迦의 불상을 주조하려고 세 번이나 시도하였지만 성공하지 못하자 구리와 금을 배에 실어 바다에 띄우면서 인연있는 국토國土에서 '장육존상'을 이루어 주기를 기원했다고 한다. 그래서 그 배가 천하의 여러 나라를 떠돌았지만 어디에서도 불상을 이루지 못하였다가 마침내 신라에 이르러 황룡사의 '장륙존상'으로 만들어져 모시게 되었다는 것이다.

이 설화는 세상에 부처와 가장 깊은 인연이 있는 나라가 인도보다도 오히려 우리나라 땅이라는 이야기요, 우리나라 땅은 부처의 땅에서 멀리 떨어진 변두리가 아니라, 원래 부처가 계셨던 '불국토'임을 말하고자 하는 설화이다.

나아가 우리나라의 오대산五臺山은 진신부처와 보살이 계시는 성지라는 설화가 있다. 자장慈藏법사가 중국에 유학했을 때 태화지太和池 가에 있는 문수보살文殊菩薩 석상石像에 7일 동안 기도했었다. 이때 꿈에 부처가 범어梵語의 게偈를 주었는데, 이튿날 아침에 어떤 스님이 와서, 꿈에 받은 게偈를 번역해주고, 붉은 비단 가사袈裟 한 벌, 바리때 하나, 부처의 머리뼈 한 조각을 주면서 "이것은 석가세존釋迦世尊이 쓰시던 도구니 그대가 잘 보호하시오"라 하며 맡겼다. 또한 "그대 본국의 오대산에 1만의 문수보살이 항상 머물러 있으니 가서 뵙도록 하시오"라 당부하였다는 이야기다. 그후 자장법사는 본국으로 돌아와 강원도 오대산에 가서 문수보살의 진신眞身을 뵈었다 한다.

이무렵 신라의 정신대왕淨神大王: 神文王?의 태자 보천寶川과 효명孝明: 孝昭? 두 형제가 오대산五臺山에 들어가 암자를 짓고 살았다. 어느날 형제가 함께 다섯 봉우리에 예禮를 하러 올라가니 동대東臺에는 1만의 관음보살觀音菩薩의 진신眞身이 나타나 있고, 남대南臺에는 팔대보살八大菩薩을 우두머리로 1만의 지장보살地藏菩薩이 나타나 있고, 서대西臺에는 무량수여래無量壽如來를 우두머리로 1만의 대세지보살大勢至菩薩이 나타나 있고, 북대北臺에는 석가여래를 우두머리로 5백의 대아라한大阿羅漢이 나타나 있고, 중대中臺에는 비로자나불毗盧遮那佛을 우두머리로 1만의 문수보살이 나타나 계셨다 한다. 그래서 두 태자는 5만 보살의 진신에게 일일이 예를 했다. 또한 이때부터 날마다 이른 아침에는 문수보살이 진여원眞如院: 上院에 이르러 서른 여섯 가지의 모양으로 변하여 나타났으며, 두 태자는 항상 골짜기 속의 물을 길어다가 차를 달여 공양하였다 한다.〈『삼국유사』, '臺山五萬眞身'〉

오대산은 백두산白頭山의 큰 줄기로서 각 대臺에는 부처와 보살의 진신이 모두 모여 만다라曼荼羅 형상의 부처세계를 이루고 계신다는 이야기다. 그렇다면 우리 강토가 바로 모든 부처와 보살이 상주하는 우주의 중심이라는 '불국토'신앙을 가장 분명하게 보여주는 것이라 할 수 있다. 한국불교는 우리 역사에 대한 책임과 더불어 우리 국토를 신성화하여 신앙의 중심 속에 세워, 일찍부터 우리 역사 속에 확고한 뿌리를 내렸던 것이다. 바로 이 점에서 유교가 통치이념으로 조선사회를 지배하였지만, 언제나 세계관의 중심을 중국에 두고 중국을 높이는 '존중화'尊中華의 사대의식을 벗어나지 못하여 조선을 중국의 울타리藩屛로 인식하는 주변의식에 사로잡혀 있었던 사실과 좋은 대조를 이루고 있는 것이 사실이다.

남루한 차림으로 나타나는 부처님

불교신앙의 궁극적 목표는 자신이 부처를 이루는 성불成佛이다. 그러나 현실적으로 자신이 부처를 이루기란 지극히 어려운 일이다. 그렇다면 자신이 높이 받드는 신앙대상인 부처를 직접 만나는 것이 가장 황홀하고 신비스러운 신앙체험일 것이요, 구원濟度을 받을 수 있는 가장 확실한 방법이요 기회일 것이다. 삼국시대처럼 귀족사회에서도 부처는 고귀한 신분의 모습으로 출현하기만 하는 것이 아니었다. 오히려 무시되고 경멸당하는 남루한 차림의 인물이나 가장 낮은 백성의 모습으로 나타나시는 부처님을 찾아내고 있다. 그것은 세속적 신분과 권세를 넘어서 가장 낮은 백성 속에서 부처님의 모습을 발견하도록 눈을 뜨게 해주는 것이다.

자장慈藏법사가 만년에 강릉 수다사水多寺에 있을 때 꿈에 자신이 오대산

북대北臺에서 보았던 인물과 같은 형상의 이상한 스님을 보았다 한다. 꿈에 나타났던 스님이 자장법사에게 다음날 대송정大松汀에서 만나자고 하여 갔더니 과연 문수보살文殊菩薩이 감응하여 와 계셨다. 그리고 문사보살의 화신은 다시 태백산에서 자장법사와 만나기로 하여, 자장법사는 태백산太伯山에 석남원石南院을 세우고 대성大聖(문수보살)을 기다렸다. 이때 남루한 차림의 늙은 거사가 칡삼태기에 죽은 강아지를 메고 와서 시자侍者에게 "자장을 보려고 왔다"고 말했다. 제자들은 그 늙은 거사의 몰골이 누추하고 언행이 무례함을 보고서, "우리 스승님 이름을 함부로 부르는 자를 못 보았다. 너는 어떤 사람이기에 미친 말을 하느냐"고 꾸짖고서, 들어가 스승 자장법사에게 고하였다. 자장법사도 제자의 말을 듣고는 "미친 사람이겠지"라 대답하고 만나보려 하지 않았다. 이에 제자들이 나가서 그 남루한 차림의 늙은 거사를 쫓아냈다. 이때 거사가 "돌아가리라, 아상我相을 가진 자가 어찌 나를 볼 수 있겠느냐"라 하고, 삼태기를 거꾸로 터니 죽은 강아지가 변해서 사자보좌獅子寶座가 되었고, 그 위에 올라앉아 빛을 내며 가버렸다. 자장법사는 그제야 깨닫고서 빛을 따라 바삐 남쪽 고개에 올라갔으나 따라가지 못하고 드디어 몸을 던져 죽었다고 한다.〈『삼국유사』, '慈藏定律'〉

신라의 한 시대를 대표하는 고승으로 덕이 높아 몇 차례 감응하여 나타난 문수보살을 직접 만났던 자장법사조차도 신이神異한 형상에만 사로잡혀 외형이 누추하고 예법을 차리지 않으면 부처와 보살이 직접 앞에 찾아와도 알아보지 못하였으며, '아상我相을 가진 자'라고 꾸짖음을 당하였다는 것이다. 밤낮으로 염불念佛하며 부처를 만나고자 하면서도 막상 부처가 눈앞에 찾아와도 몰라보고 쫓아내었다는 사실은 진정한 부처가 우리 앞에 어떻게 나타나는지 다시 생각하게 한다. 찬란하게 빛나고 신비로운 형상으로만 부처를 찾고 있는 안목의 왜곡된 것을 깨뜨리고, 누추한 하층의 백성이나 예법을 못갖춘 미치광이로 보이는 어떤 사람에게서도 부처를 볼 수 있는 눈을 뜨도록 깨우쳐주고 있는 것이다.

신문왕神文王이 국로國老로 받들었던 경흥憬興법사가 대궐에 들어가는데 말과 안장의 장식이 매우 화려하였다 한다. 그 때 몹시 초라한 몰골의 거사 한 사람이 마른 물고기를 담은 광주리를 지고 하마대下馬臺 위에서 쉬고 있었다. 경흥법사의 시종들이 이 거사의 행색을 불쾌하게 여겨, "너는 중의 옷을 입고 어찌 깨끗하지 못한 물건을 지고 있느냐"고 꾸짖었다. 그러자 그 거사는 "살아있는 고기馬를 두 다리 사이에 끼고 있는 것보다 마른 물고기를 등에 지고 있는 것이 무엇이 나쁘냐"라 대꾸하고서 자리를 떨치고 일어나 가버렸다. 그때 마침 경흥법사는 문을 나오다가 그 거사의 말을 듣고 마음에 느끼는 바가 있어서 사람을 시켜 그를 쫓아가게 하였다. 그랬더니 그 거사는 남산南山의 문수사文殊寺 문밖에 광주리를 버리고 사라졌는데 지팡이는 문수보살상 앞에 있고, 마른 물고기는 소나무 껍질이었다는 것이다. 쫓아갔던 시자侍者가 돌아와 고하자, 경흥법사는 "문수보살께서 찾아오셔서 내가 말타고 다니는 것을 경계한 것이구나"라고 탄식했다 한다.〈『삼국유사』, '憬興遇聖'〉

국사國師로 임금의 존중을 받는 고승이 화려하게 장식한 말을 타고 대궐출입을 하니 길에서 백성들은 길을 비켜섰을 것이다. 그 권위가 이미 귀족의 대열에 들어서 백성 위에 높이 올라서 있음을 보여준다. 이렇게 귀족화된 고승을 나서서 꾸짖는 문수보살은 초라한 몰골로 저잣거리의 마른 물고기를 지고 가는 거사의 모습으로 나타나고 있다. 부처와 보살은 초라한 서민의 모습으로 나타나고 그 부처와 보살을 받들어 모시는 승려는 위풍있는 귀족의 모습으로 대조시키고 있다. 그것은 승단의 귀족화를 질책하며 진정한 부처의 모습을 하층의 서민 속에서 찾아가고 있는 신라불교의 건강한 정신을 보여주는 장면이라 하겠다.

서민들의 신앙 속에 살아있는 부처님

신라 경덕왕景德王 때 아간阿干 벼슬에 있는 귀진貴珍이 강주康州; 지금 晉州 미타사彌陀寺에 가서 법당에 들어가 염불을 하는데, 그의 계집종 욱면郁面이 주인을 따라가 그 절 마당에 서서 염불을 했다. 그런데 그 주인은 자기가 염불할 때 계집종이 주인과 같은 절에서 염불하는 것이 분수에 맞지 않는 짓이라 여기고 미워하여 번번이 곡식 두 섬을 주어 하룻밤 동안에 다 찧도록 하여 못따라 오도록 했다. 그런데 계집종은 초저녁에 다 찧어놓고 절에 따라가서 마당에서나마 밤낮으로 정성껏 염불하였다. 그 때 하늘에서, "욱면랑郁面娘은 법당에 들어가 염불하라"는 소리가 들려왔다. 그래서 승려들도 어쩔 수 없이 계집종이 법당에 들어오도록 허용하였다. 이때부터 계집종은 법당에 들어가 정진精進하였는데, 하늘에서 음악소리가 들려오더니 계집종은 몸을 솟구쳐 법당의 대들보를 뚫고 하늘로 솟아올라 서쪽으로 가다가 부처의 몸으로 변하여 연화대蓮花臺에 앉아서 큰 광명을 발하며 가버렸다. 그래서 그 법당에는 지금도 지붕에 구멍이 뚫어져 있다고 한다.(『삼국유사』, '郁面婢念佛西昇')

세속의 질서에서는 귀족인 주인과 계집종의 신분적 차이가 같은 자리에 설 수 없을 만큼 크지만, 불교신앙에서는 신분의 차이가 아니라 염불하는 정성의 차이가 있을 뿐임을 보여준다. 계집종이라는 가장 낮은 신분으로 법당에 오르지도 못하고 마당에 서서 염불하였지만, 하늘에서 들리는 부처의 소리는 계집종을 법당에 오르게 하였고, 마침내 성불하게 하였다. 그 절에서 부처를 모시는 많은 승려들이나 이곳을 찾아와 염불하는 귀족들은 모두 성불하지 못하고 있지만, 가장 비천한 계집종만이 성불하였다는 것은 모든 인간이 부처 앞에서 평등하다는 불교신앙의 인간관을 제시해주는 것이요, 신라사회와 승단이 귀족화된 현실을 깊이 경계해주고 있다. 이와 더불어 불교신앙에서는 오직 지극한 정성만이 깨달음과 부처를 이룸의 길임을 확인해주는 것이기도 하다.

697년 신라 효소왕孝昭王은 망덕사望德寺의 낙성회落成會를 열고 친히 전국 큰 사찰의 고명한 스님들을 초대하여 공양하였다. 이 자리에 몹시 허술한 몰골의 한 스님이 임금께서 베푸는 재齋에 참석하기를 청했다. 왕은 말석末席에 참여하도록 허락했는데, 재공이 끝나자 왕은 어느 절에 있는지를 물었다. 남산南山: 金鳥山의 비파암琵琶庵에 있다는 대답을 듣자 임금은 이름도 알려지지 않은 암자에 있다는 이 남루한 스님을 희롱하여 "이제 돌아가거든 다른 사람들에게 국왕이 친히 불공하는 재에 참석했다고 말하지 말게"라고

하였다. 그러자 그 스님도 웃으면서 "폐하께서도 역시 다른 사람에게 진신眞
身의 석가釋迦를 공양했다고 말하지 마십시오"라 말하고 나서, 몸을 솟구쳐
하늘로 올라가 남쪽을 향해 날아갔다. 왕이 놀랍고 부끄러워 동쪽 언덕에
달려 올라가서 그가 간 곳을 향해 멀리 절하고 사람을 시켜 찾아보게 하였
더니 남산南山 삼성곡參星谷의 돌 위에 이르러 지팡이와 바리때를 놓고 사라
졌다고 한다.〈『삼국유사』, '眞身受供'〉

  절을 지은 것도 부처를 받들기 위함이요, 고승들을 불러 재공을 베푸
는 것도 부처를 받드는 마음을 펼치기 위함인데, 막상 부처의 형상을 돌
이나 나무에 새겨놓은 불상이 아니라 진짜眞身 석가모니 부처가 나타나
도 옷차림이나 몰골이 추루하다고 희롱하였으니, 부처를 받든다는 행사
가 모두 얼마나 공허하고 허식적인데 빠진 것인지를 잘 드러내 보여준
다. 그것은 진정으로 부처를 섬기는 일이란 절을 짓고 승려를 대접하는
데 있는 것이 아니라, 부처의 실체를 알아보는 눈을 떠야 한다는 것을
말해주고 있다.

  이 설화에서 진신 석가부처는 남산의 어느 골짜기 이름없는 바위 속
으로 사라졌으니, 그 바위가 바로 진신 석가의 몸이나 집이라 할 수 있
을 것이다. 효소왕은 비파암 아래 석가사釋迦寺를 세우고, 진신 석가의 자
취가 사라진 곳에 불무사佛無寺를 지었다 하지만, 진신 석가로 신앙되는
대상은 그 이름 없는 바위일 것이다. 화려한 운제雲梯와 석탑石塔으로 조
성된 불국사는 서민들이 드나들기에 너무 장엄한 규모라 어쩌면 왕족이
나 귀족들이 주로 드나들었을 것 같다. 이에 비해 남산 골짜기 이름없는
바위는 서민들이 더욱 친밀하게 접근할 수 있는 신앙대상이었을 것이라

짐작된다. 불국사의 장엄한 불상과 석탑이 부처를 형상한 모형이라면, 진짜 석가모니부처는 남산의 이름 없는 바위에 깃들어 있다는 신앙을 제기하는 것으로 이해될 수 있을 것 같다. 신앙의 진실성은 화려하고 장엄한 불사佛事를 일으키는 귀족적 신앙생활 속에 있지 않고, 누추하고 질박한 서민들의 삶 속에서 더욱 생생하게 드러난다는 인식을 확인할 수 있다.

인간을 사랑하는 부처님

불교는 세간을 벗어나는 출세간의 가르침이요, 현세의 고해를 벗어나 내세의 극락極樂을 추구하는 종교로 보이기도 한다. 그러나 불교신앙 속에서는 고통과 번뇌로 가득한 현실세계에 대해 깊은 관심을 기울일 뿐만 아니라, 열반이나 해탈도 현실세계 속에서 이루어지는 것임을 분명하게 보여주고 있다.

신라 진평왕眞平王 9년(587) 죽령竹嶺 동쪽 우뚝 솟은 높은 산 마루에 갑자기 하늘에서 사면이 한 길이나 되는 큰 바위가 나타났는데, 이 바위에는 사방여래四方如來의 상像이 새겨져 있었다. 왕이 가서 쳐다보고 나서 그 바위 곁에 대승사大乘寺를 세웠다고 한다.

또한 경덕왕景德王이 백률사栢栗寺에 거둥하여 산 밑에 이르렀는데 땅속에서 염불소리가 들리므로 그곳을 팠더니, 사면에 사방불四方佛이 새겨진 큰 바위가 있어서, 굴불사(掘佛寺)를 세웠다 한다.〈『삼국유사』, '四佛山·掘佛山·萬佛山'〉

사찰의 연기설화에는 이렇게 바위에 새겨진 불상이 하늘에서 떨어지기도 하고 땅에서 솟기도 하고 있다. 진신 부처도 이 사바세상에서 출현하고 있을 뿐만 아니라, 하늘에 있거나 땅 속에 감추어져 있는 불상도 모두 이 세상으로 나오려 하고 있다. 이처럼 우리가 살고 있는 지금의 현실세상은 부처가 없는 세상이 아니라, 부처와 함께 살고 있으니 부처의 세상이라는 신앙을 잘 드러내주고 있다.

부처와 함께 현실세상을 살아가는 불교신앙에서 특히 대자대비大慈大悲를 근본 서원으로 하는 관세음보살觀世音菩薩이 매우 중시되고 있음을 보여준다.

의상義湘법사는 관음보살觀音菩薩의 진신眞身이 동해 바닷가 어느 동굴에 산다는 말을 듣고 찾아가서, 재계齋戒하고 동굴 속에 들어가 비로소 관음보살의 참 모습을 보았다. 의상은 이곳을 서역에 관음보살이 계시던 '보타락가산'寶陀洛伽山의 이름을 줄여서 '낙산'洛山이라 일컫고, 관음보살의 지시에 따라 이곳에 금당金堂을 짓고 관음상觀音像을 모셔 낙산사洛山寺를 세웠다.

그후 원효元曉법사가 낙산사를 찾아왔었다. 원효는 낙산사의 남쪽 교외郊外에 이르러 논 가운데서 벼를 베고 있는 여인에게 벼를 달라고 말을 걸었다. 또 가다가 다리 아래서 빨래하는 여인을 만나 물을 달라고 청하기도 하였다. 이때 소나무 위에서 파랑새 한 마리가 원효를 불러 말을 하고 사라졌는데 그 소나무 밑에 신발 한 짝이 있었다. 뒤이어 원효가 낙산사에 갔더니 관음보살상의 자리 밑에 신발의 다른 한 짝이 있는 것을 보고서, 그제야 원효는 조금 전에 만났던 벼를 베던 여인이나 빨래하던 여인이 관음보살의 진신眞身이었음을 알았다고 한다.〈『삼국유사』, '洛山二大聖, 觀音·正趣, 調信'〉

신라의 대표적 두 고승인 원효와 의상이 관음신앙의 설화에 함께 엮여 있다. 의상이 관음보살의 진신을 만나서 낙산사를 세우자, 원효가 이 절을 찾아왔더니 관음보살이 여인의 모습으로 들판과 냇가에서 나타나 원효를 맞아주고 있다. 낙산사는 이렇게 관음보살의 진신이 살고 있으며 언제 어떤 모습으로 나타날지 모르는 곳으로 서술되고 있다. 이 낙산사의 관음보살과 얽힌 또 하나의 유명한 설화가 있다.

신라 때 세규사世逵寺의 장원莊園이 명주溟州(강릉)에 있었는데, 그 장원을 관리하던 승려 조신調信의 이야기다. 조신은 태수太守 김흔金昕의 딸에 반하여, 낙산사 관음보살觀音菩薩 앞에 가서 남몰래 그 여인과 살게 해달라고 여러번 빌었다. 그 사이에 태수의 딸에게 배필이 생기자, 조신은 불당의 관음보살 앞에 나아가서 자기의 소원을 들어주지 않는다고 원망하며 날이 저물도록 슬피 울다가 지쳐 법당에서 잠깐 잠이 들었다. 꿈 속에 갑자기 태수의 딸이 찾아와 활짝 웃으며, 자신도 스님을 사모했지만 부모의 명령에 억지로 딴 사람에게 시집갔다가 이제 스님과 부부가 되기를 원해서 왔노라고 했다. 조신은 매우 기뻐서 그녀와 고향으로 돌아가 40여년을 같이 살면서 자녀 다섯을 두었지만, 극심한 빈곤으로 마침내 식구들을 이끌고 사방으로 다니면서 구걸하며 10년을 지냈다. 이제 내외는 늙고 병들었는데, 큰아이가 굶어죽고 10세 된 계집아이가 밥을 빌어다 먹는데, 개에게 물려 아프다고 부르짖으니, 부인이 눈물을 흘리며 호소하기를, 헤어지고 만나는 것도 운수가 있는 것이라 하여, 각각 아이 둘씩 데리고 헤어지기로 하고, 서로 작별하고 길을 떠나려 하다가 꿈에서 깨었다.

춘원 이광수春園 李光洙는 바로 이 이야기를 소재로 『꿈』이라는 소설을 저술했지만, 이 이야기 자체가 이미 소설같은 극적 변전의 드라마를 지닌 흥미로운 이야기이다. 그러나 이 속에서 관음보살은 승려로서도 사랑하는 여인과 같이 살게 해달라고 간청할 수 있는 대상으로 드러나고 있다. 계율이나 도리에 어긋남을 나무라거나 징벌하는 부처님이 아니라, 현실 속의 인간적 갈구는 무엇이나 들어줄 수 있는 어머니같은 존재가 바로 관음보살이다. 과연 여인을 사랑하는 스님의 간청조차 받아들여서 그 소망을 꿈의 형식으로 풀어주면서 인생의 무상함을 깨우치게 하는 지극한 자애로움과 밝은 지혜를 드러내고 있다. 관세음보살은 인간이 가슴 속에 품고 있는 어떤 소망이라도 호소하고 간청할 수 있는 신앙대상이니, 현실세계 속에서 문제를 해결하는 길을 열어주는 존재라 할 수 있다.

계율은 불교신앙에서 수도를 하는 기본 조건으로 중시되고 있다. 그러나 신라불교에서는 계율에 얽매어 인간의 정감을 억누르려들기만 하지 않고 계율을 넘어서 인정을 베풀며 인간을 발견하고 있음을 보여준다. 한국불교를 대표하는 고승인 원효元曉는 승려의 계율을 깨뜨리고 요석瑤石공주와 사이에 설총薛聰을 낳았다. 그러나 파계 후에는 속인의 옷을 입고 소성거사小姓居士라 자칭하며, 광대들이 가지고 노는 큰 박을 도구로 수많은 마을에서 노래하고 춤추며 온나라 안의 대중을 교화시켰다. 그리하여 바닥의 인생도 모두 부처의 이름을 알고, '나무아미타불'을 부르게 하였으니 그 공덕이 승려로서 정진하는 것보다 더 컸다고 할 수 있다. 원효가 죽자 아들 설총이 원효의 유해遺骸로 소상塑像을 만들어 분황사에 모셨는데, 설총이 예배하자 소상이 갑자기 돌아다보았다고 한다.〈『삼국유사』, '元曉不羈'〉

　원효는 육신의 욕망 때문에 계율을 깨뜨린 것이 아니라, 불교신앙을 현실 속에 뿌리내리게 하고 대중 속에 널리 전파하기 위해 계율에 얽매인 신앙의 틀을 넘어서는 모습을 보여주었던 것으로 보인다. 그의 아들 설총은 신라의 유교적 교화를 열어준 그 시대의 유종儒宗이었으며, 사후에 아들 설총이 원효의 소상에 예배하자 소상이 고개를 돌려 바라봄으로써 부모자식의 인륜이 소중하다는 현실의 인간적 규범질서를 소중하게 높이고 있는 것이다.

　　애장왕哀莊王 때, 황룡사皇龍寺의 정수正秀스님은 눈이 많이 쌓인 겨울밤에 천엄사天嚴寺 앞을 지나오다가, 여자 거지가 아이를 낳고 얼어 죽게 된 것을 불쌍히 여겨 안아 주었더니 한참 후 깨어났다. 정수스님은 옷을 벗어 덮어주고 벌거벗은 채로 황룡사에 돌아와 거적을 덮고 밤을 세웠는데, 한밤중 궁궐의 뜰에서 하늘로부터 "황룡사 승려 정수를 왕사王師에 봉하라"고 외치는 소리가 들려, 임금이 사실을 조사해보고 정수를 국사國師로 삼았다 한다.

　승려로서 계율을 지켜야 하는 의무보다 더 소중한 것은 생명을 살리는 자애의 마음을 실천하여야 한다는 것이다. 거지 여인이 해산을 하고 추위에 얼어죽게 된 사정을 보고서도 계율을 지키기 위해서는 외면하지 않을 수 없고, 거지 여인과 갓난 아이를 살리려면 계율을 깨뜨리고 여인을 안아서 몸을 녹여주고 옷을 벗어 덮어주지 않을 수 없으니, 어느 쪽을 선택할 것인지 신앙의 판단기준을 확인해야 한다. 『맹자』에서도 형수가 물에 빠졌을 때 남녀 사이에 손을 붙잡지 않는다는 예법을 지키자면 형수는 죽게 될 것이다. 그렇다면 예법을 어기고 손을 내밀어 형수를 구하는 것이 예법을 넘어선 권도權道로 정당함을 인정하였다. 당시 계율의 엄격한 실천이 지나치게 강조되면서 불교신앙의 본래정신이 훼손되는 경우가 발생하게 되자, 계율의 규범보다 현실의 구원에 더욱 중요한 가치가 있음을 일깨워주기 위한 설화라 보인다. 『삼국유사』에는 노힐부득努肸夫得과 달달박박怛怛朴朴이 수행하는 설화도 바로 계율을 지키는 것을 넘어서서 인간에 대한 사랑을 통해 얻게되는 성불成佛의 세계를 제시하고 있는 것이라 할 수 있다. 계율은 수단이라면 깨우침은 목적이다. 목적을 망각하고 수단에 얽매어 있으면 그 수단이 목적으로 인도해주지 못한다는 사실을 일깨워주고 있는 것이다.

자비를 간원하는 신앙

신라 경덕왕景德王 때 희명希明이라는 여자는 자신의 아이가 태어난 지 5년 만에 갑자기 눈이 멀었다. 어느 날 희명은 눈먼 자식을 안고 분황사芬皇寺 좌전左殿 북쪽 벽에 그려진 천수관음상千手觀音像 앞에 나가서 아이를 시켜 노래를 부르며 빌게 했다. 그 아이가 불렀던 노래는 "무릎 세우고 두 손 모아/ 천수관음千手觀音 앞에 비옵니다/ 일천 손 일천 눈에서 하나를 내어 하나를 덜어주셔서/ 둘 다 없는 이 몸이오니 하나만이라도 주시옵소서/ 아아! 나에게 주시면, 그 자비 얼마나 크오리까"라는 것이다. 눈먼 자식을 시켜 천수천안관음보살千手千眼觀音菩薩에게 천개나 되는 그 많은 눈 가운데서 하나만이라도 자기에게 달라고 빌게 하였으니, 눈먼 아이의 갈망과 그 아이 어머니의 간절한 기원은 천수관음을 감동시켰다. 그래서 드디어 멀었던 눈을 뜨게 해 주었다는 이야기이다.〈『삼국유사』, '芬皇寺千手大悲, 盲兒得眼'〉

이 세상을 살아가는 인간의 열망과 간절한 기원을 어느 부처님보다 쉽게 관세음보살에게 호소할 수 있으며, 그 대자대비大慈大悲함의 응답을 받을 수 있다는 믿음이 선명하게 드러난다. 진리를 찾아가는 이성적 '구도求道'의 길이 아니라 고통과 번뇌로 가득한 현실에서 인간의 절실한 기원을 들어주는 감성적 '안심安心'의 길을 관세음보살에게서 찾을 수 있는 것이다.

중국 천자가 꿈에 본 십일면관음상十一面觀音像을 그렸던 화공畵工이 신라 중생사衆生寺의 관음상觀音像을 그렸다 한다. 신라말기 최은함崔殷誠은 자식이 없자 중생사의 관음상 앞에 나가 기도하고 아들을 낳았다. 그런데 아이가 태어난 지 석 달이 안되었을 때 후백제 견훤甄萱의 침범을 당하자, 최은함은 갓난 아이를 안고 다시 관음상 앞에 찾아와, 어린 자식 때문에 식구들이 모두 피난을 못가서 재앙을 당하게 되었음을 호소하면서, "참으로 대성大聖: 觀世音께서 이 아이를 주셨다면, 큰 자비로 길러 주시어 우리 부자父子가 다시 만나게 해 주십시오"라고 슬피 울며 기원하였다. 그리고 나서 아이를 포대기에 싸 관음상의 자리 밑에 감추고 떠났다. 반달이 지나 적이 물러간 뒤에 아이를 찾아보니 방금 목욕한 것 같고, 입에서 아직 젖냄새가 났다. 그래서 이 아이를 '중생사의 관음보살이 젖을 먹여 키운 최은함의 아들'이라 일컫기도 하였다 한다.〈『삼국유사』, '三所觀音, 衆生寺'·'天龍寺'〉

관음보살 앞에 가서 자식이 없으니 자식을 달라고 빌어 자식을 얻었고, 난리에 갓난 애를 다리고 피난을 갈 수 없다는 사정으로 관세음보살에게 갓난아이를 맡기고 있는 사실은 관세음보살이 얼마나 대중의 현실 생활 속에 깊이 스며들어 가까이 있는지를 엿볼 수 있다. '관음보살이 젖을 먹여 키운 아이'라는 말은 관세음보살이 현실 속에서 인간의 삶을 지켜주는 어머니와 같은 사랑의 화신으로 받아들여지고 있음을 잘 보여준다.

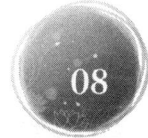

대립을 넘어 통합을 실현하는 '융화'의 정신

종교는 자신이 제시하는 교설을 절대적 진리로 주장하면서 서로 다른 종교 사이에는 말할 것도 없고, 같은 종교 안에서도 교설의 차이가 발생하게 되면서 심한 분열이나 대립과 갈등을 일으키는 경우가 흔히 있다.

불교는 어떤 종교교단의 경우 보다도 이러한 분열과 대립을 극복하기 위한 논리를 깊이 있게 계발해 왔던 것으로 보인다. 한국불교에서도 종교간의 화합이나 교파에 따른 교설 사이의 차이를 융화시키는 포용적 정신을 발휘해 왔음을 쉽게 찾아볼 수 있는 것이 사실이다.

원효元曉의 사상적 핵심주제를 '일심'一心과 '화쟁'和諍으로 지적하고 있는 것은 바로 이러한 융화의 논리를 가장 깊이 전개하였던 경우로 이해될 수 있음을 보여준다. 원효는 진리眞如와 현상生滅의 이질적인 상반된 세계를 '일심' 속에 통합하여, "(眞如와 生滅의) 두 문호二門 속에 모든 의리를 받아들여도 혼란하지 않고, 한없는 의리가 '일심'과 하나가 되어 혼융된다. 이런 까닭에 전개開와 종합合이 자유자재하고 일으킴(立)과 깨뜨림破에 걸림이 없다"二門之內, 容萬義而不亂, 無邊之義, 同一心而混融, 是以開合自在, 立破無碍.〈『大乘起信論疏』〉고 하였다. 그것은 모든 다양하고 상반된 견해가 '일심' 속에 녹아서 하나가 되는 통합의 논리이면서, 그 다양성이 진정한 의미에서 살아나는 우주적 조화의 질서를 제시하는 것이다.

또한 원효는 불교에서 전개되는 다양한 이론들 사이의 논쟁을 화해시키는 '화쟁'의 논리를 제시하면서, 대표적으로 '유종'有宗과 '공종'空宗의 쟁점을 화합시키고 있다. 곧 "앞에서 실제가 '유'有라 설한 것은 '공'空과 다르지 않은 유'이고, 뒤에서 '유'에 떨어지지 않는다고 설한 것은 '공과 다른 유'에 떨어지지 않는다는 것이다. 이런 까닭에 모두(空과 有) 인정하지만 서로 어긋나지 않는다"前說實是有者, 是不異空之有, 後說不墮有者, 不墮異空之有, 是故俱許而不相違.〈『十門和諍論』〉고 하여 '유'와 '공'의 상반된 교설의 종파적 쟁점을 화합시키는 조화론을 제시하고 있다.

조선 초기의 함허涵虛·得通 己和스님은 당시 유학자들이 불교를 격렬하게 비판하고 배척하는 상황에서 불교를 변호하는 이론을 전개하면서, 유교·불교·도교가 서로 소통하고 화합할 수 있다는 입장에서 삼교융화론三敎融和論을 제시하였다. 곧 공자가 "고요하여 움직이지 않으나 감응하여 통달한다"寂然不動, 感而遂通.〈『周易』〉고 말한 것은 불교에서 "고요하면서 항상 비추고, 비추면서 항상 고요하다"寂而常照, 照而常寂는 말이요, 노자가 "함이 없으면서 하지 않음이 없다"無爲而無不爲고 말한 것은 불교에서 "고요하면서도 항상 감응한다"寂而常感는 말과 같음을 지적하였다. 이에 따라 그는, "삼교에서 말하는 바가 오묘하게 서로 부합하여 마치 한 입에서 나온 것과 같다"(『顯正論』)고 하였다. 그것은 근원적 진리에서 유교^불교^도교의 삼교가 일치하고 있음을 강조하는 것이요, 종교의 교조적 독선에서 벗어나 서로 이해하고 대화할 수 있는 포용적 자세를 확인하고자 하는 것이다. 이 점에서는 당시 유교가 정통론에 집착하여 다른 종교를 이단으로 배척하는데 강경하였던 폐쇄적 태도를 드러내었던 사실에 비교하면 불교가 보다 성숙한 열린 자세를 드러내주고 있는 것이라 할 수 있다.

오늘날에도 배타적 독선에 따라 종교 사이에 갈등이 그치지 않는 현실에서 한국불교가 건강한 종교문화를 이끌어 갈 수 있는 저력을 가졌다는 사실이 각성될 필요가 있을 것이다.

자신을 정화하는 '성찰'의 용기

역사 속에서 어떤 종교도 언제나 순順기능만 하는 것이 아니라 역逆기능을 하는 경우가 많이 있다. 종교가 진리를 깨우치기 위해 수행을 심화시켜가야 하는 과업을 소홀히 하거나 대중을 구원하기 위해 헌신해야 하는 역할을 소홀히 하면서, 세속적 권위와 탐욕에 빠지게 된다. 이렇게 종교가 한번 탐욕에 빠져들면 교세의 확장과 웅장한 교당건립에만 집착할 때, 심각한 타락현상을 드러내고 만다. 종교의 타락현상은 동서고금의 어디에서나 쉽게 볼 수 있다. 문제는 교단이 비대해지고 사치에 빠져 타락하고 있을 때 대세에 따라가며 안주하는 것은 쇠퇴와 붕괴의 내리막 길을 가는 것이다. 이러한 타락현상에 대해 스스로 과감하게 반성하고 비판하여 바로잡는 자기성찰의 안목과 자세가 요구된다. 유럽의 전체를 장악하던 중세의 가톨릭교회가 한번 부패하고 타락하자 결국 개신교가 일어나서 가톨릭교회는 교세의 절반을 잃어야 했고, 그나마 자기 개혁反宗教改革을 함으로써 나머지 절반이라도 지킬 수 있었던 것이라 할 수 있다.

고려시대 불교의 교세는 극성을 이루었지만 교단의 타락현상도 심각했던 측면이 있는 것 같다. 조선시대 유교체제 아래서 불교에 대한 억압이 혹독하였지만, 불교의 강인한 생명력은 불교교단의 자기성찰을 통한 정화에서 확보될 수 있었던 것으로 보인다. 조선 중기 서산西山 休靜대사는 『능엄경』楞嚴經을 인용하여, "어찌하여 도적들이 나의 옷을 빌리고 여래를 팔며 온갖 종류의 업業을 짓느냐"라고 질책하였다. 여기서 한걸음 나아가 "말법시대의 비구에는 혹은 '박쥐중', 혹은 '벙어리 염소중', 혹은 '머리 깎은 거사', 혹은 '지옥 찌꺼기', 혹은 '가사 입은 도적' 등 여러 가지 명칭이 있다. 슬프다! 이렇게 된 까닭으로, '여래를 판다'는 것은 인과를 다스리며 죄와 복을 늘어놓고, 몸과 입은 물 끓듯 하며, 사랑과 미움을 뒤섞어 일으키니, 가엾다고 할 만하다. 중僧도 아니고 속俗도 아닌 자를 '박쥐중'이라 하고, 입으로 설법을 하지 못하는 자를 '벙어리 염소 중'이라 하며, 중의 모습을 하고도 속인의 마음을 가진 자를 '머리 깎은 거사'라 하고, 죄가 무거워도 고치지 않는 자를 '지옥 찌꺼기'라 하며, 부처를 팔아 삶을 영위하는 자를 '가사 입은 도적'이라 한다"〈禪家龜鑑〉고 격렬하게 꾸짖었다.

서산대사의 이 질책은 당시의 불교교단에 대한 성찰에 그치는 것이 아니다. 그것은 어느 시대 어느 종교교단이나 종교인들에게도 적용될 수 있는 자기성찰의 냉엄한 비판의 목소리이다. 서산이 이렇게 그 시대 불교교단에 대해 자성(自省)과 질책을 할 수 있었다는 것은 뒤집어보면 불교교단이 자기방어에 급급한 소극적 태도가 아니라 자신감을 가지고 자기정립을 시도하고 있음을 보여주는 것이라 할 수 있다. 그만큼 이 시대 불교에 건강한 생명력을 불어넣고 있는 장면을 보여주고 있는 것이기도 하다.

개인이나 사회나 국가나 종교는 언제나 밖으로 포용력이 있는 열린 자세를 지니고, 안으로 자기성찰을 통해 끊임없이 정화해감으로써 비로소 건강한 생명력을 발휘하고 건전하게 기능하는 것이라 할 수 있다. 종교교단이 밖으로 독선의 배타적 태도를 내세우고 안으로 자기옹호와 변명에 빠져 있다면, 그 종교교단은 이미 뿌리깊이 병이 들었고 건강한 생명력을 잃어가고 있음을 말하는 것이라 하겠다.

세상에는 온갖 소리가 있다.
맑은 소리,
탁한 소리,
감미로운 소리,
역겨운 소리,
기뻐서 터져 나오는 환호소리,
슬퍼서 울부짖는 통곡소리 등등.
끝없이 다양한 소리들이 천지에 꽉 차있다.
어쩌면 세상 그 자체가 소리인지도 모르겠다.
소리가 있다는 것은 귀가 있다는 말이다.
인간에게 눈이 없다면 이 세상은 빛이 없는 암흑의 천지가 될 것이요,
귀가 없다면 이 세상은 소리가 없는 적막의 천지가 될 것이다.
그래서 우리의 눈이 고운 빛깔이나 아름다운 경치를 찾기 위해
고개를 들고 사방을 두리번거리듯이,
우리의 귀는 아름다운 음률이나 의미 깊은 말을 들으려
고개를 숙이고 귀를 기울인다.
어떤 의미에서 빛보다 소리가 우리의 영혼에
그 울림이 훨씬 더 크고 깊이 파고드는 것이 아닐까?

솔바람 계곡물 소리

금장태琴章泰

1943년 부산 생
서울대 종교학과 졸업
성균관대 대학원 동양철학과 수료(철학박사)
동덕여대·성균관대·서울대 교수역임
현 서울대 종교학과 명예교수

• 주요저서
『비판과 포용—한국실학의 정신』
『귀신과 제사—유교의 종교적 세계』
『한국유교와 타종교』
『이념과 실현—한국유교의 과제와 쟁점』
『율곡평전—나라를 걱정한 철인』
『다산평전—백성을 사랑한 지성』
『퇴계평전—인간의 길을 밝혀준 스승』
『경전과 시대—한국유학의 경전활용』
『유교는 종교인가 1, 2』(공편)
『선비의 가슴 속에 품은 하늘』
『실학과 서학—한국근대사상의 원류』 외

솔바람 계곡물 소리

초판 인쇄 | 2013년 2월 6일
초판 발행 | 2013년 2월 18일

저　　자　금장태

책임편집　윤예미

발 행 처　도서출판 지식과교양
등　　록　제2010-19호
주　　소　132-908 서울시 도봉구 창5동 262-3번지 3층
전　　화　02-900-4520 / 02-900-4521
팩　　스　02-900-1541
전자우편　kncbook@hanmail.net

ⓒ 금장태 2013 All rights reserved. Printed in KOREA

ISBN 978-89-6764-010-1　03810　　　　　　정가 18,000원

저자와 협의하여 인지는 생략합니다. 잘못된 책은 바꾸어 드립니다.
이 책의 무단 전재나 복제 행위는 저작권법 제98조에 따라 처벌 받게 됩니다.

이 도서의 국립중앙도서관 출판도서목록(CIP)은 e-CIP홈페이지(http://www.nl.go.kr/ecip)에서
이용하실 수 있습니다. (CIP제어번호 : CIP2013000639)